MINERVA現代経済学叢書 119

ポスト冷戦期アメリカの通商政策
— 自由貿易論と公正貿易論をめぐる対立 —

藤木 剛康 著

ミネルヴァ書房

ポスト冷戦期アメリカの通商政策
——自由貿易論と公正貿易論をめぐる対立——

目　次

序　章　アメリカの覇権と通商政策をめぐる論争……………………1

1　ポスト冷戦期におけるアメリカの通商覇権……………………………1

2　経済的要因に注目するアプローチ………………………………………3

　　マルクス経済学によるアプローチ
　　サプライチェーン貿易とWTO2.0
　　FTAの拡散メカニズムに関する研究

3　アメリカの通商覇権の理論的検討………………………………………12

　　覇権安定論　　多国間秩序論　　非対称な合意論

4　政策形成プロセスの分析——多元主義論から政策アイディアへ………25

　　通商政策と党派政治——多元主義論の限界
　　「アイディアの政治」の意義と限界——理念対立と理念の包括性

5　本書の分析視角と構成……………………………………………………33

　　本書の分析視角　　本書の構成

第Ⅰ部　クリントン政権期の通商政策

第1章　一括交渉権限の政治経済学……………………………………43
　　　　——議会の分極化と大統領のリーダーシップ——

1　クリントン政権がファスト・トラック権限を獲得できなかったのはなぜか……43

2　NAFTAと労働・環境問題の台頭………………………………………45

　　NAFTA補完協定　　TAAの拡充

3　クリントン政権期における審議…………………………………………49

　　1994年——ファスト・トラック延長提案
　　1995年——共和党支配の議会と法案の作成
　　1997年——3つのファスト・トラック提案
　　1998年——共和党の党派的行動

4　議会の分極化と大統領の政治的リーダーシップ………………………55

第2章 一括交渉権限をめぐる政策論争 …………………………… 57
　　　——政策アイディアの機能——

1　第2期クリントン政権の通商政策と政策アイディアの機能 ………… 57
2　一括交渉権限と代替手続きに対する検討 ………………………………… 58
　　　一括交渉権限の諸規定　　自由化合意の象徴としての一括交渉権限
3　一括交渉権限に対する提起 ……………………………………………… 61
　　　技術的提案　　貿易自由化の大義
4　労働・環境問題に対する諸提案 ………………………………………… 64
　　　労働・環境関連団体の提案　　保守系シンクタンクの提案
　　　妥協的な提案
5　米－ヨルダン自由貿易協定交渉 ………………………………………… 68
　　　交渉の経緯　　UJFTA の労働・環境規定
6　政策アイディアの機能と民間シンクタンクの役割 …………………… 70

第3章 アメリカの通商政策と中国の WTO 加盟 ……………………… 72
　　　——対中関与政策とは何か——

1　対中関与政策をめぐる論争 ……………………………………………… 72
2　WTO 加盟交渉の再開と包括的関与政策の登場 ……………………… 77
　　　GATT 加盟交渉の挫折と WTO 加盟交渉の再開
　　　包括的関与政策と米国議会
3　米中関係の好転と加盟交渉の停滞 ……………………………………… 82
　　　米中首脳会談と加盟交渉の停滞
　　　議会における議論の焦点の変化——MFN から個別論点へ
4　米中二国間交渉の妥結と PNTR 法案 ………………………………… 86
　　　朱鎔基訪米と二国間交渉の妥結　　PNTR 法案の審議
5　対中関与政策の政治的条件——クリントン政権と議会共和党指導部の連携 … 91

第Ⅱ部　G.W. ブッシュ政権期の通商政策

第4章　一括交渉権限の成立 ……………………………………………… 97
　　　──成立の条件は何か──

1　党派政治下における妥当な合意の成立 ……………………………… 97
2　UJFTA の審議 …………………………………………………………… 98
　　労働・環境問題をめぐる政策対立　　UJFTA と労働・環境問題
3　下院における TPA 法案の審議 ……………………………………… 100
　　下院共和党の「妥協」案　　民主党の反発と党派政治
4　上院における TPA 法案の審議 ……………………………………… 103
　　TPA と拡大 TAA のパッケージ　　審議の停滞と混乱
5　両院協議会での議論 ………………………………………………… 105
6　分極化した議会への大統領の政治的アプローチ ………………… 106
　　2 つの政権の政治戦略の比較　　2002 年通商法の政策形成プロセス

第5章　アメリカの FTA 政策 ………………………………………… 111
　　　──競争的自由化は機能したか──

1　アメリカの覇権的地位と競争的自由化戦略 ……………………… 111
2　アメリカの FTA の特徴 ……………………………………………… 112
　　市場アクセスに関する規定　　非関税障壁に関する規定
3　競争的自由化の論理 ………………………………………………… 115
4　競争的自由化の実像 ………………………………………………… 117
　　競争的自由化の全体像　　米州諸国との FTA　　中東諸国との FTA
　　アジア諸国との FTA　　アフリカにおける FTA
5　民主党による競争的自由化戦略批判 ……………………………… 126
6　G.W. ブッシュ政権の通商戦略の評価 ……………………………… 127
　　競争的自由化の評価　　安全保障政策とのリンケージ

第6章 ブッシュ政権の通商戦略と中米自由貿易協定……………131
——競争的自由化と錯綜する地域主義——

1 中米自由貿易協定の重要性…………………………………………131
2 CAFTA 交渉に至る背景——カリブ海地域開発計画の成立と展開…………133
3 中米諸国との交渉……………………………………………………137
 CAFTA 交渉と競争的自由化　繊維交渉——貿易特恵の拡大
 労働・環境問題——民主党の問題提起
4 米国内での批准プロセス……………………………………………140
 競争的自由化の「挫折」　繊維——政権と業界団体
 労働・環境問題——中核的労働基準と能力構築支援
5 CAFTA-DR の特徴と通商政策上の位置づけ………………………144
 協定の内容と評価　ブッシュ政権の通商戦略と錯綜する地域主義

第7章 民主党多数派議会のもとでの通商政策論争……………151
——体系化される公正貿易論——

1 民主党多数派議会の成立……………………………………………151
2 民主党多数派議会と貿易自由化合意の解体………………………151
3 2008年大統領選挙と通商政策論争…………………………………155
4 公正貿易論の体系化…………………………………………………157

第8章 人民元問題の政治経済学……………………………………158
——経済的相互依存はいかに管理されたか——

1 米中の経済的相互依存と人民元問題………………………………158
2 G.W. ブッシュ政権期における米中経済関係の概観………………159
3 人民元切り上げ問題の政策過程と政策手段………………………162
 アクター　政策手段　WTO を活用した多国間アプローチ
4 人民元切り上げ問題の争点化（2003年〜2005年7月）……………170
 問題の発端　政権と議会との認識ギャップ

         シューマー・グラム法案と問題の政治化
    5 「通貨バスケット制」への対応 ……………………………………… 174
         通貨バスケット制と議会の反発　　議会穏健派の対応
    6 ポールソン新財務長官と米中戦略的経済対話 …………………… 178
         戦略的経済対話の創設　　人民元問題関連法案の審議
         議会での政策プロセスの停滞
    7 米中の経済的相互依存はどのように管理されたか ……………… 184

―――――――――――――――――――――――
            第Ⅲ部　オバマ政権期の通商政策
―――――――――――――――――――――――

第9章　メガFTA政策の始動 ……………………………………………… 189
         ――アメリカの通商覇権をめぐって――

    1 メガFTA政策への転換 ………………………………………………… 189
    2 メガFTAと国際経済秩序に関する論点整理 ……………………… 190
         WTO2.0論をめぐって　　メガFTAと国際経済秩序
    3 TPP――貿易協定の新モデル ……………………………………… 194
         TPP交渉参加の経緯　　TPPの特徴　　TPPと日本の参加問題
         TPP交渉の妥結
    4 TTIP――難航する交渉 …………………………………………… 201
    5 オバマ政権の通商戦略とWTO2.0論 ……………………………… 202
         「貿易の戦略的論理」と一帯一路　　「貿易の戦略的論理」の評価

第10章　貿易自由化合意の再構築に向けて ……………………………… 205
         ――党派政治の深刻化――

    1 オバマ政権下における党派政治の激化 …………………………… 205
    2 通商政策の一時的休止と3つの自由貿易協定 …………………… 205
         通商政策の一時的休止　　3つのFTAの批准

3　貿易促進権限をめぐる党派政治……………………………………208
　　　　　第113議会における審議　　TPA法案とTAA法案のリンケージ
　　　　　第114議会における審議
　　4　TPP批准問題と自由化合意の解体…………………………………214
　　　　　民主党のTPP反対論　　2016年大統領選挙とTPP

終　章　アメリカの通商覇権のゆくえ………………………………217
　　　　　党派対立と通商覇権　　多国間主義と通商覇権
　　　　　トランプ新政権の通商政策

注　　225
参考文献　　269
あとがき　　303
人名索引　　309
事項索引　　313

序　章
アメリカの覇権と通商政策をめぐる論争

1　ポスト冷戦期におけるアメリカの通商覇権

　第2次大戦後の自由主義的な国際経済秩序はアメリカの強力な指導力によって構築された。アメリカは，イギリスの帝国特恵関税制度や西欧諸国の関税同盟を容認しつつも，戦間期における二国間主義的な通商政策を放棄し，自由・無差別・多角主義を理念とするGATT (General Agreement on Tariffs and Trade) 体制の形成をリードした。アメリカは，ソ連を盟主とする共産圏に対抗し，資本主義陣営の団結と経済成長を促すため，日本や西ヨーロッパなどの西側先進諸国に対して安全保障を提供し，GATTにおいて加盟国全体で工業製品の関税を削減する多角的自由化を進めて広大な国内市場を開放した。GATTをはじめとする自由主義的な国際秩序は，アメリカの圧倒的な国力と対外的な指導力，すなわちアメリカの覇権の産物であった。さらに，アメリカの覇権を受け入れた途上国もGATTへの加盟を認められ，授権条項によって関税削減の義務を免除された。こうして，戦間期のような排他的・閉鎖的な貿易ブロックの復活は回避され，先進国間の工業製品貿易は順調に拡大した。しかし，1970年代以降，日本や西ヨーロッパ諸国がアメリカへの工業製品輸出を増加させると，アメリカ国内の輸入産業や労働組合が反発し，米欧あるいは米日間での貿易摩擦問題が頻発するようになった。

　以上のように，冷戦期におけるアメリカの通商政策の枠組は，国際政治のレベルでは，GATTにおける西側先進諸国を中心とした工業製品の関税削減と二国間での貿易摩擦対策，国内政治レベルでは，製造業と労働組合を中心とし

た利害調整，すなわち，自由貿易主義を求める輸出産業と保護貿易主義を求める輸入産業との利害調整の組み合わせだった。この枠組においては，共産圏に対する資本主義陣営の団結と経済的繁栄という安全保障政策上の課題が優先され，国内産業の保護や諸外国の市場開放などの通商政策上の課題は後回しにされていた。

　しかし，冷戦後，多角的自由化と製造業の利害調整というそれまでの通商政策の枠組は大きく変化した。まず，GATTがWTO（World Trade Organization）へ発展的に解消したが，WTOにおける多角的自由化交渉は停滞した。WTOでは中国やインド，ブラジルなどの新興国が発言力を強め，国際的な合意の形成が格段に困難となった。さらに，米欧日の先進国は関税削減に加えてサービスや投資，知的所有権など国内の法規制も含めた貿易自由化を求めるようになったが，これらの論点をWTO交渉に持ち込むことには途上国が強く反発した。こうして，アメリカはこれらの高度な貿易ルールの実現をFTA（Free Trade Agreement）交渉の場で追求するようになった。

　また，国内政治においては，輸入産業を中心とした伝統的な保護貿易主義に加えて，労働・環境問題など貿易に直接関わらない問題が争点化し，人権団体や環境保護団体も貿易自由化に反対するようになった。これら新たな保護主義勢力は伝統的な保護主義勢力と糾合し，自由貿易主義と拮抗する一大勢力に成長した。そして，諸外国，とりわけ途上国との公正な貿易を実現するため，労働・環境問題をはじめとする多様な論点を取り上げる公正貿易論を掲げ，ホワイトハウスが進める貿易自由化政策の手を縛ろうとした。

　こうして，第2期オバマ政権に至ってアメリカの通商政策の政策枠組は，国際レベルではTPP（Trans-Pacific Partnership）やTTIP（Transatlantic Trade Investment Partnership）などのメガFTA[1]による高度な貿易ルールの推進，国内レベルでは自由貿易論と公正貿易論という2つの政治勢力の理念的対立という組み合わせに変貌した。そして，国内における自由貿易論と公正貿易論との激しい政策論争の結果，新たな政策アイディアが次々と生み出され，アメリカ政府はメガFTA交渉を通じてそれらの先端的なアイディアを国際的な合意として実

現しようとしている。それでは，アメリカの覇権的パワーやその影響力と，このような政策転換との関係はどのように考えればよいのであろうか。かつてアメリカは，覇権国としての利害関心から自由主義的な国際経済秩序を構想し，GATTとして実現させた。その一方で，国内の保護主義勢力の圧力に押され覇権国としての国際的地位や影響力を濫用して，GATTの枠外での二国間交渉で日本や西ヨーロッパ諸国との貿易摩擦問題を強行決着させようとした。このような冷戦期の通商覇権は，冷戦後，どのように変化したのであろうか。本書の課題は，第2期クリントン政権から第2期オバマ政権にかけて確立したポスト冷戦期アメリカの通商政策の形成過程を，多国間主義に基づく新たな国際合意と貿易自由化に向けた国内合意の相互作用のプロセスとして体系的に分析したうえで，ポスト冷戦期におけるアメリカの国際的地位と通商政策との関係を再検討することである。

　以下では，本書の分析枠組の意義をより明確にするため，アメリカの通商政策に関する先行研究を，(1)企業行動や貿易構造，政策手段の変化といった経済的要因に注目するアプローチ，(2)国際秩序におけるアメリカの覇権的地位からアプローチする覇権理論，(3)国内政治の動向からアプローチする政策過程論，の3つに整理し検討する。

2　経済的要因に注目するアプローチ

　本節では，企業行動や貿易構造などの経済的要因から通商政策を説明するアプローチを検討する。具体的には，(1)マルクス経済学，(2)WTO2.0論，(3)FTAの拡散メカニズムに関する研究，を取り上げ，それぞれの理論の背景と概要，含意について考察する。

マルクス経済学によるアプローチ

　マルクス経済学に基づくアプローチでは，当該国の貿易構造や輸出産業，巨大多国籍企業の利害によって通商政策が形成されるものとみなす。そこで，ま

ずは中本悟らの研究[5]に基づき，冷戦末期からポスト冷戦期におけるアメリカの貿易構造や企業の国際活動の変化を概観しておこう。アメリカの貿易収支は1976年以降一貫して赤字を計上してきた。図序－1によれば，貿易赤字は1980年代に拡大した後で1990年代前半にいったんは縮小したものの，1990年代のとくに後半以降，劇的に拡大している。次に，図序－2により国別の貿易収支を確認すると，1980年代における貿易赤字相手国の主役は日本だったが，1990年代にはメキシコ，カナダに対する貿易赤字が増加し，2001年には中国が最大の貿易赤字相手国となった。また，図序－3により主な貿易品目の推移を確認すると，1990年代後半以降における消費財輸入が顕著に拡大している。また，図序－4および図序－5により輸出と輸入の双方を品目別に検討すると，1990年代以降，コンピュータや半導体，通信装置などの資本財が輸出入の両方で急増していることが分かる。中本らによれば，1980年代の貿易赤字の背景はアメリカ製造業の国際競争力の低下であり，日本との貿易摩擦問題に帰結した。これに対し，1990年代の貿易赤字の背景は景気の拡大による国内消費需要の膨張であり，その一方で，アメリカの製造業は国際競争力を一定回復していた。アメリカ製造業が国際競争力を回復した主な要因は，サービス化と多国籍化，すなわち，知的財産の優位に基づき企業内での国際分業体制を構築したことによる[6]。

では，以上に示したような企業行動や貿易構造の変化は，アメリカの通商政策にどのような変化をもたらしたのであろうか。マルクス経済学のアプローチによれば，ポスト冷戦期アメリカ経済を主導する産業はITや金融などのハイテクおよびサービス産業であり，アメリカの通商政策はそれらの産業の利害を中心に決められるようになった。したがって，諸外国に対して知的所有権の保護や投資・サービスの自由化などを強く求めることになる。また，それらの産業が生産した高付加価値材・サービスを輸出する一方で，途上国からは，国内での生産を放棄した消費財などの低付加価値材を輸入するようになった。つまり，途上国を巻き込んだ新たな国際分業を構築することも新たな政策課題になったということになる。

このアプローチの利点は，通商政策の対外的側面の内容や展開を「巨大多国

序章　アメリカの覇権と通商政策をめぐる論争

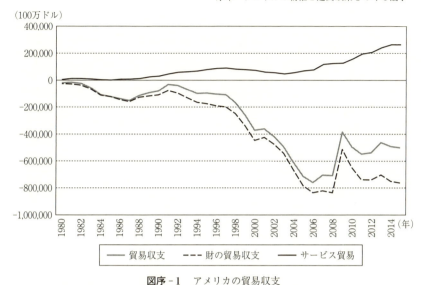

図序 - 1　アメリカの貿易収支

出所：United States Census Bureau, U.S. International Trade in Goods and Services, より作成。

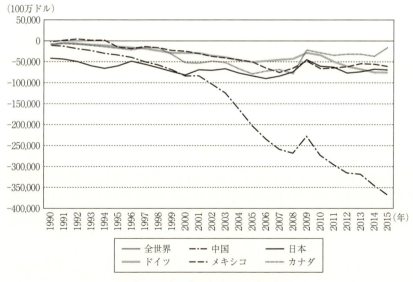

図序 - 2　主要貿易相手国との貿易収支

出所：U.S. Trade in Goods by Country, United States Census Bureau
〈https://www.census.gov/foreign-trade/balance/index.html#G〉

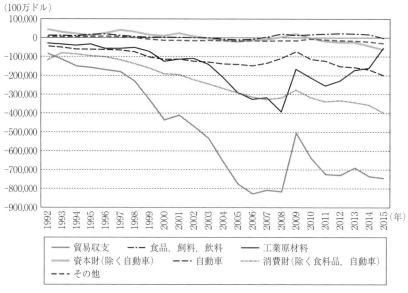

図序-3 アメリカの品目別貿易収支の推移

出所：United States Census Bureau, "Exports of Goods by Principal End-Use Category" および "Imports of Goods by Principal End-Use Category" より作成。

籍企業の利害」という一貫した論理で議論できることにある。複雑な通商交渉や貿易協定の意義を把握するためには，さしあたり，特定の視点に基づいて分析を進める必要がある。その際，輸出産業や多国籍企業などの重要な利益集団の視点からの考察は不可欠の作業と言えよう。とはいえ，このアプローチの問題点もその一貫性にある。すなわち，アメリカ国内における政策形成プロセスそれ自体の分析を欠いており，また，輸出産業以外の産業や社会集団の利害はほとんど分析の対象とならず，事実上，政策に反映されないことになってしまっている。アメリカの通商政策の場合，政策決定に際しては議会が非常に重要な役割を担っており，各種の利益集団は議会を通じて政策に影響を与えようとする。このため，実際の政策決定過程は，一見，一貫しているどころか党派的対立に伴う混乱の極みである。これらの点に対処するためには，国内政治過程の分析を組み合わせる必要があろう。

序章　アメリカの覇権と通商政策をめぐる論争

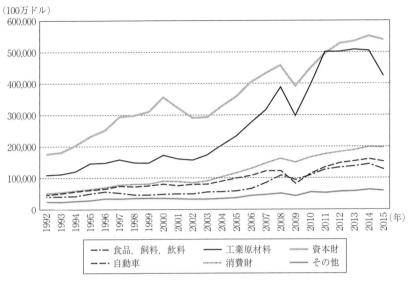

図序 - 4　主要品目別輸出額の推移

出所：United States Census Bureau, "Exports of Goods by Principal End-Use Category" より作成。

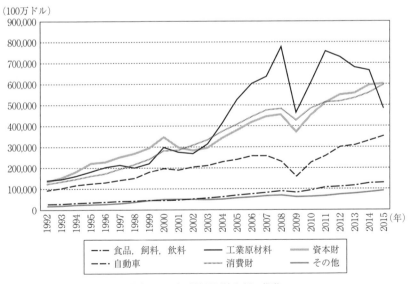

図序 - 5　主要品目別輸入額の推移

出所：United States Census Bureau, "Imports of Goods by Principal End-Use Category" より作成。

7

サプライチェーン貿易と WTO2.0

ポスト冷戦期に顕著となった貿易構造や企業行動の変化を概念的に分析した研究としては，ボールドウィン (Richard Baldwin) によるサプライチェーン貿易論がある。[7] ボールドウィンによれば，近年のIT革命により，これまでは一つの工場内で完結していた生産工程を国際的に分割することが可能になった。これにより，先進国の企業は先進国と途上国との賃金格差を活用し，先進国では知識集約的な製品開発やアフターサービスを，途上国では労働集約的な完成品の組立を主に行うようになった。その結果，途上国を巻き込んだ部品や中間財の貿易が飛躍的に拡大し，途上国の工業化と先進国の脱工業化，さらには南北間での経済格差の縮小が進んだ。ボールドウィンは，生産と消費の空間的分離に基づく完成品貿易を20世紀型貿易，生産工程の空間的分離に基づく中間財貿易を21世紀型貿易またはサプライチェーン貿易と呼び，サプライチェーン貿易の中心的課題は直接投資を呼び込むための環境整備，すなわち，知的所有権や投資保証，資本移動の自由や競争政策の整備などの国内制度改革にあると述べた。

サプライチェーン貿易に対応するためには，関税撤廃などの国境措置をはるかに超えた多様な政策が求められる。この点については木村福成による理論的な整理がある。[8] それによれば，サプライチェーン貿易の原動力は，生産工程単位での国際分業，つまり生産のフラグメンテーションであり，生産のフラグメンテーションを促進するためには，(1)各工程の生産コストの削減と，(2)各工程をつなぐサービス・リンク・コストの削減が求められる。表序-1に示すように，(1)については各生産工程のビジネス環境の整備，すなわち，投資の自由化や知的財産権の保護，インフラの整備，経済制度の調和などが必要となる。(2)については，輸送コストに加え，時間コスト削減や信頼性の向上も含んだ高いレベルのロジスティクスを供給できるようにしなければならない。近年に締結されるFTAやBIT (Bilateral Investment Treaty) には表序-1で下線を引いた政策が含まれている。

ボールドウィンによれば，サプライチェーン貿易はアメリカ，ドイツ，日本，

表序 - 1　サプライチェーンのグローバル化に必要な政策

各工程の生産コストの削減に関わる政策	税制（法人税減免など），人的資源開発，金融などの生産支持サービスの充実，投資の自由化・円滑化，政府調達市場アクセス，知的財産権保護，競争政策，法制・経済制度の調和，ロジスティクスのハードなインフラストラクチャーの整備，ロジスティクスのインフラサービスの供給，下請け産業の強化，産業集積の形成
サービス・リンク・コストの削減に関わる政策	関税引き下げ，非関税障壁の撤廃，貿易円滑化，ロジスティクスのハードなインフラストラクチャーの整備，ロジスティクスのインフラサービスの供給，商用関係者の移動の自由化・円滑化，法制・経済制度の調和

注：下線は近年における先進国のFTAやBITに含まれる項目。
出所：中川［2014-a］（木村［2012］に基づき作成）。

中国を中核とした北米とヨーロッパ，東アジアという地域のレベルにとどまっており，その担い手は先進国の企業に限定される。さらに，WTOではドーハ・ラウンドが停滞しているため，サプライチェーン貿易に関わる議題を前進させるのは困難になっている。このため，サプライチェーン貿易への政策的対応は，実質的に先進国のFTAやBIT，サプライチェーン貿易への参入を目指す途上国の一方的な経済改革のアドホックな組み合わせである。そこで，ボールドウィンはサプライチェーン貿易のための新たな貿易秩序であるWTO2.0を提起する。ボールドウィンによれば，その具体的な姿はまだ不明確だが，少数の先進国が自国のFTAにサプライチェーン貿易に対応した規定を取り入れつつあり，当面は関税削減を中心とした20世紀型貿易はWTOで，21世紀型のサプライチェーン貿易は先進国のFTAやメガFTAによって規律されるようになるのではないかという。(9)

ボールドウィンの議論は，近年，先進国を中心に発展してきた中間財貿易に注目し，その背景や政策的含意について的確な理論枠組に整理しており，示唆に富むものである。ただし，あくまでも理論的な洞察に基づく議論であり，アメリカ政府が実際に進める政策の内容がどのような論理に基づくものであるのかは実際の実証研究と突き合わせる必要がある。たとえば，アメリカやヨーロッパのFTAの狙いはサービス貿易の自由化や貿易の円滑化に偏っているのに対し，日本のFTAは東アジアにおける生産ネットワークの促進に主要な関心

があるという指摘がある。こうした理論と実証のギャップを検討していくことが課題であろう。

FTAの拡散メカニズムに関する研究

　1990年代以降，WTOでの多角的自由化交渉の停滞を尻目にFTAが急増した。こうして，FTAと多角的貿易自由化との関係，すなわち，「FTAは多角的自由化の積み石なのか，躓きの石なのか」という論点について活発な研究が進められるようになった。当初はFTAの拡散によって，かつての戦間期のようにアメリカとヨーロッパ，東アジアなどの主要な地域に世界経済がブロック化していく可能性について議論された。しかし，第1に，先進国のFTAには国内の規制や法制度に関わる規定が含まれているが，これらの貿易ルールによって得られる利益から第三国を効果的に排除する手段は存在しない。関係国間での規制が調整され高度化することによって，それらの国々の市場に進出した第三国の企業は新たなルールに従って活動しなければならなくなる。第2に，TPPやTTIP，日本とEUのFTAなど地域を跨いだFTA交渉が貿易自由化の担い手として注目されるようになった。これらのため，貿易ブロック復活の可能性は低く，むしろなぜ，FTAが近年において急増しているのか，また，どのようにしてそれらFTAの「多国間化（multilateralize）」を進めて多角的自由化に収斂させるのかという問題が活発に議論されるようになった。そこで，ここではFTA競争の原因と，それらFTAの多角化に関する代表的な議論を簡単に整理しておく。

　まず，各国間でのFTA締結競争が進むメカニズムをモデル化した経済学的研究としては，ボールドウィンのFTAドミノ理論がある。ドミノ理論によれば，貿易自由化によって各国の輸入産業は衰退し，輸出産業の政治力は強化されていく（ジャガーノート効果）。これらの輸出産業は自国の参加しないFTAが締結された場合，貿易転換効果による損失を回避するために，そのFTAへの参加を自国政府に要求するようになる。こうして，FTAがドミノのように拡散していく現象が発生する。とりわけ，小国がジャガーノート効果によって

先を争って複数の FTA ネットワークに参入し，その結果，ヨーロッパ，北アメリカ，東アジアという3大貿易ブロックの境界は曖昧になり，それぞれの加盟国が重なるようになった。こうしてボールドウィンは，ブロック内およびブロック間での原産地規制の調和化を進めれば，FTA は多角的自由化の積み石になるとの展望を示した。

　国際政治学では，大国のパワーや大国間競争を重視する現実主義のアプローチと，国家間の相互作用によって国際的なルールや規範が生成され，定着していくプロセスを重視する構成主義のアプローチに従って研究が進められた。現実主義の議論としては，大国が政治的影響力の強化を求めて数多くのFTA交渉を締結する結果，FTA 競争が進むと主張する分析がある。マンスフィールド（Edward D. Mansfield）とラインハート（Eric Reinhardt）は，数多くのFTAを締結した国の交渉力は強化されるため，多角的な自由化交渉の最中にこそFTA 競争は活性化すると主張した。他方，構成主義のアプローチでは，FTAという新たな政策規範が国家間の模倣や競争によって拡散していくプロセスが分析される。アメリカやEU，中国などの主要国のFTAは独自の型（テンプレート）を持つが，それらはサービスや投資などの高度な規定を含む先進国型FTAと，財貿易に関する規定を中心とした途上国型FTAとに大別される。さらに，こうしたFTAのテンプレートや貿易ルール，さらには地域統合の理念をめぐる大国間競争を分析するために，構成主義と現実主義の分析枠組みとを折衷した研究も活発に進められている。それらの研究によれば，大国間の貿易ルールや地域概念をめぐる競争が，大国を中心としたハブ・アンド・スポーク状のFTA網を形成し，また，大国の所属する地域の経済統合を前進させていくとされる。

　では，こうした競争戦の中で，アメリカはどのような位置を占めてきたのだろうか。アメリカのFTAは，関税のみならず，サービスや投資，知的所有権や労働・環境規定まで含まれる先進的かつ包括的な協定である。そして，アメリカは自国のFTAを世界に広めるべき模範的なモデル（gold standard）だと位置づけてきた。さらに，これまでは多角的自由化における指導力を確保するた

めに，北米やアジア太平洋などの地域で地域主義的イニシアティブを並行して進め，アメリカの要求に応じない他の地域の国々に圧力をかけることができた[20]。たとえば，ウルグアイ・ラウンドの際，アメリカはNAFTA（North American Free Trade Agreement）とAPECといった地域的な自由化を並行して進め，他の国々に圧力をかけ，同ラウンドの妥結に向けた流れを作る競争的自由化（competitive liberalization）を進めたとされる[21]。ここでは，世界全体でFTAや地域自由化交渉を進められる外交・経済関係の厚みや広がりが，アメリカに覇権的地位を与える条件となっている。そして，ブッシュ政権の際にも，アメリカ主導の競争的自由化は通商政策を進める論理として活用された。本書では，こうした論理の実際の帰結について第5章および第6章で詳細に分析したい。

では，国家間競争によって急増したFTAをどのようにして収斂させていくのか。最後にこの問題について整理しておこう。ボールドウィンらの研究によれば，FTAの多国間化を進めるには，新たな多国間協定を創設するか，既存の協定を拡大すればよい[22]。その際の経路としては，既存の協定を残したまま，新旧の協定に優先順位をつけずに多層化する「階層化（nesting dynamic）」と，新たな協定を優先させる「多国間化（multinationalisation dynamic）」とに大別される。前者は緩やかにFTAを統合するアプローチで，具体的事例としては東アジア地域包括的経済連携（Regional Comprehensive Economic Partnership：RCEP）があるとされる。他方，後者は既存の協定を弱体化させ，より深い統合を急進的に進めるアプローチで，具体的にはTPPが挙げられる[23]。

3　アメリカの通商覇権の理論的検討

本節では，国際秩序におけるアメリカの覇権的地位こそが通商政策の動向を規定すると考える覇権理論を検討していく。通商政策はその国の国際政治上の地位を反映し，外交政策の目的に従うものだと見る議論の嚆矢はハーシュマン（Albert O. Hirschman）の古典的な研究に遡る。ハーシュマンはナチスドイツの通商政策を分析し，大国は貿易を通じて小国を経済的に従属させうると主張し

た。しかし，第2次大戦後のアメリカは圧倒的なパワーを持つ覇権国であり，資本主義諸国の強化という外交戦略上の目的からGATTを中心とする自由主義的な国際経済秩序を構築した。そして，しばしば輸入産業の保護や他国の市場開放といった経済的利益よりも，資本主義諸国の結束という安全保障上の利益を優先した。クーパー（Richard N. Cooper）は，アメリカの安全保障政策と対外経済政策の関係を歴史的に整理し，1945年から1985年においては対外経済政策が安全保障政策から切り離され，貿易問題がそれ自体の領域で議論されるようになったと指摘した。クーパーは，こうした切り離しに基づく先進国間関係を2トラックシステムと呼んだ。

以上のように，冷戦期におけるアメリカは，自由主義的な国際経済秩序を発展させるため，安全保障政策上の関心を対外経済政策上の利害に優先させたと考えられてきた。では，アメリカの国際的地位や覇権と通商政策との関係は，冷戦後，どのように議論されてきたのだろうか。以下では，代表的な覇権理論として，(1)ギルピン（Robert Gilpin）の覇権安定論，(2)アイケンベリー（G. John Ikenberry）らの多国間秩序論，(3)マスタンデュノ（Michael Mastanduno）の非対称な合意論を検討していく。

覇権安定論

まず，ギルピンの覇権安定論の概要をまとめよう。ギルピンによれば，開放的な国際経済秩序の前提は圧倒的な軍事的・経済的・技術的能力を持つ覇権国である。覇権国は開放的な国際経済秩序のルールを決定し，実行する。そして，開放的な国際経済秩序の利益は覇権国だけではなく諸外国にも及ぶため，覇権国は国際公共財の管理者という役割を担うことになる。現覇権国であるアメリカは，第2次大戦後，最恵国待遇を原則とする開放的な自由貿易体制を構築した。

しかし，覇権国の提供する開放的な国際経済秩序の下で，その利益にフリーライドできる国々は覇権国以上のペースで経済を成長させる。その結果，覇権国は国際経済秩序を維持する能力や意思を徐々に喪失し，その地位をより短期的・利己的な方向で活用する略奪的覇権国に変貌する。覇権国の略奪的覇権国

化に伴い，経済大国間での経済紛争が頻発し，これらの国々は閉鎖的な二国間主義的政策や地域主義的政策を活発化させ，貿易体制の分断や地域化が進行していく。

以上のような覇権安定論の論理は，1990年代までのアメリカの通商政策の展開や，国際経済秩序におけるアメリカの役割についておおむねあてはまる。すなわち，戦後のアメリカは，自由・無差別・多角主義を理念とする自由貿易体制の形成に際して指導的役割を果たしたが，1970年代以降の日本や西欧諸国の経済的台頭に伴い，これらの先進国との間で激しい貿易摩擦問題を繰り広げた。1980年代にはスーパー301条などの強硬な二国間主義的政策や，カナダおよびメキシコとNAFTA交渉を開始して地域主義的政策を進めるなど，多角主義を中心としたそれまでの通商政策を大きく転換した。覇権安定論によれば，冷戦末期におけるアメリカの多角主義からの逸脱は，覇権国から略奪的覇権国への転換という論理で把握できることになる。

他方，覇権安定論に対しては，覇権概念の曖昧さや自由主義的国際経済秩序の評価をめぐり様々な批判が寄せられている[28]。しかし，以下ではポスト冷戦期における覇権国の通商政策のありようという本節の問題意識に関わって，第1に，アメリカの覇権的地位の低下と政策転換，第2に，安全保障政策と通商政策との関係という論点に絞って検討する。

今日におけるアメリカの経済覇権を検討した飯田の研究によれば，GDPで測ったアメリカの全般的覇権はなだらかに低下しており，貿易分野での覇権については，世界貿易におけるシェアで測るともはや覇権国とは言えないほどに衰退しているとされる[29]。とりわけ冷戦後，それまでは社会主義陣営に属していたり，国内産業の保護を優先してきた国々が先を争って市場経済化や貿易自由化による経済成長の恩恵を得ようとし，自由主義的国際経済秩序に参入してきた。そして，中国をはじめとする新興国の経済的台頭や途上国間貿易の拡大によって世界経済の多極化が進行した。

では，覇権安定論の理論的予測にあるように，覇権国の衰退によって開放的な国際経済体制は解体し，世界経済の地域化，すなわち閉鎖的な貿易ブロック

表序-2　平均関税率の国際比較　　　　　　（％）

		アメリカ	EU	日本	中国	インド	ブラジル
農産品	単純平均	4.8	12.5	18.2	15.7	113.5	35.4
	貿易加重平均	4.1	22.3	12.8	13.5	45.0	12.0
非農産品	単純平均	3.3	3.9	2.5	9.2	34.5	30.8
	貿易加重平均	2.1	2.3	1.2	4.0	4.5	10.0

注：単純平均は実効税率の単純平均値。貿易加重平均は2013年の実効税率を貿易量で加重
　　した平均値。World Trade Organization ［2015］ *World Tariff Profiles 2015.*
出所：WTO ［2015］ より作成。

化が進んだのであろうか。まず，2001年に開始されたWTOドーハ開発ラウンドは，何度も議題や交渉モダリティを見直したにもかかわらず，実質的に進展していない。ドーハ開発ラウンドが停滞した理由は第1に，中国やインド，ブラジルなどの有力な新興国の台頭である。GATTの時代では，アメリカ，EC，カナダ，日本の4極が合意すれば交渉をまとめられた。これらの先進国はそれぞれの保護産業については厳しい利害対立を抱えていたが，自由貿易の発展という理念を共有しており，そのようなコンセンサスが多角的自由化交渉の成立を促進した。しかし，ドーハ・ラウンドでは新興国側が先進国の農業保護の撤廃を求め，他方，先進国側は途上国の非農産品関税の大幅な撤廃を求める構図が定着した。とりわけ新興国が一切の譲歩を拒む強硬な交渉スタンスを崩さず，交渉の前進が見込めなくなってしまった。第2の理由は，先進国が交渉妥結への熱意を失ったことである。先進国はドーハ・ラウンドにおいて，関税削減だけではなく，投資や競争政策，政府調達や貿易円滑化などの新たな論点を取り上げることを望んでいた。しかし，途上国の反対によってそれらの多くが交渉テーマから外されてしまった。このため，先進国にとってはドーハ・ラウンドそれ自体の魅力が大きく低下してしまっている。表序-2は，主要先進国と新興国の平均関税率を比較したものである。中国の関税水準は，とりわけ農産品については先進国に遜色のないレベルまで下がっているが，非農産品については新興国の関税水準がかなり高いことが読み取れる。しかし，先進国の関税水準は既に低いレベルにあるため，新興国との交渉に際しては関税削減以外の

カードを切らなければならない。[30]

　以上のように，近年，新興国の台頭によって多角的自由化交渉が停滞する一方で，二国間主義的あるいは地域主義的な通商政策は活発化した。しかし，これらの動きは戦間期とは異なり，排他的・閉鎖的な地域ブロックの形成を目指すものではなく，地域を跨いだFTA交渉や，地域主義相互の連携も同時に進んでいる。アメリカも，自らの属する南北アメリカ地域だけではなく，アジア太平洋や中東，ヨーロッパなどの国々や地域との間で活発にFTA交渉を進めている。そして何よりも，これまで進められた多角的自由化の水準を後退させるような動きはほとんど見られない。そして，とりわけアメリカやヨーロッパの主導するメガFTAの場合，新たな貿易ルールの実現と，多角的自由化を進めるための触媒としての役割が強調されることが多い。

　覇権安定論では，覇権国の相対的なパワーとその政策とが一義的に結び付けられており，パワーが優位の場合には開放的な通商政策を，衰退すると保護主義的あるいは地域主義的な政策を採用するとされる。しかし，このような一義的な前提では実際の政策の展開を整合的に説明できず，分析の視野を実際に政策が形成されるプロセスにまで進める必要がある。

　第2に，アメリカの安全保障政策と通商政策との関係については，冷戦終結によるアメリカの安全保障政策の転換の意義を考えなければならない。社会主義陣営の解体により，アメリカの安全保障政策の大義は資本主義陣営の防衛や強化から，資本主義，とりわけアメリカ社会の理念である自由と民主主義，市場経済の拡大へと変わった。このため，安全保障政策と通商政策とを結び付ける論理も大きく変化した。かつてのアメリカは社会主義陣営に対抗するため，同盟諸国の専制主義的な政治システムや国内産業への保護主義を大目に見る傾向があった。しかし，ソ連の崩壊後はそのような寛容性は大きく失われ，安全保障政策の観点からも通商政策の観点からも，政治的自由主義と経済的自由化を促進させ，アメリカ主導の国際秩序に組み込んでいくことがアメリカの対外政策の大原則となった。その一方で，民主主義や市場経済を受け入れた国々に対し，アメリカ市場へのアクセスをどの程度認めるのか，とりわけ，アメリカ

の輸入産業の利害をどの程度犠牲にするのかという問題はより明確に認識されるようになった。

　しかし，覇権安定論の理論枠組それ自体には，冷戦とポスト冷戦とを区別する論理は含まれない。冷戦期におけるアメリカの安全保障政策の主要な目標は，西側先進諸国の団結と成長だった。アメリカと日本，西ヨーロッパ諸国の間には，社会主義国に対する防衛と資本主義陣営の強化を優先するという冷戦コンセンサスが存在し，紆余曲折はありつつもGATTにおける多角的自由化交渉を前進させてきた。ポスト冷戦期においては，このようなコンセンサスは消滅した。アメリカの主導する国際秩序には，新たに中国やインド，ブラジルをはじめとする途上国が先を争って参入する一方で，多角的自由化交渉の構図が複雑化して合意を形成しにくくなった。さらに，アメリカは自国の安全保障政策上の目標をより強く諸外国に要求するようになり，かえって諸外国からの反発を招くようになった。

　まとめておこう。覇権安定論は，覇権国は開放的な国際経済秩序を追求するという論理でアメリカの通商政策の特殊性を明確に説明した。しかし，覇権の根拠を軍事力や経済力などの物的要素のみに求めるため，覇権国の政策それ自体の変化，とりわけそのプロセスを説明するのには不十分である。第2に，冷戦期の政策とポスト冷戦期の政策との区別には無関心であり，その結果，ポスト冷戦期における重要な変化を見過ごす結果となった。

多国間秩序論

　ここではまず，アイケンベリーの自由主義的覇権秩序論と，ラギー（John Gerard Ruggie）の多国間主義論の概要を整理し，多国間秩序論として特徴づけていく。アイケンベリーは，覇権安定論のパワー概念が軍事力や経済力といった物質的要因に限定されていることを批判し，規範や価値観といった非物質的要因に着目した。そして，第2次大戦後の国際秩序はアメリカが自国の圧倒的パワーを国際制度に自己拘束し，追随国がこの制度に参画するという合意に基づいていると主張した。アイケンベリーは原則やルールを事前に規定し，それ

らのルールの中で結果をめぐる取引が行われる制度的合意と，物質的な利益をめぐる取引の結果を意味する実質的合意を区別した。そして，戦後のアメリカは，短期的な利益をめぐる実質的合意だけではなく，制度的合意の形成をも進めてきたと指摘した。アイケンベリーによれば，覇権国の基本的な支配戦略には，ルールや制度を通じてパワーを行使する「ルールを通じた支配（rule through rules）」と，従属国との二国間協定による「関係を通じた支配（rule through relationships）」とがある。冷戦期のアメリカは，西ヨーロッパや国際経済問題に対してはルールを通じた支配を活用し，東アジアには関係を通じた支配を採用した。そして，戦後の国際秩序の根幹は，アメリカの覇権とルールに基づく開放的な自由主義的覇権秩序であると主張した。アメリカの物質的パワーの衰退によって，自由主義的覇権秩序の覇権的側面は圧力を受けているが，ルールに基づく自由主義的側面については，中国をはじめとする新興国もその利害関係者となっており，これを覆すような理念も能力も持ち合わせていないという。[31]

このような論理を通商政策の分野に適用した研究として，ゴールドスタイン（Judith Goldstein）とゴワ（Joanne Gowa）の分析がある。[32] 彼女たちによれば，もともとアメリカの通商政策は個別の利益集団の主張に左右されやすく，分散的で一貫性がなかった。こうした問題を克服して自由貿易へのコミットメントを示すため，戦後のアメリカは，通商政策の権限を議会から行政府に委譲する互恵通商法やファスト・トラックといった国内制度を整備し，GATT や WTO によって自国の通商政策を拘束した。NAFTA も，他国に市場開放を迫る手段であるとともに，自己を拘束する制度でもあると評価している。

次に，ラギーの多国間主義論を検討しよう。[33] 多国間主義とは一般的な原則に基づいて調整される3カ国以上の関係のことで，アメリカはこの理念に基づき，NATO や GATT などによる戦後の国際秩序を構築した。[34] ラギーによれば，アメリカの対外姿勢は緩やかな共同体的組織原理である多国間主義と，あらゆる制約を逃れて行動の自由を確保しようとする単独主義との間の緊張関係に置かれ続けてきた。多国間主義は，開放的かつ普遍的な原理に基づく共同体という

アメリカの自己認識に合致する。したがって，アメリカ建国の原理を国際関係にも投影できるという利点がある。さらに，開放的な国際秩序と国内政策の自立性という2つの目的を両立させるために，当時のルーズベルト（Franklin D. Roosevelt）政権は「埋め込まれた自由主義（embedded liberalism）」という国内体制を成立させた。これは，経済の自由化を国内社会に埋め込んだ体制，すなわち，社会の安定を脅かさないように，国内政策で市場の力を抑制することを社会的合意とする体制のことである。ラギーは，対外政策の理念としての多国間主義，国内体制の理念としての埋め込まれた自由主義，という2つのレベルで戦後の国際秩序を把握しようとしたのである。

では，ラギーは1980年代以降の国際経済秩序の変化をどのように捉えたのだろうか。まず，通商法301条などの攻撃的な通商政策や地域主義政策については，多国間主義に真っ向から挑戦するものではないと評価している。301条は海外市場の開放が目的で，自国産業の保護主義政策ではないし，地域主義が閉鎖的な貿易ブロックを形成するかどうかは政策以外の様々な要因による。したがって，これらの二国間主義的・地域主義的政策は世界的な多国間主義に反するものではないと述べている。これに対し，埋め込まれた自由主義の方は，この時期以降，危機に瀕した。それまでは国内政策の対象とされてきた様々な領域が自由化され，国内の安定が犠牲にされた。さらに，これに伴い通商政策で対応しなければならない問題がGATTの伝統的な範囲を越えてしまい，GATTで対応すべきなのか，一国あるいは二国間主義その他の手段で対応すべきなのか新たな合意が存在しないままだと指摘している。

以上のように，アイケンベリーは戦後の国際秩序の特徴を国際制度によるアメリカのパワーの自己拘束であるとし，他国の自発的参加を促すような国際制度の構築力にこそアメリカの覇権の源泉があるとした。他方，ラギーはそれら国際制度の基本原則としての多国間主義が戦後秩序の特徴であると主張した。また，アイケンベリーは，制度内での交渉ですら大国の方が有利な結果を得やすい非対称なものになると指摘しているが，ラギーは国家間のパワーの非対称性にはあまり触れていない。にもかかわらず，両者の議論は戦後国際秩序の特

徴を規範や価値観に基づくアメリカの覇権だとしている点で共通している(35)。そして，いずれの議論も軍事力や経済力といった覇権の物質的基礎の相対的変化と，覇権それ自体の変化とを一定切り離して評価できる枠組みとなっている。そこで，以下では両者の議論を多国間秩序論と特徴づけて検討していく。

　最初に，覇権安定論と多国間秩序論との間の対立点と共通点を確認しておく。覇権安定論では，圧倒的なパワーを持つ覇権国は開放的な国際経済秩序を構築しようとするが，パワーが相対的に衰退すれば保護主義政策に転換し，開放的な国際経済秩序は解体すると考える。これに対し多国間秩序論では，アメリカの覇権の本質は多国間制度や国際ルールに自らのパワーを拘束することで，他国の自発的な協力や参加を引き出す制度的合意にあるとみる。つまり，両論の対立は，覇権の根幹はアメリカ自身のパワーなのか，アメリカの構築した制度であるのか，というかつての現実主義とリベラリズムとの論争に帰着する(36)。したがって，現実主義の立場に立つ論者は，アメリカが圧倒的なパワーを失えば多国間秩序を維持する資源や威信が失われると主張し(37)，多国間秩序論者は，挑戦国である中国もアメリカ主導の秩序に参加した恩恵に与っており，この秩序を覆すような理念もパワーも持っていないと反論している(38)。他方，覇権安定論も多国間秩序論も，第2次大戦後に構築されたアメリカの覇権は冷戦後も基本的に引き継がれたと考えている点では共通している。覇権安定論の場合はパワーの優位性に基づく開放的な国際経済秩序が引き継がれ，多国間秩序論では多国間制度や国際制度が引き継がれたと考えている。

　第2に，多国間秩序論は国際制度それ自体の特徴や変化に注目し，制度的合意の形成や再編成という視点から覇権概念をより動的に把握しうる理論的枠組みである。たとえば，アイケンベリーは戦後の国際経済秩序について，当初の多角主義最優先の構想から，欧州諸国との妥協を重ねた結果，自由貿易地域や関税同盟などの例外規定を認めつつ漸進的に構築されたものだと述べている(39)。また，国際的な合意だけではなく，自由で開放的な国際秩序を支持するための国内的合意にも焦点が当てられている。アメリカの通商政策は連邦議会の管轄であるため，国内の多様な利害集団や国内政治の影響を強く受ける。多国間秩

序論は、通商政策をめぐる国内的な合意を含めてアメリカの覇権を議論しうる枠組みであると言える。

では、1980年代以降のアメリカの覇権の「衰退」と通商政策の展開について具体的に検討しよう。結果から見れば、アメリカと日本や西ヨーロッパ諸国との激しい貿易摩擦を経て、1995年にはWTOが発足して多角主義的経済秩序が強化された。覇権の衰退にもかかわらず、国際協力がかえって強化されたのはなぜか。この問題こそが覇権安定論にとっての最大の難問の一つであろう。(40) では、多国間秩序論の枠組では、貿易摩擦から国際協力の強化というプロセスをどのように評価できるだろうか。当時、貿易赤字に苦しむアメリカ議会はスーパー301条を制定し、大統領に特定国の不公正な貿易慣行に対し報復する権限を与えた。スーパー301条は、GATTの原則に反する攻撃的な二国間主義政策だとして諸外国からの強い批判にさらされたが、アメリカの一方的な制裁を回避するため、日本やヨーロッパ諸国はウルグアイ・ラウンドにおいて強力な紛争解決制度の設置を受け入れた。つまり、当初、アメリカはスーパー301条などの「攻撃的な一方主義」を行使しようとしたが、それを嫌った日本やヨーロッパは国際機関を強化してアメリカの関与を継続させ、その一方的な行動を拘束する道具として活用したことになる。(41) したがって、WTO創設に至るプロセスはまさに、覇権国の一方的なパワーの行使を制約するために、従属国が国際制度の創設に応じる「ルールを通じた支配」の形成プロセスだと評価しうる。

第3に、多国間秩序論は、NAFTAやAPECといった地域主義的イニシアティブと、WTOのような多角主義的自由化とを本質的には区別していない。アイケンベリーは冷戦後のNAFTA、APECなどの地域主義の展開もアメリカによるルールを通じた支配の拡大だとみている。アイケンベリーによれば、これらの地域的イニシアティブは閉鎖的な貿易ブロックではなく、貿易自由化を目指す多国間での取り組みであり、自由主義的覇権秩序は強化されたことになる。多国間秩序論では、アメリカ主導で3カ国以上を対象とした共通のルールや制度が構築されればルールを通じた支配や多国間主義の強化であると理解する。したがって、WTOでの多角的自由化交渉の進展も、多国間FTAであ

るTPPやTTIPなどのメガFTA交渉の前進も，多国間秩序の発展だということになる。このような地域主義と多角主義の等閑視は通商問題を論じる場合には大きな盲点になりうるが，他方で，地域主義やメガFTAの推進を覇権の衰退と同一視する一面的評価を免れているとも言える。メガFTAには関税削減に加え，各国の法規制を規律する新たな貿易ルールに関わる規定が含まれている。結局，多国間秩序論の観点からは，これらの新たな貿易ルールをめぐる議題の設定力や合意の調達能力こそが覇権のメルクマールとなろう。

非対称な合意論

　最後に，自由主義的国際経済秩序を生み出したのは覇権国と個々の追随国との非対称な合意であったとする議論を検討しよう。この議論の嚆矢であるスタイン（Arthur A. Stein）は，覇権国が存在するだけでは自由貿易レジームは出現せず，覇権国が衰退したとしても同時にそのレジームが解体するとは限らないとして，ギルピンの覇権安定論を批判した。スタインによれば，自由貿易レジームを生み出すのは覇権国の一方的な政策ではなく，覇権国が市場を開放し，追随国が一定の保護主義を認められるという非対称な合意である。したがって，覇権国が相対的に開放的な自国市場というコストを負担し続け，追随国の一定の保護主義を容認する限りにおいて，自由主義的国際秩序は維持されることになる。ではなぜ，アメリカは追随国に譲歩するのか。それは，資本主義諸国の政治連合の結束を強化するためであり，資本主義諸国にとっての脅威は自由貿易レジームの外部に存在するソ連であった。[42]

　スタインの提起した非対称な合意という論理を，冷戦後の覇権のありようにまで適用して分析したのがマスタンデュノである。[43] マスタンデュノによれば，第2次大戦後のアメリカは，自由主義的な国際経済秩序の主導者であり，かつ，特権的地位の受容者であるという二重の役割を果たしてきた。冷戦期のアメリカは，西ヨーロッパと日本という主要パートナー諸国と暗黙の合意を結んだ。アメリカは安全保障を提供し，かつ，自国市場を開放しパートナー諸国からの輸出を引き受ける。パートナー諸国はドルを保持し，アメリカの政策決定を受

け入れる。この合意はアメリカの経常赤字という経済的不均衡を拡大するため持続可能ではない。そこで，不均衡が拡大してシステムの安定が脅かされると，アメリカは調整コストをパートナー諸国に押しつけてきた。マスタンデュノはこうした押しつけの事例として，1960年代のドル危機，ニクソンショック，プラザ合意などを挙げている。

　しかし，冷戦後，一般にはアメリカ単極の時代が到来したとみられたが，圧倒的なパワーそれ自体はアメリカの特権を強化しなかった。この時期，国際経済上の主要なパートナーは西ヨーロッパ諸国から中国などの東アジア諸国に交代した。アメリカは冷戦期と同様，アジア諸国からの輸出を引き受け，東アジア諸国に経常赤字をファイナンスしてもらう。こうして経済的不均衡はかつてない規模にまで拡大したが，アメリカは東アジア諸国に調整コストを押しつけられなかった。なぜか。第1に，新たなパートナー諸国は安全保障をアメリカに依存しておらず，第2に，部分的ではあるがユーロなどドルの代替物が出現し，第3に，アジア域内貿易が拡大し，アメリカ国内市場の唯一絶対性も失われてしまった。つまり，冷戦直後のアメリカ単極の時代に，アメリカの覇権は既に失われていたことになる。アメリカの覇権には主要大国の積極的な協力が不可欠だが，アメリカは冷戦期の方が国際政策調整に対する強力な支配力を有していた。[45]

　さらに，2008年の世界金融危機が冷戦後の「不完全な覇権」にとどめを刺した。アメリカは最大の潜在的挑戦国である中国に対し，自国市場へのアクセスによる経済成長を認める一方で，ドルの特権，すなわち中国が米国債を保有することで自律的な財政・金融政策と過剰消費を享受していた。しかし，金融危機はこうした暗黙の合意を破壊した。アメリカは過剰な消費に依存できなくなり，中国はアメリカへの輸出に主導される成長を続けられなくなった。こうして米中間の拘束的な経済的相互依存は解体し，米中双方がより自律的な行動を志向するようになった。[46]

　マスタンデュノの議論の意義は，アメリカの覇権は覇権国と追随国との非対称な合意，それも安全保障問題と経済問題にまたがる合意の具体的内容に基づ

23

くと考え，ソ連の脅威が存在した冷戦期と，ソ連が解体したポスト冷戦期とではそのあり方が大きく変容したことを指摘した点にある。覇権国と追随国との合意に着目している点では多国間秩序論と共通しており，ともにアメリカのパワーの相対的変化と覇権の盛衰とを切り離して評価できる議論である。しかし，多国間秩序論では合意の内容ではなく，国際制度やルールにおける平等性という形式面に焦点を当てている。したがって，ポスト冷戦期の少なくとも10年間はNATOが東欧に拡大し中国もWTOに加盟したのでアメリカの覇権は強化されたという評価になる。これに対し非対称な合意論では，ポスト冷戦期においてかつての日本や西ヨーロッパ諸国のような合意を結んだ国はなかったので，覇権は強化されずむしろ希薄化が始まっていたということになる。アメリカ主導の自由主義的国際経済秩序はむしろ冷戦期においてこそ高い凝集力を持ちえた。それは，ソ連の脅威に対し，西側先進諸国が自律的な安全保障政策や対外経済政策を放棄してアメリカのリーダーシップを認めたからだった。

　では，非対称な合意論の観点からは，多角的自由化交渉の停滞とFTAや地域イニシアティブの発展をどのように評価できるだろうか。第2次大戦後のGATTの発展は，より大きな外交構想，すなわち，社会主義陣営の封じ込めと資本主義陣営の経済的繁栄という大戦略の一環であった。アメリカの覇権は，追随国に対する安全保障と広大な国内市場の提供というアメリカの優位性に基づくものであり，アメリカはほとんどの多国間機関において圧倒的な影響力と例外的に行動する権利を保持する一方で，相対的に大きな寛容性や構想力を提供し，それらの機関の発展を力強く下支えした。しかし，冷戦後，多国間機関の発展を支えた条件は失われた。中国やインド，ブラジルなどの国々は，多国間主義の受容はアメリカによる主権の侵害を認めることになると考え，必要最小限の受容ですまそうとしている[47]。むしろ，安全保障政策や対外経済政策の自律性に執着し，国際政治における新たな極として対外的な影響力をアメリカと競い合おうとしている。このような国際環境において，先進国主導のメガFTAは，サプライチェーン貿易に関わる先進国の中核的な経済部門のみの自由化を進める選択的なアプローチであり，貿易ルールの設定によって覇権を回

復するための戦略でもあるということになる。したがって，多国間秩序論と同様に非対称な合意論においても，メガFTAを通じて新たな合意を広範に形成しうるのかどうかが分析のポイントとなろう。

なお本書の第8章では，ポスト冷戦期における経済的不均衡の調整問題として，G.W. ブッシュ政権期における人民元切り上げ問題を分析する。マスタンデュノによれば，冷戦期における経済的不均衡はもっぱら追随国の通貨を切り上げることによって調整されてきた。しかし，ポスト冷戦期においてはアメリカの優位を支える条件が失われたため，不均衡の調整は行われず放置された。では，失われた条件にはどのようなものがあったのだろうか。第8章では，アメリカ側の政策形成プロセスを分析することにより，マスタンデュノの指摘の妥当性を詳細に検討する。

4　政策形成プロセスの分析——多元主義論から政策アイディアへ

通商政策と党派政治——多元主義論の限界

本節では，アメリカの国内政治，すなわち通商政策の政策形成プロセスを対象とした議論を検討する。アメリカの政治システムは大統領と連邦議会，そして最高裁判所への三権分立が徹底しており，政策形成に際しては分厚い人的・制度的インフラに支えられた連邦議会と大統領を中心に，利益団体，シンクタンクやマスコミ，世論などの多様なアクターが関与する。政策形成プロセスとは，アメリカの分権的・分散的な制度的枠組みの元で，多様な政策形成主体がそれぞれの理念や利益の実現を目指して行う妥協や駆け引きのプロセスを指す。

冷戦期において，アメリカの通商政策の政策形成プロセスに対する最も有力なアプローチは多元主義論だった。このアプローチでは多元主義的な国家観に基づき，政策決定過程を行政府と議会，政党，各種利益団体の相互作用として把握する。アメリカの場合，通商政策に関わる権限は議会に与えられており，行政府が諸外国との間で関税・非関税障壁など，国内の法制度の変更を必要とする貿易協定を締結するためには議会の同意が必要となる。大局的な見地から

表序 - 3 アメリカ連邦議会における議席数の推移（1983〜2016年）

議会会期（年）	大統領（所属政党）	上院			下院		
		民主党	共和党	その他	民主党	共和党	その他
97（1981-83）	レーガン（共和党）	46	53	1	242	192	1
98（1983-85）		45	55	0	269	166	0
99（1985-87）		47	53	0	253	182	0
100（1987-89）		55	45	0	258	177	0
101（1989-91）	ブッシュ（共和党）	55	45	0	260	175	0
102（1991-93）		56	44	0	267	167	1
103（1993-95）	クリントン（民主党）	57	43	0	258	176	1
104（1995-97）		48	52	0	204	230	1
105（1997-99）		45	55	0	206	228	1
106（1999-2001）		45	55	0	211	223	1
107（2001-03）	G.W.ブッシュ（共和党）	50	50	0	212	221	2
108（2003-05）		48	51	1	205	229	1
109（2005-07）		44	55	1	202	232	1
110（2007-09）		49	49	2	233	202	0
111（2009-11）	オバマ（民主党）	57	41	2	257	178	0
112（2011-13）		51	47	2	193	242	0
113（2013-15）		53	45	2	201	234	0
114（2015-17）		44	54	2	188	247	0

出所：アメリカ上下両院のホームページより作成。

アメリカの国際的地位の向上に向けて貿易自由化を進めようとする大統領に対し，議会では，輸出産業と輸入産業それぞれの経済的利益を代表する議員が様々な圧力をかけて自らの再選に不利な協定が締結されないようにする。それぞれのアクターが自己の経済的利益を賭ける政策形成プロセスでの取引は熾烈を極め，貿易自由化に向けた合意形成の困難さが浮き彫りにされてきた。

その一方で，冷戦期の通商政策のように，主な論点が関税の削減や撤廃などの経済的利益に限定されていれば，妥協や取引による漸進的な調整も不可能ではない。表序 - 3 は，レーガン政権以降における連邦議会の議席数の推移を示したものである。これまでは一般に，企業や財界団体の支持を受けることの多

い共和党は自由貿易を志向し,労働組合を支持基盤に持つ民主党は保護貿易を志向する議員が多いが,個々の議員はそれぞれの選挙区の事情に従って投票行動を行うと考えられてきた。たとえば,選挙区に輸出産業である農業などを抱える議員は民主党であっても貿易自由化に賛成し,逆に輸入産業である繊維産業などを地元に持つ議員は共和党であっても自由化に反対する動機を持つ。したがって,貿易自由化を進める貿易法案であっても,なるべく多くの議員の支持を集めるために個別産業の利害を保護するような様々な条項が追加され,超党派での成立が目指されてきた。近年の議会における勢力配置は,かつての民主党の優位から民主・共和両党が拮抗し,しばしば多数党が入れ替わるようになっている。今日においても多元主義的な政策形成プロセスが機能しているとすれば,むしろ,貿易自由化に向けた政治的合意は成立しやすくなっているはずである。[53]

しかし,近年における通商政策の政策形成プロセスは,多元主義論の想定を裏切るものとなっている。近年のアメリカでは,伝統的な保護主義勢力である製造業の衰退にもかかわらず,自由化合意が得られにくくなっている。さらに,近年における主要な通商法案の採決を検討すると,それ以外にもいくつかの注目すべき点を指摘できる。表序-4は,ポスト冷戦期における主要な通商法案の採決の結果をまとめたものである。レーガン政権期における1988年包括通商・競争力法（Omnibus Trade and Competitiveness Act of 1988：OTCA 1988）の場合,民主党を中心とした超党派で成立していたことが読み取れる[54]。これに対し,第2期クリントン政権期以降の法案を見ると,上院ではほとんどの法案が大差で通過しているが,下院では少数ながら2002年 TPA（Trade Promotion Authority）[55]や中米 FTA など,僅差で成立している法案が存在している。次に,二大政党それぞれからの得票を検討すると,上下両院の賛成票の多くが共和党からのものであり,反対票の多くは民主党である。逆に,輸入産業の失業者への補償策である TAA については民主党議員のほぼ全員が賛成している。また,法案の多くは小国との FTA であり,アメリカの貿易総額に占める割合も1％以下の国ばかりである。以上から,通商法案,とりわけ貿易自由化に関する法案は,

表序 - 4 主要な通商法案の採決

年	法　案	下　院			上　院		
		賛成	反対	合計	賛成	反対	合計
1988	OTCA1988	133/243	41/4	376/45	11/52	35/1	85/11
1997	ファスト・トラック	採決されず			42/26	12/19	68/31
1998	ファスト・トラック	151/29	71/171	180/243	採決されず		
2001	ヨルダンFTA	発声投票			発声投票		
2002	2002年TPA	190/25	27/183	215/212	43/20	5/29	64/34
2002	チリFTA	195/75	27/128	270/156	43/22	7/24	65/32
2003	シンガポールFTA	197/75	27/127	272/155	44/22	7/24	66/32
2004	豪州FTA	198/116	24/84	314/108	48/31	2/14	80/16
2004	モロッコFTA	203/120	18/80	323/99	46/38	5/8	85/13
2005	中米FTA	202/15	27/187	217/215	43/10	12/33	54/45
2005	バーレーンFTA	212/115	13/81	327/95	発声投票		
2006	オマーンFTA	176/22	28/176	221/205	49/12	5/27	62/32
2007	ペルーFTA	176/109	16/116	285/132	47/29	1/16	77/18
2011	コロンビアFTA	231/31	9/158	262/167	44/21	2/30	66/33
2011	韓国FTA	219/59	21/130	298/151	45/37	1/14	83/15
2011	パナマFTA	234/66	6/123	300/129	46/30	0/21	77/22
2011	2011年TAA	118/189	122/0	307/122	17/51	27/0	70/27
2015	2015年TPA	190/28	50/158	218/208	47/13	5/31	60/38
2015	2015年TAA	111/175	132/6	286/138	発声投票		

注1：賛成および反対については共和党/民主党の票数を，合計については賛成/反対の票数を示す。合計には無党派の票数も含まれている。
注2：発声投票とは，全会一致での賛成を示す。
出所：Thomas〈http://thomas.loc.gov/home/thomas.php〉および *CQ Almanac 1988*により筆者作成。

個々の法案に関わる経済的利害の調整の結果と言うよりは，民主・共和両党間での党派政治の対象となっていることが分かる[56]。この採決の結果（表序 - 4）と議会の議席数の推移（表序 - 3）とを併せると，通商政策は上下両院ともに共和党多数派議会でなければ非常に進めにくくなっていると考えられる。

　こうした激しい党派政治の背景は，ウルグアイ・ラウンドと同時期に進められたNAFTAの審議の際，輸入産業や労働組合などによる伝統的な保護主義

表序-5 主要な対中通商法案の採決（1995～2000年）

年	法案	下院			上院		
		賛成	反対	合計	賛成	反対	合計
1996	MFN撤回法案	65/75	167/119	141/286	審議されず		
1997	MFN撤回法案	79/93	147/112	173/259	審議されず		
1998	MFN撤回法案	78/87	149/115	166/264	審議されず		
1999	MFN撤回法案	71/98	150/110	170/260	法案取り下げ		
2000	MFN撤回法案	54/91	164/117	147/281	審議されず		
2000	PNTR法案	164/73	57/138	237/197	46/37	8/7	83/15

注：賛成および反対については共和党／民主党の票数を，合計については賛成／反対の票数を示す。
出所：Thomas〈http://thomas.loc.gov/home/thomas.php〉により筆者作成。

に加えて労働・環境問題などの非貿易的関心事項[57]が争点化したことである。その結果，民主党の支持基盤である人権団体や環境団体もNAFTAに反対して政策形成プロセスに大きな影響を与えた[58]。そして，これらの新たな保護主義勢力と伝統的な保護主義勢力は結束してNAFTAに反対し，その成立後も諸外国，とりわけ労働条件や環境保護のレベルに問題があるとされる途上国との公正な貿易を実現するため，労働・環境問題をはじめとする多様な要求を取り上げる公正貿易論[59]を掲げ，民主党議員を通じて行政府の進める貿易自由化政策に強く反対した。

　しかし，全ての通商政策が理念的な党派政治の対象になっているわけではない。表序-5で主要な対中通商法案の採決を検討しよう。いうまでもなく，中国は冷戦後におけるアメリカの最も重要な貿易相手であり，中国との貿易問題は議会でも常に議論の的となってきた。1990年代後半においては中国への最恵国待遇（Most Favored Nation）待遇の供与や，WTO加盟の前提となる恒久最恵国待遇（Permanent Normal Trade Relations：PNTR）法案の是非をめぐる審議が主な論点だった。そして，中国がWTO加盟を認められると，2003年頃から人民元の切り上げ問題が議会での主要な論点となった。しかし，激しい議論の対象となったのにもかかわらず，実際に審議の対象となり，本会議での採決にいたった対中通商法案，とりわけ制裁的な性格の法案は驚くほど少ない。また，

それらの法案について検討すると，FTA法案とは異なり，民主・共和両党からバランス良く支持を得て成立していることが分かる。したがって，対中通商問題に関する政策形成プロセスは，二大政党の双方から多様な意見が噴出し，漸進的に調整される多元主義的なプロセスであったと考えられる。

「アイディアの政治」の意義と限界——理念対立と理念の包括性

以上のように，TPAや小国とのFTAが党派政治の対象となる一方で，経済的にはるかに重要な中国との通商問題については，議会は全体として分散的かつ穏健な態度を示している。したがって，ポスト冷戦期のアメリカの通商政策は経済的な利害が全ての問題を直接規定しているわけではなく，まずはそれぞれの論点や法案をめぐる認識や文脈が政策形成プロセスのあり方を左右しているものと考えられる。そこで，以下では，アメリカの通商政策の国内政治に関する先行研究，とりわけ政策アイディアに関する研究の理論的検討を行い，アメリカの通商政策の国内政治を分析する枠組を提示する。

政策アイディアに関する一連の研究では，制度や政策の変容を説明する一要因として，理念や政策アイディアといった主観的な要因を導入している。その利点は，第1に，多元主義国家論が政策の漸進的な変化を前提しているのに対し，制度や政策の劇的な変化を分析しうることである。多元主義の理論では，安定的な制度や政策を前提に，個々のアクターがそれぞれの経済的利益を追求するものとされた。したがって，大きな政策転換や大規模な制度変更はきわめて困難だとされる。第2に，複数の選択肢が想定されていた場合，とりわけ政策担当者が不完全な情報しか持たない場合に，なぜ，特定の選択肢が選ばれたのかを説明できることである。経済的な利益のみでは政策選択を説明できない場合，政策アイディアが政策選択を促す要因とされる[60]。

政策アイディア研究の嚆矢は，ピーター・ホール（Peter Hall）の政策パラダイムに関する研究である[61]。ホールによれば，政策決定者は政策目標や目標達成のための手段だけでなく，対処すべき問題に関する観念や基準の枠組，すなわち政策パラダイムの中で活動している。そして，政策の変化には，(1)政策手段

を調整するレベル，(2)政策手段を変更するレベル，(3)政策目的，政策手段，設定基準全てを変更するレベルの3つのレベルがある。つまり，政策アイディアは階層構造をなしており，個々の政策手段や目標は，政策パラダイムの中で位置づけられ，機能していることになる。

また，政策アイディアの機能や役割については，ジュディス・ゴールドスタイン（Judith Goldstein）とロバート・コヘイン（Robert O. Keohane）の研究がある。[62] ゴールドスタインとコヘインによれば，政策アイディアには，(1)政策課題を認識する枠組となる世界観，(2)善悪などの価値基準となる原理的信念，(3)政策目標を達成するための手段に関わる因果的信念，の3類型がある。そして，政策アイディアが政策過程で果たす役割には，(1)政策の方向性を指し示す道路地図，(2)政策アクターを一点に収斂させる準拠点，(3)過去の政策アイディアが定着し，アクターの認識や行動を拘束する制度化，の3つがあるという。

最後に，マーク・ブライス（Mark M. Blyth）の制度変化に関する研究を検討する。ブライスは，ホールもゴールドスタインも，アイディアと利益とがまったく異なる要因であり，アイディアは制度変化の副次的要因とみていると批判し，危機的な状況においてはむしろアイディアの方が利益を規定すると述べた。そして，危機的状況におけるアイディアの役割として，(1)不確実性の減少，(2)集合行為や連合形成の促進，(3)政治的対立における武器，(4)制度の青写真，(5)制度の安定化の促進，という5つの役割を順に果たしていくとした。このように，ブライスは，アイディアは危機的状況に際して制度や政策の劇的な変化を主導する要因であると主張した。[63]

「アイディアの政治」アプローチに基づく通商政策研究としては，ゴールドスタインの研究がある。[64] ゴールドスタインによれば，アメリカの通商政策における最大の論点は自由主義的な政策手段と保護主義的な政策手段の併存である。アメリカの通商政策を歴史的に振り返れば，1930年代までの保護主義の時代から，第2次大戦を経て以降は自由貿易主義の時代へと大きく転換した。ゴールドスタインは，かつての保護主義時代の政策アイディアが制度化して定着する一方で，自由主義的な政策アイディアに基づく政策手段が次々に導入され，そ

の結果，相反する理念に基づく政策手段が併存するようになったとする。

以上のように，政策アイディアに関する研究は，理念やアイディアという要因を導入することによって，多元主義的アプローチではうまく説明のできなかった政策や制度の劇的な変化を分析の俎上に載せることに成功した。しかし，これまでの「アイディアの政治」アプローチは，今日のアメリカの通商政策が直面する現象，すなわち，アイディアの理念的対立による政策の停滞という問題にはほとんど適用されてこなかった。[65] 以下では，アメリカの通商政治における党派対立，すなわち，自由貿易論と公正貿易論との政策パラダイム対立という現実を踏まえ，政策アイディアに関する先行研究をアレンジして，本書の分析枠組を提示しておこう。

第1に，国内政治のレベルでは，自由貿易論と公正貿易論という2つの政策パラダイムが対立・拮抗している。これら2つの政策パラダイムは，多様な利益集団の準拠点・結節点となる一方で，パラダイム間では妥協の困難な対立を生み出している。第2に，民間シンクタンクや豊富な調査・研究スタッフを抱える連邦議会など，アメリカの強力な政治的インフラストラクチャー[66]にも支えられ，2つの政策パラダイムの対立は活発な政策論争と多様な政策手段の創出を促している。その結果，それぞれの政策パラダイムの進化とパラダイム間の対立も進む。こうした政策手段の「創出的パワー[67]」の優位性は，アメリカの国際的リーダーシップを一面で強化しているが，他方，激しいパラダイム対立により，対外交渉におけるアメリカの譲歩の余地は著しく小さくなっている。すなわち，政策パラダイムの対立は政策手段の発展を促進する一方で，政治的対立を激化させ，政策形成プロセスを停滞させている。第3に，論点が経済的利益をめぐる対立に限定されれば妥協や調整は可能だが，パラダイムの基本的な理念や目的に関わるものだと認識されると，激しいパラダイム間対立によって政策形成プロセスが機能不全に陥る。このため，経済的意味のほとんどない小国とのFTAの採決であっても，それらの投票パターンは不安定になる。他方，中国のような巨大で複雑な存在の場合，個々の政策担当者が米中関係に関わるあらゆる論点を把握することが困難であるため，包括的な政策パラダイムが存

在しない。このため，議会では個別の政治的・経済的利害が多元的に表出し，基本的には政権の意向がほぼ貫徹する。(68)

5 本書の分析視角と構成

本書の分析視角

　本書では，ポスト冷戦期アメリカの通商覇権を，対外的側面，すなわち，多国間主義を通じた新たな貿易ルールの追求と，国内政治過程における理念的対立の相互作用のプロセスとして統一的に分析する。これまでアメリカの通商政策は，主に対外的側面か対内的側面のどちらかに焦点を当てて研究されてきた。対外的側面を中心に検討するアプローチの場合，マルクス経済学によるアプローチに見られるように，アメリカのハイテク産業やサービス産業の強力な国際競争力が，あるいは覇権安定論のように，アメリカの圧倒的な軍事・外交力とアメリカの通商政策とが同一視され，その高圧的な性格が強調されてきた。他方，多元主義論のような国内的側面を中心に分析するアプローチでは，貿易自由化に向けた合意形成の困難さが指摘されてきた。つまり，これまでのアプローチにおいては「強い」アメリカ像と「弱い」アメリカ像とが無関係に併存していたとも言える。しかし，通商政策においては諸外国との関係においてアメリカの利益をいかに獲得するのかという対外的側面と，貿易自由化に対する合意をいかに調達するのかという対内的側面とが密接不可分に存在している。したがって，これら両側面を統一的に把握する枠組みが必要である。(69)

　第2に，冷戦期における通商政策の国内政治過程は多様な経済的利害が漸進的に調整される多元主義的プロセスだったが，ポスト冷戦期の国内政治過程を特徴づけるのは自由貿易論と公正貿易論という2つの政策パラダイムの理念的対立である。ポスト冷戦期の国内政治過程においては，貿易に直接関わる産業や利益集団の経済的利害だけではなく，貿易相手国の労働・環境問題などを含む多様な論点が自由貿易論もしくは公正貿易論の政策パラダイムに位置づけられるようになり，2つの政策パラダイム間の対立が先鋭化した。また，政策形

成プロセスにおける理念やアイディアの役割については，これまでの研究では政策の劇的な変化を促す要因として把握されてきたが，今日では理念をめぐる厳しい党派的対立が様々な政策手段を創出すると同時に，政策プロセスの停滞をもたらしている[70]。本書では，以上のような政策プロセスの新しい姿を詳細に分析していく。

ただし，全ての政策プロセスが政策パラダイムの理念的対立によって規定されているわけではない。対中政策のように，議会の立場や関心が細分化する一方で，包括的な政策パラダイムが存在しない場合，行政府のリーダーシップがより強く発揮され，伝統的な多元主義的政策形成プロセスによってそれらの関心は漸進的に調整される。

第3に，ポスト冷戦期におけるアメリカの通商覇権はメガFTAによる新たな貿易ルールの設定に基づく。覇権安定論ではGDPや貿易量の相対的な優位性が覇権のメルクマールだとされたが，ポスト冷戦期においてはそれらの指標だけではまったく不十分である。今日，先進国の主要な関心は，サプライチェーン貿易を促進するためのサービスや投資の自由化，規制や政策の透明性や調和化といった新たな貿易ルールに移っている。そのなかでもアメリカでは，国内における厳しい政策対立と活発な政策論争，豊富な政治的インフラストラクチャーによって革新的な政策アイディアや政策手段が次々と生み出され，ポスト冷戦期の通商覇権を支えている。したがって，本書では多国間秩序論の提起に従い，通商覇権を普遍的な国際秩序の構想力と国際合意の調達力であると考える。しかし，ポスト冷戦期における通商秩序や合意の具体的内容は関税の削減から新たな貿易ルールへと転換し，また，非対称な合意論で指摘されたように，アメリカの交渉力は冷戦体制の解体によって大きく低下した。そこで，アメリカはTPPやTTIPなどのメガFTAによる多国間合意の形成を主導し，通商覇権の再確立を目指している。

以上のように，メガFTAは新たな貿易ルールの設定と普及を通じた覇権の回復，つまり新たな国際合意を調達する手段であるが，交渉に参加しない新興国を排除する手段ともなりうる。他方，排除された国々の企業がアメリカや

ヨーロッパの国内市場で不利な扱いを受ける可能性があるという指摘もあるが，新たな貿易ルールによる利益から第三国を効果的に排除するのは困難であるという評価もある。いずれにせよ，アメリカの通商覇権に関する先行研究の多くは，関税削減交渉から新たな貿易ルールの設定へという通商交渉の変化の意義を看過してきた。本書におけるメガFTAと新たな貿易ルールについての評価は暫定的なものにとどまらざるを得ないが，これらの錯綜する論争点に留意しつつ，現在進行中の政策プロセスや交渉プロセスを分析し，可能な限り実態に即した評価を行う。

本書の構成

以下の各章では，ポスト冷戦期におけるアメリカの政権ごとに，新たな国際合意と国内合意の相互作用のプロセスとして，通商政策の展開を具体的に分析していく。

第Ⅰ部では，クリントン政権期における通商政策の展開を分析する。クリントン政権はその第1期において日米貿易摩擦，NAFTA，ウルグアイ・ラウンドなど，前政権から引き継いだ冷戦期の課題に一応の決着をつけ，第2期からは新たな政策課題を追求できるようになった。これらの課題は，労働・環境などの新たな貿易問題をめぐる党派的対立や中国のWTO加盟交渉など，ポスト冷戦期に台頭した新たな問題だった。政権は，内政面では1994年に失効したファスト・トラック権限の獲得を，対外的にはアジアや中南米などの途上国との貿易自由化交渉を進めようとした。これらの論点のうち，第1章ではクリントン政権期におけるファスト・トラック獲得をめぐる政策形成プロセスを分析し，なぜ，政権がファスト・トラック権限を獲得できなかったのかを明らかにする。NAFTAの批准をめぐる大論争の後，アメリカ議会は労働・環境問題の扱いをめぐって激しい党派的対立に引き裂かれていた。政権は分極化した議会に積極的に働きかけたが，議論は労働・環境問題を通商交渉の課題とすることの是非に関心が集中し，議会での審議は容易に妥協のできない抽象的かつ政治的なものになってしまった。ファスト・トラック権限の獲得はそもそも困難であっ

たが，政権の積極的なリーダーシップそのものが失敗の主要な要因であった。

第2章では，ファスト・トラック権限獲得の失敗や，労働・環境問題の争点化といった事態に対して政策専門家の間で活発に行われた政策論争を整理する。アメリカの政策形成プロセスの特徴として，行政府だけではなく議会やシンクタンクなどの様々な機関にまたがって，政策に関する専門的な知識や経験を有する人材が存在し，活発で質の高い政策論争が行われていることがある。1990年代後半における通商政策論争に際し，これらの政治的インフラストラクチャーは数多くの実践的な政策アイディアを提起し，それらのアイディアによって議論の枠組を設定し，落としどころを示唆し，関係者の多様な利害関心を束ねる役割を果たした。これらの議論の結果，クリントン政権末期には労働・環境規定を本文に含むヨルダンとのFTA交渉が妥結し，これが次のブッシュ政権における労働・環境問題における論争の準拠点となった。

第3章では，中国のWTO加盟問題をめぐる米中交渉と，WTO加盟の前提となるPNTR法案の成立に至る政策形成プロセスを分析する。クリントン政権の対中政策は，軍事や経済，人権問題などの争点に個別に対応し，紛争が生じた場合も別の争点とのリンケージを回避して米中関係全体での協力関係を維持する包括的関与政策であった。しかし，米中両国政府がWTO加盟を最優先の政策目標としたのは1998年後半以降のことであり，加盟交渉が妥結したのは1999年11月となった。一方，議会においては共和党保守派の議員が安全保障問題を，民主党リベラル派の議員が人権問題を取り上げ，政権の包括的関与政策を批判した。しかし，議会の多数派は政権の対中政策を支持し続けたため，批判派の動きは散発的なものにとどまった。クリントン政権は議会共和党と指導部と連携して一貫した対中政策を進め，PNTR法案を成立させ，中国のWTO加盟問題を大きく前進させた。

第Ⅱ部ではG.W.ブッシュ政権期における通商政策の展開を分析する。クリントン政権が労働・環境問題をめぐる議会の党派対立から一括交渉権限を得られなかったため，アメリカは1990年代後半から始まっていた地域経済統合やFTA交渉の動きへの対応が遅れた。こうした立ち後れを挽回するために，ブ

ッシュ政権は議会に一括交渉権限を要求し，対外的にはWTO，地域的イニシアティブ，二国間FTAという3つのレベルでの貿易自由化を進める競争的自由化戦略を進めた。

これらの通商課題のうち，第4章では，ブッシュ政権が議会からTPA法案を獲得する政策形成プロセスを分析する。ブッシュ政権はクリントン政権とは異なり，法案の審議を議会両党の指導部に任せた。その結果，労働・環境問題を通商交渉の議題とすることを認めた2002年通商法が成立し，アメリカ政府は8年ぶりに一括交渉権限を獲得した。しかし，議会の党派政治はかえって激化し，政権の通商政策への超党派の政治的支持は得られなかった。

第5章では，G.W.ブッシュ政権のFTA政策を検討する。ブッシュ政権の通商戦略は，WTOの多角的自由化交渉，FTAAなどの地域主義アプローチ，二国間のFTA交渉を同時並行で進め，他の国々に自由化圧力をかけて世界大での貿易自由化のリーダーシップを得ようとする競争的自由化戦略だった。しかし，ブッシュ政権はWTOドーハ・ラウンドをまとめられず，FTAAは失敗し，締結したFTAもそのほとんどが発展途上小国とのものだった。こうしたごく控えめな成果になった理由は，第1に，多角的自由化へのモメンタムを生み出すような政治的経済的影響力の強い国ではなく，安全保障上の関心から親米小国との締結を優先したこと，第2に，アメリカ以外の多くの国々も，数多くのFTAや地域主義イニシアティブを進めるようになり，アメリカの特権的な地位が弱体化したためである。ブッシュ政権の進めたFTA交渉は，FTAAを除けばそのほとんどの相手は小国だった。したがって，ブッシュ政権は，一見，クリントン政権と同じ競争的自由化を進めていたように見えたが，実際には「関係を通じた支配」を進めているにすぎず，その結果としてアメリカの通商覇権を弱体化させた。

第6章では，中米自由貿易協定（The United States-Central America-Dominican Republic Free Trade Agreement：CAFTA-DR）の成立過程を，アメリカと中米諸国との交渉過程とアメリカ議会における審議の過程に分けて分析する。中米諸国は1人当たり所得がメキシコの半分にも満たない国々が過半を占める発展

途上国である。したがって，交渉に際しては中米諸国の国内法や制度の不備，労働・環境基準などが問題視された。他方，ブッシュ政権の通商戦略においては，FTAAを実現させる梃子として，また，アメリカの近隣諸国の政治的・経済的安定を強化する手段として，重要な位置を占めていた。しかし，中米諸国の労働・環境基準を問題視する議会民主党の反対のため議会での審議は難航し，下院ではわずか2票差での成立となった。また，CAFTA-DRの成立にもかかわらずFTAA交渉を前進させられず，ブッシュ政権のFTA政策の問題点を象徴的に示す協定となった。

　第7章では，2006年の中間選挙後によって成立した民主党多数派議会における通商政策論争を検討する。2006年の中間選挙の結果，民主党は12年ぶりに上下両院で多数党の座に返り咲き，政策形成プロセスにおけるイニシアティブを回復した。新たに当選した民主党議員にはグローバル化に批判的で公正貿易の実現を訴える議員が数多く含まれ，ブッシュ政権の進めてきたFTA政策への批判を強めていた。TPAの更新や新たなFTAの批准に対する議会民主党の反対を受け，ブッシュ政権と民主党指導部との間で労働・環境問題を中心に新たな通商政策の合意をまとめるための協議が始まった。この協議は2007年5月に成立したが，この合意をもってしても公正貿易論者の支持は得られなかった。民主党内における公正貿易論の主張はさらに先鋭化していた。

　第8章では，人民元切り上げ問題をめぐる政策形成プロセスを分析する。中国の対米輸出はWTO加盟後に急増し，アメリカ議会では2003年頃から対中貿易赤字を削減するための人民元切り上げを求める声が高まった。しかし，中国政府はこの声に応じようとせず，ブッシュ政権も中国に強い圧力をかけなかった。つまり，米中両国政府は米中間の経済的不均衡を基本的に放置していた。議会の不満は次第に高まったが，アメリカと中国の経済的利害関係は多様であり，また，そうした多様性を反映して議会における議論にはまとまりが欠けていた。2007年以降，米中両国の経済閣僚が人民元問題などでの協議を行う戦略的経済対話（U.S.-China Strategic Economic Dialogue：SED）が年2回開催され，様々な問題での協力関係が前進したが，アメリカ政府はSEDでも人民元問題

で強い対中圧力をかけることはなかった。

　第Ⅲ部はオバマ政権の通商政策を対象とする。オバマ政権は，前政権からさらに分極化した議会と停滞するドーハ・ラウンドとを引き継いだ。民主党多数派議会では公正貿易論者が強い影響力を持ち，また，オバマ自身も景気対策や医療保険改革などの国内アジェンダを重視したため，通商政策はほぼ3年の間放置された。しかし，実は前政権の末期からアメリカはメガFTAであるTPP，TTIPの検討を開始しており，多角主義から地域主義への政策転換が胎動していた。第9章では，オバマ政権のメガFTA政策を検討する。まず，メガFTAに関する論争を整理し，論争がサプライチェーン貿易に関する新たな規定の評価をめぐって進められていることを示す。次に，TPAとTTIPの規定や交渉状況を検討し，それらのメガFTAが新たな貿易ルールについての多国間主義的合意を調達するためのツールであることを明らかにする。

　第10章では，オバマ政権期におけるFTAの批准およびTPAの成立をめぐる政策形成プロセスを分析する。オバマ政権は当初，景気対策や医療保険改革などの政策課題を優先し，通商政策についてはほとんど政治資源を投じなかった。2010年の中間選挙で民主党が敗北して下院多数党が共和党となり，政権はそれまでのようにリベラルな国内アジェンダを進められなくなり，共和党と協調して進められる通商政策の課題に手をつけるようになった。しかし，民主党では公正貿易論の影響が強まっており，議会での合意形成は困難を極めた。2011年にそれまで棚上げされていた3つのFTAが成立したが，TPAについては2012年の選挙で再度民主党が敗北し，上下両院で共和党が多数党を占めるのを待たなければならなかった。2015年10月にTPP交渉が妥結し，議会での批准が問題となったが，2016年の大統領選挙で勝利を収めたドナルド・トランプ（Donald Trump）は保護主義的な通商政策を一貫して主張し，TPPからの離脱を宣言した。

第 I 部

クリントン政権期の通商政策

第1章
一括交渉権限の政治経済学
―― 議会の分極化と大統領のリーダーシップ ――

1 クリントン政権がファスト・トラック権限を獲得できなかったのはなぜか

　本章の課題は，クリントン政権期における一括交渉権限をめぐる政策形成プロセスを分析し，なぜ，クリントン政権が交渉権限の獲得に失敗したのかを明らかにすることである。アメリカでは，国内法の改正を必要とする貿易協定を締結するためには議会の批准を必要とする。この批准は協定の国内実行法案の審議となるため，アメリカ議会は行政府が諸外国との間で合意した協定を修正できる。しかし，交渉後の協定が議会によって修正されたり，審議に時間がかかったりすると，行政府の国際的信頼を著しく損ねてしまう。一括交渉権限とはこうした事態を回避するために設けられた批准手続であり，一定の期間に限って議会から大統領に与えられ，大統領に議会との事前の協議を義務づける一方で，議会に対しては，修正なしかつ短期間で，貿易協定の実行法案の採決を要求する。このため歴代の政権は，重要な通商交渉に先立って，一括交渉権限を議会から獲得してきたのである。それではなぜ，クリントン政権はこの権限の獲得に失敗した初の政権となったのであろうか。

　行政府と議会との論争の経緯を大まかに述べると，その発端は，1990年代はじめ，NAFTAの批准に際し，非貿易的関心事項である労働・環境問題が一大争点となったことにある。その後，民主・共和両党はこの論点をめぐって激しく対立し，クリントン政権は妥協点を見出すことができなかった。G.W.ブッシュ政権の成立後，表1-1が示すように，下院共和党の賛成票が増加した

表1-1 一括交渉権限関連法案の投票結果

【下院での投票結果】

法　案	日　付	民主党 賛成	民主党 反対	共和党 賛成	共和党 反対	賛成票合計	反対票合計
Reciprocal Trade Agreement Authorities Act (H.R. 2621)	1998年9月25日	29 (14%)	171	151 (66%)	71	180	243
Bipartisan Trade Promotion Authority Act (H.R. 3005)	2001年12月6日	21 (10%)	189	194 (87%)	23	215	214
Motion to Proceed to Conference (H. Res. 450)	2002年6月26日	11 (5%)	199	205 (92%)	14	216	215
Trade Act of 2002 (H.R. 3009)	2002年7月27日	25 (12%)	183	190 (86%)	27	215	212

【上院での投票結果】

法　案	日　付	民主党 賛成	民主党 反対	共和党 賛成	共和党 反対	賛成票合計	反対票合計
Motion to Proceed Reciprocal Trade Act (S. Res. 1269)	1997年11月5日	26 (58%)	19	42 (76%)	12	68	31
Andean Trade Preference Expansion Act (H.R. 3009)	2002年6月32日	24 (48%)	25	41 (84%)	5	66	30
Dayton-Craig Amendment (SA. 3408)	2002年5月14日	44 (88%)	6	16 (35%)	32	61	38
Request to Proceed to Conference (CRS6700)	2002年7月12日	満場一致で賛成					
Trade Act of 2002 (H.R. 3009)	2002年8月1日	20 (40%)	29	43 (88%)	5	64	34

注：( ) 内の%は，党内での賛成票の割合を示す。
出所：Brookings Institution のホームページ〈http://www.brook.edu/comm/policybriefs/pb91_Fasttrack.htm〉（2004年5月31日閲覧）より作成。木村［2002］にも同じ出所に基づき加工された図表がある。

ことで一括交渉権限法案は成立した。しかし，得票差はごくわずかなものでしかなく，二大政党間の党派対立も継続していることが分かる。

　先行研究では，クリントン政権が一括交渉権限の獲得に失敗した理由として以下の諸点を指摘している。第1に，二大政党間および議会と行政府との間での党派政治の激化である。とりわけ1994年の中間選挙後，上下両院で多数派を占めた共和党は政策決定のイニシアティブを握ろうとして政権との対決姿勢を

強めており，クリントン大統領にとって議会との合意形成が難しくなっていた(2)。第2に，労働・環境問題という新たな論点が登場した結果，妥協点を見出すことがきわめて困難となった(3)。第3に，国内世論がグローバリゼーションに対する懸念を強く抱くようになり，こうした懸念が保護主義を主張する利益団体を強化し，議員の投票行動にも影響した(4)。つまり，議会多数派と政権政党が異なる分割政府（divided government）の下で政党間対立が激化し，さらに NAFTA 成立後，国民の間に広まったグローバリゼーションに対する懸念を背景に，労働・環境問題という新たな論点が通商政策論争に持ち込まれた結果，審議はさらに難航し，貿易自由化に対する合意が成立しなかったということになる。

しかし，これらの政治的環境は G.W. ブッシュ政権もほぼ共通して抱えることになった問題であり，クリントン政権とブッシュ政権とが明暗を分けた理由については，両政権の政治戦略の違いを分析することも不可欠であろう。クリントン政権は分割政府という厳しい状況下にあっても，通商政策以外の分野では巧みな議会対策によって支持率を上げて再選を勝ち取り，その後も財政再建などの大きな成果をあげている。1996年の大統領選で再選されて以降，クリントンはトライアンギュレーション（triangulation）戦略を採用して，議会民主党からも共和党からも一定の距離を置き，共和党議会が成立させた法案のうち受け入れ可能な部分をアレンジして超党派の合意形成を図り，独自のスタンスを確立して政策形成プロセスにおける主導権を回復していったと言われている(5)。では，ファスト・トラックの審議に際しては，なぜ，このトライアンギュレーション戦略を活用できなかったのであろうか。

2 NAFTA と労働・環境問題の台頭

1980年代以降のアメリカでは，伝統的な保護貿易主義に加えて労働や環境，人権や文化といった社会的価値に対する貿易自由化の影響を問題視する議論が台頭してきた(6)。これら「非貿易的関心事項」が，初めて通商政策論争の表舞台に現れたのは，1990年代初めの NAFTA の批准に際してのことだった。当時

のG.H.W. ブッシュ大統領（George H.W. Bush）は，労働組合や環境保護団体などの強い反対に直面し，これらの問題への対応を約束した。しかし，1992年の大統領選において，クリントン陣営は共和党政権の対応が不十分であるとして，労働・環境問題に関する補完協定の締結を公約して当選した。そこで，クリントン政権は NAFTA 反対派を懐柔するために，個別のセンシティブ産業に対する救済策に加えて，労働・環境問題に関する補完協定を締結し，さらに，貿易調整支援（Trade Adjustment Assistance：TAA）を拡充した。本節ではこれらのうち，NAFTA 補完協定と TAA の拡充について検討する。

NAFTA 補完協定[9]

NAFTA 補完協定は1993年8月に加盟3カ国間で合意し，1994年1月に NAFTA 本協定と同時に発効した。同協定は労働協力に関する北米協定（North American Agreement on Labor Cooperation Between the Government of the United States of America, the Government of Canada and the Government of the United Mexican States：NAALC）と，環境協力に関する北米協定（North American Agreement on Environmental Cooperation Between the Government of the United States of America, the Government of Canada and the Government of the United Mexican States：NAAEC）から構成されており，貿易協定である本協定とは異なり，議会の立法措置の不必要な行政協定とされ，その効力も国内法に劣後するため，議会による批准も実施されていない。

補完協定の趣旨は，加盟3カ国に対しそれぞれの国内法を遵守させることにある。そのために，次のような紛争処理メカニズムが設けられている。まず，3カ国の国民から労働・環境法の実行に問題があるという申し立てがあり，これが適正なものとされれば，労働問題については労働問題協力委員会，環境問題については環境問題協力委員会のそれぞれの事務局が事実関係を調査し，それに基づいて各委員会の閣僚会議で解決が図られる。閣僚会議で解決できない場合，専門家評価委員会（Evaluation Committee of Experts）や仲裁パネル（Arbitral Panel）が設けられる。専門家評価委員会は調査報告書を閣僚会議に提出し，

表1-2 NAALCの労働原則

	委員会事務局の調査	専門家委員会の評価	仲裁パネルと制裁金
結社の自由，団結権の保護	○		
団体交渉権	○		
ストライキ権	○		
強制労働の禁止	○	○	
青少年に対する労働保護	○	○	○
最低労働基準	○	○	○
雇用差別の廃止	○	○	
男女同一賃金	○	○	
労働災害・疾病の防止	○	○	○
労働災害・疾病に対する補償	○	○	
移民労働の保護	○		

出所：Elliott [2001].

協議による問題解決が再度図られる。それでも同意が得られない場合，仲裁パネルでも検討され，被提訴国に制裁金 (fine) が課され，さらに制裁金が支払われない場合，当該国に対するNAFTAの恩恵が停止される。

しかし，当初から補完協定に対する反応は芳しくなかった。第1に，労働組合や環境保護団体は，労働・環境問題が補完協定の中で取り扱われている点を批判し，関税や知的所有権など，他の問題と同格の通商交渉の議題として取扱い，本協定の中に含めるべきだとした。第2に，補完協定の規定は，加盟各国の労働・環境法の遵守を求めるものにすぎず，途上国メキシコの労働・環境基準の改善を目的としたものではない点も批判された。また，労働・環境規定の実行措置も効力の弱いとされる制裁金であり，さらに表1-2に示すように，制裁金が課されるのは11の労働原則のうち3つのみでしかない点も批判された。[10] 第3に，実行体制の不十分さ，とりわけ協力委員会が予算不足でほとんど活動できなかった点も指摘された。[11] こうしたことから，労働組合や環境保護団体はNAFTAによってアメリカの雇用や環境は悪化したとして，より強力な実効措置を伴った労働・環境規定やTAAの拡充を強く求めていた。[12]

表1-3 TRA支出額及び受給者数の推移

(100万ドル，千人)

年	1991	1992*	1993	1994	1995	1996	1997	1998	1999	2000
支出額	116	43	51	120	145	160	188	151	199	239
受給者数	25	9	10	31	28	31	32	24	36	33

注：1992年のTRA支出額や受給者数はTRA適格者に対して特別に失業補償が支払われたため，異常に低い数値になっている。
出所：Committee on Ways and Means [2004] より作成。

TAAの拡充

　TAAとは貿易自由化による損失を被った失業者や企業を対象とした雇用・産業調整政策のことである。1962年通商拡大法の一部として制定され，(1)職業教育訓練の提供，(2)所得補償としての貿易調整手当（Trade Readjustment Allowances：TRA）の支給，(3)求職活動や転職に伴う手当の支給，から構成される。社会保障政策の一種ではあるが，支給の対象を貿易自由化に伴う損失補填に限定する一方で，対象となる産業については特定しない点に独自性がある。また，新たな産業構造への適応を促進することを目的としているため，自由貿易論の観点からも正当化される援助プログラムだとされている。なお，NAFTA成立の際にはNAFTA移行調整支援（NAFTA Transitional Adjustment Assistance：NAFTA-TAA）が新設された。NAFTA-TAAでは，カナダおよびメキシコとの貿易による失業者だけではなく，そのいずれかの国への工場や雇用の流出によって失業した労働者にまで，支給対象が拡大された。

　これらの拡充にもかかわらず，TAAについては，そもそも比較優位を有する産業分野への移行促進策としては失敗しており，むしろ移行を遅らせているという批判がある。また，一般の失業者との区別をなくし，他の職業訓練プログラムと統合すべきだという議論も存在する。しかし，TAAは貿易自由化法案に対する政治的反対を和らげる役割をも果たしてきた。たとえば資格申請の煩雑さなどから，受給対象者は申請に際して専門家の助力が得られる労働組合の力が強い産業に集中している。また，表1-3からは，労組からの反対論の強かったNAFTA成立以降，TRAの支出額や受給者数が増加傾向にあること

が読み取れる。このように，TAAは近年においては貿易自由化への支持を獲得するために不可欠の政策手段とされている。

3 クリントン政権期における審議

NAFTA成立後，労働・環境問題はアメリカの通商政策における最も重要な論点となり，民主・共和両党は激しく対立した。共和党側は労働・環境問題をファスト・トラック権限の適用対象とすることに強く反対した。他方，民主党側はこれらの問題を通商交渉の議題とし，ファスト・トラック権限の適用対象にすべきだと主張した。さらに民主党内の強硬派はより強力な実行措置である貿易制裁措置の採用をも要求した。表序-3にあるように，1993年から1995年にかけての103議会を除き，クリントン政権期の議会を支配していたのは共和党だった。しかし，民主党は有力な支持基盤である労働組合や環境保護団体が貿易自由化に対する反発を強めており，議員の間でも自由貿易には反対する声が強まっていた。したがって，政権が貿易自由化政策を進めるためには共和党からの支持を中心にした議会超党派の支持を調達する必要があった。

このような厳しい状況下で，ファスト・トラック権限の立法化は4回試みられた。最初の立法化はそれまで政権が保持していた交渉権限の延長を求めたもので，1994年に提出されている。次の試みでは議会がイニシアティブをとり，1995年に法案を提出している。3回目の動きは1997年にクリントン政権が始めたもので，議会との間で活発なやり取りがなされた。最後の動きは1998年に議会のイニシアティブで進められた。以下では，103から105議会にかけて進められたこれらの審議をそれぞれ検討していく。

1994年——ファスト・トラック延長提案

クリントン政権は，1988年包括通商・競争力法（Omnibus Trade and Competitiveness Act of 1988）の際に獲得されたファスト・トラック権限を前の政権から引き継いでいた。この権限はGATTウルグアイ・ラウンドの実行法案に限って

1994年末までの延長を認められていたものであり，1994年に入ると期限切れが問題視されるようになった。そこで同年6月，クリントン政権はウルグアイ・ラウンド実行法案の一部として，ファスト・トラックの延長を議会に提案した。この提案では，比較的長期間（2001年末までの7年間）有効で，適用される貿易協定を特定しない「統合された権限（unified fast track authority）」を求めていた。労働問題については7つの「主要な貿易交渉の目的（principal trade negotiating objectives）」の5番目で言及されており，「国際的に認知された労働基準（internationally recognized labor standards）」の促進を謳っていた。また，環境問題については6番目の交渉目的とされており，環境保護と国際通商システムとの両立を改善するよう求めていた[14]。クリントン政権はNAFTA批判を強める労働・環境関連団体との関係を修復するために，労働・環境規定を提案に含める必要があった[15]。他方，これらの規定はごく控えめで，かつ曖昧なものでしかなかった。「国際的に認知された労働基準」が具体的に何を意味するのかは示されず[16]，また，実行措置についても触れられていなかった[17]。

　しかし，共和党からの反発は強かった。クリントン提案に対し，上院共和党は労働・環境問題を交渉権限の適用対象とすることに反対し，十分な議論を行うためにファスト・トラック権限をウルグアイ・ラウンド実行法案から削除することを提案する書簡を発表した。この書簡には共和党上院議員全員の署名があった[18]。さらに，下院共和党も(1)交渉目的から労働・環境問題を削除すべき，(2)ファスト・トラック手続によるアメリカの労働・環境法の変更を認めない，(3)貿易制裁措置の活用を認めない，という提案を行った[19]。

　上院財政委員会は審議そのものを拒否したため[20]，政権は下院歳入委員会との合意形成を優先し，交渉目的から労働・環境問題を削除する提案を行った。また，実行措置についても議会超党派の支持がなければ採用しないと発表した[21]。8月，歳入委員会は労働・環境問題を交渉目的に含まないファスト・トラック権限法案で合意した[22]。

　これに対し，民主党側は実行法案から交渉権限を削除する要求を強めた[23]。財政委員会のモイニハン（Daniel Patrick Moynihan）委員長も，交渉権限の削除を

勧めた。これらの動きを受け，9月，政権は，ファスト・トラック権限の延長を含む法案の通過は難しいと判断して，これを削除する決定を下した。[24]

1995年——共和党支配の議会と法案の作成

1994年11月の中間選挙で民主党は歴史的な敗北を喫し，表序 - 3にあるように，上下両院で少数党に転落した。[25]両院で多数党となった共和党は，財政および歳入委員会委員長の座も獲得し，議論のイニシアティブを握った。他方，政権側は議会共和党からの新たな提案を待つ，と明言した。[26]

1995年5月，歳入委員会はファスト・トラック権限に関する公聴会を開催し，法案作成の準備に入った。しかし，労働・環境問題の排除を求める共和党と，政権および民主党との溝は埋まらなかった。[27]歳入委員会の共和党議員が作成した法案草稿では，交渉目的に労働・環境問題が入っておらず，さらに，交渉権限の適用範囲を「貿易に直接関連する（directly related to trade）」規定に限定するとしていた。[28]共和党はこれらの規定によって，労働・環境問題を通商交渉の議題としないよう，通商交渉担当者の手を強く縛ろうとしたのである。共和党案は9月に歳入委員会を通過したが，民主党の反発が強く本会議の通過は困難だとみられていた。[29]そこで，政権と下院共和党との間で調整が試みられたが，労働・環境問題の実行措置について双方の意見はまとまらなかった。[30]

こうした状況を踏まえ，11月にドール（Robert Dole）上院院内総務が交渉権限の更新に反対し，冷却期間を置くよう提案した。ドールは，まだNAFTAやウルグアイ・ラウンドの評価すら定まっていないのに，新たな貿易協定を必要とする理由が見当たらないと述べた。[31]ドールの提案を受けて下院共和党も法案の審議を停止した。

1997年——3つのファスト・トラック提案

1997年2月，再選されたクリントンは一般教書演説でアジアおよび中南米諸国との通商交渉のため，ファスト・トラック権限の獲得を要請した。[32]これに対し，下院議長のギングリッチ（Newt Gingrich）は，労働・環境問題を取り扱わ

ない権限の更新について政権と調整する準備があると述べた。[33]

　こうした状況下で，当初，政権は議会との正面衝突を避けようとした。政権内部での議論では，交渉目的は大統領声明として発表し，法案では言及しないものとされた。さらに，貿易協定の実行に「必要または適切な（necessary or appropriate）」全ての国内法の変更に対し，ファスト・トラック手続を適用できるようにしようとした。[34]このようにして，政権はファスト・トラック権限の獲得をめぐる厳しい議論を回避しつつ，自らの望む形で労働・環境問題を交渉議題とし，貿易協定に含めようとしたのである。しかし，議会共和党はこのような迂回策をはねつけた。4月24日，共和党指導部はバシェフスキー（Charlene Barshefsky）USTR代表ら政府高官との会談でこの提案を拒否し，政権の考える労働・環境規定を含んだファスト・トラック権限法案を審議すべきだと主張した。[35]共和党の反対を受けて，政権側は予算案の審議を優先し，通商法案の審議を9月まで延期してその間に妥協案を探る決定を下した。[36]夏の間，クリントンはじめ政権のスタッフは多数の民主党議員と接触し，労働・環境規定を明確な形で法案に入れずに済ませるため，妥協の余地を探ろうとした。[37]

　9月16日，政権の一括交渉権限提案である1997年輸出拡大・互恵貿易協定法（Export Expansion and Reciprocal Trade Agreements Act of 1997）が発表された。[38]大統領提案では，まず，「全般的な貿易交渉の目的（overall trade negotiating objectives）」において，労働・環境問題については「貿易に直接関連し，市場機会を減少させるような諸外国政府の政策や慣行」に対応すべきとされた。さらに，主要な交渉目的としてWTOやILOを通じた労働基準の改善や，貿易と環境保護が両立可能であることを確実にするよう求めていた。これらに加え，「交渉者に対する指示」として，労働者や消費者の安全や環境面での利益の保護，関連法規の国内目的を考慮するよう求めていた。

　直前まで共和党側との調整を進め，取り上げられる労働・環境問題を限定したにもかかわらず，共和党からの反応は好ましいものではなかった。[39]下院共和党は交渉目的と貿易協定の実行法案との関係が厳格でないと批判した。たとえば，大統領提案では貿易協定の実行に「必要または適切な」国内法の変更にフ

ファスト・トラック手続を適用できるとしていた。このため下院共和党は，大統領提案は実行法案作成時の柔軟性を確保するために作成された提案だとして反対した。(40) また，上院共和党は国内法の変更を求める労働・環境規定が含まれる可能性や，他国に対しアメリカの環境基準を要求する可能性を問題視した。(41) とりわけ，ILO に言及されていたことが共和党議員の懸念を招いたのである。(42) こうして，上下両院の共和党は，それぞれのファスト・トラック法案の作成を開始した。

10月1日，上院財政委員会は1997年互恵貿易協定法案（Reciprocal Trade Agreements Act of 1997: S. 1209）を提出した。S. 1209では，労働・環境規定が主要な交渉目的から外され，一括交渉手続が適用されない「国際経済政策の目的（international economic policy objectives）」に挿入されていた。また，主要な交渉目的の一つである「規制的競争（regulatory competition）」において，交渉参加国が不当な競争優位を得るために既存の労働・環境基準を引き下げないように求めていた。また，TAA および NAFTA-TAA を2000年9月まで延長することを認めていた。以上のように，S. 1209は労働・環境問題に対してきわめて抑制的な法案だったが，バシェフスキー USTR 代表は「法案全てに賛成するわけではないが政権の提案とおおむね一致しており，超党派の支持を得られるものと考える」と肯定的に評価した。(43) 既に多くの民主党議員からは大統領提案に対してすら反対の声が出されており，政権側としては共和党に歩み寄ることで支持を拡大するしかなくなっていたのである。(44)

続く10月8日，下院歳入委員会も同名の法案（Reciprocal Trade Agreements Authority Act of 1997: H.R. 2621）を提出した。下院法案 H.R. 2621では，労働・環境問題は主要な交渉目的の一つとされ，他国が比較優位を得る目的で既存の労働・環境規制を引き下げたり撤回したりしないよう求めていた。ただし，この規定は健全なマクロ経済の発展と一致する国内法の変更を妨げるものではないとされていた。また，ファスト・トラック手続が適用されない「国際経済政策の目的」において，貿易協定と労働・環境問題との関連について考慮し，アメリカの締結する貿易協定が他の政策目標を補完ないしは強化するよう求めて

いた。さらに，労働者の権利の改善についてはILOとの協力を求めていた。そして，TAAプログラムを2000年まで延長することを認めていた。

　以上のように，H.R. 2621の労働・環境規定は大統領提案とS. 1209との中間的な位置にあった。すなわち，労働・環境問題が主要な交渉目的の一つとされている点では大統領提案と共通しているが，H.R. 2621ではそれらの基準の改善ではなく，既存の労働・環境基準の引き下げ防止を目的としていた。また，国際経済政策の目的で規定された「労働者の権利の改善」についても，それはILOの中核的労働基準を指すものとされていた。[45]

　こうしたことからH.R. 2621は民主党の強硬な反対に直面した。既にゲッパート（Richard A. Gephardt）院内総務は歳入委員会の民主党議員に書簡を送り，H.R. 2621は労働・環境問題を貿易協定の一部として適切に取扱っていないとして，法案に反対するよう求めていた。[46] その後，法案は歳入委員会を通過したが，アーチャー（Bill Archer）委員長は，大統領が民主党議員の十分な支持を獲得するまでは，本会議に上程しないとする書簡を発表した。[47] これらの圧力を受け，政権側もTAAの拡充プランを提示するなど民主党からの支持を拡大するためのいくつかの提案を行った。[48] しかし，下院の通過に必要な票が集まらなかったため，大統領は11月10日に採決の延期を宣言した。[49]

　その後，政権は包括的な交渉権限の成立は困難であると見て，NAFTA拡大やアジア諸国などの論争的な地域を権限の対象からはずし，チリなどとの二国間交渉に限定した権限や，特定の産業部門にのみ限定した権限の更新を示唆した。[50] しかし，分野別自由化に対しては共和党指導部からの反対があった。問題の少ない分野のみに限定した権限を求められた場合，行政府との政治的取り引きがほとんどできなくなるためである。[51] その後，政権からの強いイニシアティブもなく，この提案はほどなく立ち消えとなった。[52]

1998年――共和党の党派的行動

　クリントンは，1998年の一般教書演説でもファスト・トラック権限の更新を求めた。その際，諸外国が労働・環境基準を引き下げて不当な競争優位を得る

恐れがあり，また，国内においては自由化による失業の増大に対応する必要があるため，労働・環境問題についての合意形成を訴えた。しかし，政権から議会への具体的な働きかけはほとんど見られなかった。

そこで，ギングリッチ下院議長は夏から秋にかけてファスト・トラック更新のための行動を開始すると一方的に宣言した。しかし，議会民主党は11月の中間選挙前に政権を混乱させるための党派的行動とみなし，政権も十分な支持が獲得できないうちに法案を上程すれば他の懸案を進める妨げになるとして，非協力的な態度を取った。こうした状況を見た上院共和党は，懸案となっている貿易法案と交渉権限をパッケージ化して提出する動きに出た。こうして，7月21日に1998年貿易・関税法（Trade and Tariff Act of 1998: S. 2400）が上院財政委員会を通過した。S. 2400はアフリカやカリブ海諸国との特恵貿易法や，農産物の輸出拡大措置，TAA拡大なども含んだ包括的な貿易法案であるが，ファスト・トラック権限については昨年のS. 1209とほとんど同じ内容となっており，労働・環境規定にはファスト・トラック手続が適用されないことになっていた。

他方，下院での票集めは難航した。下院共和党指導部は H.R. 2621への十分な支持を獲得できなかったが，そのまま採決を強行した。これには民主党の自由化賛成議員からも強い反発があった。9月25日，H.R. 2621は180対243で否決された。

4　議会の分極化と大統領の政治的リーダーシップ

本章では，クリントン政権期における一括交渉権限をめぐる政策形成プロセスを検討した。最後に，これまでの分析に基づき，なぜ，クリントン政権がファスト・トラック権限の獲得に失敗したのかを考察しておく。

最初に述べたように，クリントン政権は非常に厳しい政治環境に置かれていた。議会では民主党と共和党が労働・環境問題の取り扱いをめぐって激しい党派対立を繰り広げ，貿易自由化に向けた合意の形成が困難になっていた。しか

し，クリントン政権は通商問題以外の論点では，厳しい党派対立にもかかわらず，民主党からも共和党からも距離を置き，巧みに妥協点を見出すトライアンギュレーション戦略を活用し，政策形成プロセスにおける主導権を発揮することもあった。

しかし，通商政策の場合，クリントン政権は自ら労働・環境問題を争点化することによって合意形成のための裁量の余地を自ら手放してしまった。第1に，クリントンは貿易自由化に反対する民主党議員を抱きこむために，NAFTA論争の際に懸案となった労働・環境問題をファスト・トラック法案に盛り込もうとした。しかし，議会多数派の共和党が強く反対したため，最終的にはこれらの問題を交渉目的から削除して，共和党寄りの提案を作成した。これらの結果，クリントンは労働・環境問題が含まれていない限り，民主党からの賛成を得られないという状況を自ら作り出してしまった。[61]

第2に，クリントン政権時の審議では，労働・環境問題に一括交渉権限を適用すべきか否か，議会での合意はまだ成立していなかった。その結果，政権自らが落とし所を模索することになり，民主・共和両党の間で身動きの取れない状態となってしまった。

第3に，NAFTAとウルグアイ・ラウンド法案が成立した後，政権は野心的な政策課題を提示できなかった。一括交渉権限による具体的な利益が明らかでなかったために議論が労働・環境問題の是非に集中した結果，審議は政治的かつ抽象的なものとなり，妥協の余地を著しく狭めてしまった。

第4に，他の政策分野，とりわけ財政政策に比べ，クリントン政権が通商政策に与えた優先順位は低いものだった。クリントンは，財政政策の決定に際し，トライアンギュレーション戦略によって民主・共和両党から距離をとって超党派の合意を形成することができた。しかし，民主党議員の一部はこれを裏切り行為と見なし，その報復としてファスト・トラック法案に反対した。[62]つまり，分極化した議会に対し，大統領が積極的なリーダーシップを発揮したことが権限獲得に失敗した主要な原因であった。[63]

第2章
一括交渉権限をめぐる政策論争
―― 政策アイディアの機能 ――

1 第2期クリントン政権の通商政策と政策アイディアの機能

　第1章で検討したように，クリントン政権下においてファスト・トラック権限の立法化は4回試みられ，その全てが失敗に終わった。行政府がファスト・トラックを獲得できなかったのは，1974年にこの権限が設けられて以降初めてのことだった。クリントン政権はファスト・トラックを持たずに通商政策を進めざるを得なくなり，国内法の改正を必要とするようなイニシアティブを進められなくなった。こうした事態に多くの関係者が危機感を持ち，民間のシンクタンクや大学の研究者を巻き込んだ活発な政策提起が行われた。

　他方，政権も手をこまねいていたわけではなかった。2期目のクリントン政権は，シアトルでのWTO閣僚会議やAPECでの自由化交渉では有効なリーダーシップを取ることができなかったが，基本電気通信協定や金融サービス協定などの多国間貿易協定や，中国に対する恒久最恵国待遇供与法案などの重要な通商法案を成立させ，さらに3つのFTA交渉を開始している[2]。

　これらのFTAのうち，最も先行したヨルダンとのFTA（U.S.-Jordan Free Trade Agreement：UJFTA）には，協定文の本体に紛争処理メカニズムも含めた労働・環境規定が存在していた。両国がUJFTAに調印したのは2000年10月24日であり，協定の発効には米国議会の批准が必要となる。このため，UJFTAの審議はクリントン政権からG.W.ブッシュ政権への置き土産となった。

　以上のようにアメリカの政策専門家や政策担当者の間では，クリントン政権期のファスト・トラック審議とブッシュ政権期におけるTPAの審議との間に

挟まれた時期に，一括交渉権限や労働・環境問題をめぐって活発な政策論争が進められ，労働・環境問題の妥協案としてUJFTAがまとめられていた。本章ではこれらの政策アイディアそれ自体の分析を通じ，錯綜する政治対立を整理し，政策選択の準拠点として機能する政策アイディアの役割を明らかにする。

叙述は以下のように進める。まず第1節では一括交渉権限それ自体を検討し，貿易協定の批准手続きとしての特徴を明らかにする。これを受けて第2節では，一括交渉権限に対する諸論者の提起を検討する。第3節では労働・環境問題に対する提起を分析する。第4節ではUJFTA交渉の経緯と，UJFTAの労働・環境規定について分析する。

2 一括交渉権限と代替手続きに対する検討

一括交渉権限の諸規定

米国憲法の規定では，通商問題に関する権限は議会に属しており，行政府は議会から委譲された権限をもとに，諸外国との通商交渉を進めることになる。したがって，行政府が諸外国との間で貿易協定に合意したとしても，当該協定が発効するためには，米国議会の批准を受ける必要がある。以上のような行政府と議会との関係は，表2-1に示すように6種類の批准手続としてルール化されており，一括交渉権限とはそのなかの一つにすぎない[3]。ここでは，1988年包括競争力・通商法（Omnibus Trade and Competitiveness Act of 1988：OTCA1988）の一部として認められたファスト・トラック権限を採り上げ[4]，他の批准手続きとも比較したうえで，その特徴を明らかにする。

一括交渉権限の条文では，最初に交渉の目的が規定され，議会が今後の貿易協定に何を期待するのかが列挙されている。たとえばOTCA1988のファスト・トラック権限には，16もの「主要な交渉目的（principal trade negotiating objectives）」が存在する[5]。これらの交渉目的には，貿易ルールの改善や特定産業での貿易障壁の除去などに加え，労働者の権利の改善や先端技術の確保など，当時の政権や議会の関心事である国際競争力の改善に関わる目標も含まれていた[6]。

第2章 一括交渉権限をめぐる政策論争

表2-1 アメリカの貿易協定批准手続

手続の名称	仕組み	欠点	成果
条約	2/3以上の上院議員の賛成が必要。その後、通常の法案と同じ手続きが必要。	上院少数派によって拒否されうる。法案修正あり。最終期限もない。	上院はほとんどの最恵国待遇の延長条約を承認。しかし、米国の関税譲許を含む28の条約のうち、23を拒否。
通常の法案	上下両院での半数以上の賛成。	法案修正あり。最終期限なし。国内法は一方的に廃止されうる。	2〜3の協定で活用された。しかし議会は1947年のITO協定など、いくつかの重要な協定を拒否したことがある。
交渉前の実行法案	議会は実行法案の文言に賛成し、大統領はその文言に適合的な協定を交渉する。	しばしば交渉相手国に多大な負担を与える。妥協の余地がほとんど存在しない。	主要な貿易協定で活用されたことはない。
行政協定	特定の制限を越えないという宣言により、大統領は協定を実行しうる。	国内法の変更を必要とする、非関税障壁関連協定の実行には使えない。	1934年互恵通商法により、34の二国間協定、6回のGATT多国間交渉への参加が実現。情報技術協定（ITA）の成立。
一括交渉権限	上下両院は厳格な審議期間内かつ修正なしで、実行法案を多数決。	議会は、交渉とその結果に影響を与える機会を数多く持つ。	東京およびウルグアイ・ラウンド協定の実行、イスラエル、カナダ、メキシコとの自由貿易協定。
法案拒否権	議会が明示的に拒否しなければ、協定は実行される。	賛成と反対の二択であるため、否決される可能性。	何度か提案されたが、これまで利用されたことはない。

出所：Van Grasstek [1997] p.120を一部省略。

　さらに、一括交渉権限には以下のような議会の監視規定が存在する。第1に、大統領は協定を締結する前に、関連事項を管轄する委員会との協議（consultation）を開催しなければならない。第2に、USTRは議会の諮問員（congressional adviser）を任命し、助言を受けなければならない。第3に、大統領は上下両院に対し、貿易協定を締結する90日以上前に、その意思を事前通知（notice）しなければならない。第4に、協定の締結後、大統領は上下両院に対し、協定の写しと協定の実行法案、これらが現行法に及ぼす変更点の説明、協定がアメリカの国益となることを説明した文書などを通達（transmittal）しなければならない。実行法案の作成には関連の委員会とUSTRのメンバーが参加するが、この会議は公式のプロセスではないため、ノン・マークアップ（nonmarkups）

と呼ばれている。ノン・マークアップの際にも,議会は実行法案の作成を通じて一定の裁量を持つことになる。また,OTCA1988の場合,実行法案の各規定は協定の実行に「必要かつ適切（necessary and proper）」なものでなければならないとされていた。

　実行法案が提出された後,関連委員会は45日以内に審議を終え,本会議に提出しなければならない。本会議への提出後,15日以内に採決が実施される。法案に対する修正は認められないため,両院協議会も開催されない。ただし,事前通知や通達,実行法案の要件が満たされていない場合,議会が手続不承認決議を採択すれば,ファスト・トラックの適用は撤回される。

自由化合意の象徴としての一括交渉権限

　以上のように,一括交渉権限の特徴は審議期間の厳格さと,実行法案を提出する前の段階で,議会と行政府の間での協議ルールが詳細に定められていることにある。実行法案の修正が一切認められないことから,一般には議会の保護主義圧力を抑制する機能が強調されるが,議会は審議前の段階において,個々の通商交渉や実行法案の作成に対して大きな影響力を行使しうる。これらのことから,ファスト・トラックは議会と行政府それぞれに対し,適切な役割をバランス良く与えた革新的な制度であるという評価もなされている。さらに,一括交渉権限には日没条項（sunset provisions）,すなわち最終期限が存在し,大統領がその更新を求める際には議会の承認が必要となる。このため大統領は日没条項を意識して,議会との良好な関係を維持しようとするようになる。したがってファスト・トラックは,通商政策に関する政権と議会との政治的合意の象徴でもある。こうした象徴の存在こそが,政権の国際的信頼の裏づけとなり,アメリカの交渉力を強化することになる。

　他方,研究者の間では他の批准手続,とりわけ条約や通常の法案による代替可能性も検討された。しかし条約の場合,法案の通過に必要な票数が上院議員の3分の2以上と多く,少数派によって拒否されうるという問題が指摘された。また,これまで通商政策の決定に関しては,上院財政委員会とともに下院歳入

委員会が大きな役割を果たしてきたため、大統領が歳入委員会を無視することは政治的に不可能であるとされた[12]。さらに、通常の法案とも共通する点であるが、審議期間の制限がないことも難点だとされた[13]。これらの理由から、論者の間では改めて一括交渉権限の優位性が確認され、代替手段の採用を提起する声はなかった。

3 一括交渉権限に対する提起

ここでは、一括交渉権限の取得をより容易にするために提起された代表的な議論を検討する。1994年以降、ウルグアイ・ラウンドやNAFTAなどの重要な貿易協定の批准が完了し、クリントン政権は、ファスト・トラックに必要な合意を調達できるほどの野心的な計画を提示できなくなっていた[14]。さらに、ファスト・トラック法案に労働・環境問題という論争的な議題が持ち込まれ、しかもほぼ単独の法案として議会に提出されたため、その審議はきわめて政治的かつ抽象的なものとなった。その結果、第1章で示したように、貿易自由化の具体的な利益が示されず、自由化や労働・環境問題に対する反発のみを強めてしまった。そこで、多くの論者は行政府と議会との協調関係を再構築する必要があるとして、主に以下のような政策提起を行った。

技術的提案

第1に、一括交渉権限の適用範囲を限定する提案である。たとえばブレイナー（Lael Brainard）とシャピロ（Hal Shapiro）は、不特定かつ多様な貿易協定全てに適用される権限ではなく、特定の協定のみに適用される権限を提案した。広範に活用される権限は議会の警戒心を招くうえに、様々な協定に対する全ての要求事項を一つの権限で規定することは困難だからである[15]。また、デスラー（I. M. Destler）も「二層構造のファスト・トラック権限（two-tiered fast-track authority）」という同種の提案を行った。この提案では、大統領に与えられる交渉権限は恒久化される一方で、その適用は、特定の貿易協定や交渉分野に限っ

て認められることになる。その利点は,権限の恒久化によって,漸進的かつ長期的な貿易自由化政策の遂行が保障され,他方,個々の協定ごとにその適用を議論するようにすれば,それぞれの協定に即した審議が可能となることである[16]。

ただし,選択的・限定的な交渉権限提案には次のような反論もあった[17]。まず,WTO交渉にのみ適用される交渉権限の場合,政治資源を多国間交渉に集中できるが,その分,地域的自由化や二国間交渉にはマイナスとなる。逆に,二国間交渉に限定された権限では,WTO交渉でのアメリカの立場が弱体化する。また,特定分野に限定された権限では,分野間の取引が不可能となるため,交渉自体が困難になる可能性がある。結局,ファスト・トラック権限を限定化すると,その分,アメリカの対外交渉力が低下するというのである[18]。したがってこの立場からは,再就職支援の拡充などの補完的な国内政策を強化し,これまでと同じ包括的な権限に対する国内の支持を強化すべきだということになる。

第2に,議会の関与を強化すべきだとする議論も提起された。ブレイナーとシャピロは,交渉中の協議の役割を強化するために,詳細な規定を定めるべきだと主張した[19]。具体的には,報告書の提出や協議の定例化,中間レビューの発表,議会の専門スタッフの拡充などの提案が出された[20]。これらに加え,貿易協定の条文と実行法案の規定との関係をより明確化して,行政府によるノン・マークアップの濫用を防止する提案も出された。たとえばOTCA1988の場合,貿易協定の実行に「必要かつ適切な」全ての規定に対してファスト・トラックの適用を認めることになっており,貿易協定とその実行法案の間に曖昧さが存在する。第1章で示したように,クリントン政権は,この曖昧な表現をさらに強めて自らの裁量を強化しようと試み,議会の反発を招いた。このような事態を防止するために,より限定的に「必要または(協定の実行に)明確に貢献する("necessary or clearly contributing to" implementation of the agreement)」という語句に置き換え,さらに大統領に対し,なぜそれらの規定にファスト・トラックを適用する理由があるのか説明する義務を課すことで,行政府に対する拘束力を強めようというのである[21]。他方,逆に議会の関与を簡素化すべきだという議論もあった。通商法案の作成には,関連する全ての委員会が関与するため,政策

決定過程が複雑化し，意見の調整が困難になっているためである。[22]

貿易自由化の大義

　第3に，ファスト・トラック，ひいては貿易自由化に対する国民的な支持を拡大するために，野心的な目標を提示すべきだという提起もあった。バーグステン（C. Fred Bergsten）は，WTOの新ラウンド，中南米やアジアなど，世界大での自由化イニシアティブを主導して，国内輸出産業の利益を確保し，自由化を支持する政治基盤を再構築すべきだと主張した。[23]しかし，このような議論に対しては根底的な批判も提起されている。リンゼイ（Brink Lindsey）は，国内市場の開放を海外市場獲得のための代償と見なし，諸外国との交渉で相互主義的に自由化を進めつつ，国内の保護主義圧力には貿易匡正法で対応する「牽制と融和（diversion-and-appeasement）」戦略は，すっかり時代遅れになったと主張した。[24]というのは，今日，貿易自由化は一部の輸入産業だけではなく，一般国民の生活に対する脅威と考えられており，こうした不安は海外市場を獲得しても懐柔できないためである。したがって，行政府はこれまでのような重商主義的発想を捨てて，自由貿易の利益を正面から訴えて国民の支持を獲得し，一方的な貿易自由化を進めるべきだと言うのである。[25]リンゼイが主張するように，個別の利益集団を自由化支持勢力として組織化するだけでは不十分になっているのだとすれば，自由化を正当化するための新しい論理が求められよう。ただし，個別の生産者集団に代えて消費者一般から支持を調達するためには，現行の通商政策決定システムを抜本的に改革する必要があろう。というのは，現行のシステムでは特定の支持基盤によって選出された議員が主要な構成メンバーとなっており，個々の議員に対し，個別の利害集団を上回るほどの大きな影響を与えることは困難であると考えられるためである。したがって，リンゼイ提案の実現性は，少なくとも短期的には疑わしいと言えよう。

　このような文脈からは，以下のように，自由貿易と途上国の経済発展とを結び付ける議論も注目される。すなわち，過去においては，西側同盟国や発展途上国を資本主義陣営につなぎとめる手段の一つとして，貿易自由化政策が正当

化されてきた。しかし今日では，こうした冷戦の論理では自由化政策を擁護できなくなっている。そこで，これに代わる新たな自由貿易の大義（cause）として，貿易自由化を最貧国の開発問題や民主化を促進する手段として位置づけ，自由化を通じた経済発展という論理を米国民全体に訴えるべきだと言うのである。[26]

第4に，より直接的な議会対策も提起された。超党派の支持を得られやすい貿易協定や貿易プログラムの採決を連続的に実施することによって，議会と行政府との間の信頼感を醸成する「積み木戦略（building block strategy）」である。さらにその際，労働・環境問題に対し異なるアプローチをとる複数の協定を組み合わせて議論の幅を広げ，妥協の余地を探るべきだとされた。[27] この提案は，二期目のクリントン政権を経てようやく，新たにファスト・トラックを必要とする貿易協定を「積み木」として提示できる条件が整ったことを踏まえてのものであろう。

4　労働・環境問題に対する諸提案

ここでは，通商政策における労働・環境問題の扱いについて，諸論者から出された提案を検討する。最初に，労働・環境関連団体の議論を検討する。次に，これらの問題を通商交渉の議題から排除すべきだとする保守系シンクタンクの議論を検討する。最後に，これら両極の議論の間で妥協案として出された提案について検討する。

労働・環境関連団体の提案

まず，労働関連団体の議論から検討しよう。アメリカの労働組合は，製造業の国際競争力の低下とともに，自由貿易，すなわち一括交渉権限そのものに対する反対を強めてきた。たとえば，労働組合寄りのシンクタンクである経済政策研究所のフォウ（Jeff Faux）は，貿易自由化に対する無邪気な執着はやめて，通商政策の「戦略的な休止（strategic pause）」を実施すべきだと述べた。すなわち貿易自由化を一時的に休止し，その間に，労働・環境問題を他の議題と同

等の問題として格上げし，教育および再教育プログラムなどのセーフティネットを大幅に拡充し，さらに途上国の労働基準の改善をも要求すべきだとした。(28)

また，労働組合は「国際的に認知された労働者の権利（internationally recognized worker rights）」の遵守を，通商政策の目標の一つにするように求めてきた。既に示したように，OTCA1988の主要な交渉目的の14番目には「労働者の権利」が入れられており，1994年のウルグアイ・ラウンド実行法案の審議の際，大統領はWTO内に労働者の権利に関する部会を設置するよう求められた。これを受けたアメリカ政府の活発な問題提起もあって，1998年のILO総会で，「労働における基本的原則および権利に関するILO宣言（Declaration on Fundamental Principles and Rights at Work）」が採択され，この宣言こそが，国際的な労働基準であると広く認められることになった。これを受けて，労働組合は，途上国に対して中核的労働基準の厳格な遵守をも要求すべきだと主張した。(29)

次に，環境保護団体の議論を検討する。環境保護団体の見解は多様で議論の幅も広いが，ここでは貿易自由化と環境対策との両立を主張するグループの提案を検討する。シエラクラブと全米野生生物連盟（National Wildlife Federation）は，第1に，環境や労働，人権などの非貿易的関心事項を経済問題と同等の交渉目的に格上げし，厳格な実行措置（罰則規定）をも定めるべきだとした。第2に，議会の権限と専門性を強化し，国民の要求をより強く反映させるべきだとした。第3に，環境影響評価を実施し，協定の内容に反映させるべきだと主張した。(30)

保守系シンクタンクの提案

これらの議論に対し，保守系のシンクタンクは，労働・環境問題を通商交渉の議題とすることに反対した。ケイトー研究所のグリズウォルド（Daniel Griswold）は労働・環境規定を排除した「きれいな」ファスト・トラック権限（"clean" fast-track）を提案した。グリズウォルドによれば，途上国の労働条件が劣悪なのは生産性が低いためであり，むしろ，貿易自由化を進めて経済発展を促進した方が，当該国の労働・環境基準の改善に繋がる。逆に，政府の法的規制で改善しようとすれば，失業などの経済的困難を招くことになる。また，

労働条件の相違は、多国籍企業の投資先の決定に影響を与える一要因でしかなく、低い労働・環境基準が不公正な競争優位であるという批判は誤っている。したがって、これらの問題を通商政策に結び付ければ途上国の反発を招き、自由貿易の発展の妨げとなるため、労働・環境問題を通商交渉の議題とすべきではない[31]。同じ研究所に所属するリンゼイも、労働・環境問題を一括交渉権限の対象とすれば、法案の通過には役立つが、実際の通商交渉では国内の保守派も途上国も実質的な譲歩を認めそうになく、結局、労働組合や環境保護団体との妥協には役立たないとして、これらの問題の議題化に反対した[32]。

以上のように、労働・環境関連団体は労働・環境問題を他の議題と同等の扱いとし、厳格な実行措置の適用をも求めた。これに対し、保守派は労働・環境問題を通商政策によって解決しようとするのは間違っており、これらを通商交渉の議題とすれば、かえって問題を複雑化するだけであるとした。この点については、デスラーとバリント（Peter J. Balint）も、これまでのアメリカの通商政策決定システムは、主に生産者の利害を反映するように確立されているため、労働・環境問題などの多様な利害関心をも反映するようになれば、党派的な分裂が拡大して、システムが混乱することになると述べている[33]。とはいえ、クリントン政権期における審議で明らかになったように、これらの問題をまったく無視して自由化法案の成立に必要な支持を調達することも困難になっている。したがって、これら両極の議論の間で、可能な妥協点を探る提案が求められることになる。次に、それらの提案を順次検討してみよう。

妥協的な提案

第1に、妥協的な立場に立つ論者の多くからは、労働・環境問題を主要な交渉目的に格上げして交渉相手国の労働・環境法の遵守を求め、これに違反した企業に対する実行措置として制裁金（fine）を採用すべきだとする提案が出された[34]。これらの論者によれば、労働・環境問題の議題化は議会多数派の獲得に必要だが、諸外国の労働・環境基準の引き上げや国内法の変更まで要求すれば、相手国からの反発によって通商交渉そのものが手詰まりに陥ってしまう。した

がって，交渉相手国には現行基準の遵守に限って要求すべきだということになる。

　また，労働・環境規定の実行措置については，数量制限や高関税などの貿易制裁（trade sanction）ではなく，違反企業もしくは違反国に対する制裁金（fine）に限って認めるべきだとされた。グリズウォルドやウェルズ（Gary J. Wells）らによれば，貿易制裁は対象国の輸出産業全体に損害を与えるのみならず，両国間の貿易量を縮小させ，さらには当該産業に所属している労働者の生活水準までも低下させてしまう。そもそも，途上国における労働・環境法違反は輸出産業部門ではなく国内産業部門の方に多く見られるため，輸出部門のみを規制の対象にしても，国内部門も含めた全産業部門での基準の改善が進むとは限らない。逆に，輸出部門の労働力が基準の緩い国内部門へ移動する可能性すらありうる。これに対し，制裁金は，処罰の対象が違反企業や監督官庁に限定されるので貿易を歪曲する効果がなく，自由貿易主義と両立する好ましい措置だとされた。[35]

　ただし，以上の提起がうまく機能するためには，貿易相手国の労働・環境法が国際基準をおおむね満たし，かつ，違反企業を取り締まるための司法制度が確立していることが前提となる。したがって，労働・環境問題への対応という観点からも，途上国の能力構築（capacity building）への支援が通商政策上の課題とされるようになった。

　第2に，ILOや国連貿易開発会議，国連環境計画，国連開発計画など，労働・環境問題を専門分野とする国際機関や，それらの機関とWTOとの協力関係の強化が提起された。[36]チャーノヴィッツ（Steve Charnovitz）やエリオット（Kimberly Ann Elliott）によれば，本来，労働・環境問題は通商政策の論点とすべきではなく，専門の国際機関や国際ルール，これらの諸機関とWTOとの協力関係を強化することによって対応すべき問題である。国際機関を強化すれば違反企業の監視や告発が一層効果的になり，企業は社会的な糾弾を恐れて労働・環境基準を遵守するようになろう。[37]これに加え，労働・環境問題に対する途上国側からの反発が強いことからも，WTO以外の国際機関での対応が相応しいとされた。

　第3にTAAの欠陥を踏まえた新たな雇用調整政策が提起された。[38]クレッツ

ァー (Lori G. Kletzer) とライタン (Robert E. Litan) によれば, 現行の TAA は失業期間中の職業訓練費や求職費用に対する援助であるため, 失業者の求職期間を延長させてしまううえに, 再就職後の収入の低下には対処できない。また, 失業中の訓練は再就職後の仕事の内容とは関係のないことが多く, ほとんど意味がない。そこで, 彼らは代替案として, 賃金保険 (earnings insurance) と医療保険補助からなる「拡張されたセーフティネット」を提案した。賃金保険とは, 貿易自由化によって失業した労働者に対し, 再就職後に低下した賃金の一部を補償する制度である。この制度の利点は解雇によって失われた賃金そのものに対する補償となっており, また, 再就職しなければ給付されないため, 失業者が再就職するインセンティブを高められる点にある。

5 米 - ヨルダン自由貿易協定交渉

ここではまず, ヨルダンとの FTA 交渉の経緯を検討したうえで, 締結された UJFTA の労働・環境規定を分析する。

交渉の経緯

ヨルダンは, 1994年にイスラエルとの平和条約に調印して両国間での戦争状態に終止符を打ち, 中東での数少ない親米国としての立場を固めた。それ以来, アメリカはヨルダンの経済発展のため, 軍事・経済援助の強化や対ヨルダン債権の放棄などの支援を行ってきた。1999年に即位した新国王アブドッラー2世 (Abdullah II bin Al Hussein) は, 経済改革を推進するため, アメリカとの FTA 締結を打診してきた。この申し入れに対する米国議会の反応は概して好意的で, 2000年3月から5月の間, 45名以上の議員が大統領に書簡を送付し, ヨルダンとの FTA 交渉を早急に開始するよう求めた。これらの議員は書簡の中で, 親米国ヨルダンへの支援やヨルダンおよび中東地域の政治的安定化, ヨルダンの経済改革や民主化の推進といった理由を挙げて, UJFTA の締結を訴えた。また, クリントン政権も主に安全保障上の理由から, ヨルダンとの FTA 締結に

積極的だった。7月末，USTR代表のバシェフスキーは，ヨルダンでの講演で経済成長と地域の安定との関連性を強調し，ヨルダンとのFTAが「平和で繁栄し，世界に開かれた将来の中東を生み出すステップとなりうる」と述べた。さらに，アメリカ国際貿易委員会の調査によれば，ヨルダン経済の規模はアメリカに比してきわめて小さく，仮にUJFTAが締結されたとしても，アメリカの輸出入や生産，雇用に対してほとんど影響を及ぼさないとされた。

以上のように，UJFTAは安全保障上の利益が明確で，また，関税撤廃に伴う経済的損失も無視しうるほど小さいため，議会からも行政府からも歓迎され，交渉も非常にスムーズに進んだ。その際，クリントン政権は，ファスト・トラック権限に伴う議会側の直接的な拘束がないという条件を利用して，UJFTAを，労働・環境規定を協定本体に含んだFTAのモデルに仕立て上げようとした。政権側の説明によれば，UJFTAの労働・環境規定は，双方が望ましいと思う水準で，労働・環境基準を設定できるが，既存の水準の引き下げは認められないものになるとされた。交渉は6月6日に開始され，わずか半年後の10月24日に終了した。

UJFTAの労働・環境規定

締結されたUJFTAは知的所有権や電子商取引などの新分野も含む19条からなり，第5条が環境関連の規定，第6条が労働関連の規定となっていた。第5条の環境規定では，締約国双方は自国の環境基準を設定する権利を持つが，既存の水準の引き下げは認めないとされた。また，第6条の労働規定では，第1に，締約国はILO加盟国として，ILOの労働原則と国際的に認知された労働者の権利を，それぞれの国内法によって承認・保護するように務めるとされた。第2に，双方は，自国の労働基準を自ら設定する権限を持つが，既存の水準の引き下げは認めないとされた。第3に，国際的に認知された労働者の権利——(1)団結権，(2)団体交渉権，(3)強制労働の禁止，(4)児童雇用の最低年齢，(5)最低賃金，労働時間，労働災害・疾病に関する労働条件——と整合する労働基準を確立し，改善するように務めるとされた。

このように，UJFTA の労働・環境規定の趣旨は，NAFTA 補完協定や第4節で検討した妥協案と同様に，それぞれの国内法を遵守させることにある。ただし，不履行の際の紛争処理規定については，NAFTA 補完協定の場合は11の労働原則のうち，3つのみに実行措置が適用されるのに対し，UJFTA の場合は5つある労働原則について実行措置がどのように適用されるのか，明確に規定されていないという違いがあった。UJFTA の労働・環境規定は，ブッシュ政権時における一括交渉権限の審議の際，民主党指導部によってヨルダン基準（Jordan Standard）として以下の4点――(1)労働・環境規定を協定の本体に入れ，通商交渉の議題とする。(2)交渉相手国に自国の労働・環境法の遵守を求める。(3)環境を保護・保全し国際的な手段を強化する。(4) ILO の中核的労働基準に合致するように労働者および児童の権利を促進する――にまとめられ，重要な論点の一つとして提起されることになる。

6 政策アイディアの機能と民間シンクタンクの役割

クリントン政権がファスト・トラック権限の獲得に失敗した後，事態に危機感を持った数多くの専門家によって様々な政策提言が発表され，妥協点が探られた。これらの妥協案の趣旨は，(1)労働・環境問題を主要な交渉目的に格上げして交渉相手国の労働・環境法の遵守を求め，違反企業に対しては制裁金を科し，(2)労働・環境問題を専門分野とする国際機関を強化し，また，それらの国際機関と WTO との協力を促進し，(3)賃金保険などの補完的な国内政策を強化すること，である。

提起された数多くの政策アイディアは，受け入れ可能な妥協案として共和党指導部や財界団体にも積極的に評価され，UJFTA の労働・環境規定にもおおむね採用された。UJFTA の労働・環境規定は「ヨルダン基準」として民主党指導部が活用し，次のブッシュ政権時の TPA の労働・環境規定の審議に際し，議論の準拠点となり，TPA が成立するする一因となった。したがって，これらのアイディアは，議論の枠組みを設定し，落とし所を示唆し，関係者の多様

な利害関心を束ねる役割を果たしたものと言える。

　このような政策アイディアの役割については，序章で検討した政策アイディア研究の議論ともおおむね一致する。この議論の代表的な論者であるゴールドスタインの研究(46)によれば，経済的利害は通商政策を直接的には規定しない。というのは，政策決定は，どのような政策が個々の利益を実現するのに適切なのか，十分に判断できないような不確実な状況下で行われ，また，既存の制度やルール，政策決定者の認識によっても影響を受けるためである。実際に重要な役割を果たしているのは政策決定者の共有するアイディアや知識であり，それらは，経済的利益を実現する政策手段を示唆するロードマップとして，また，政策を選択する際の焦点として，あるいは多様な利害関心を一つの政策パッケージにまとめ，支持基盤を組織する糊としての役割を果たす。

　本章においては，政策アイディア研究の議論を受け入れた上で，それらのアイディアが生み出され，自由に議論される制度的基盤として，民間シンクタンクの存在に注目した。シンクタンクでの議論の特徴は，第1に，議会での審議，すなわち実際の経済的利害やイデオロギー対立の調整プロセスからはある程度切り離された場で，政策合理性に基づいた論争が活発になされていることである。第4節でも検討したように，労働・環境問題を通商政策においてどのように取り扱うべきかという論点については，労働・環境団体の主張だけではなく，これら問題を通商政策の課題として取り上げることに反対する国内保守派や海外の途上国などの利害や主張も俎上に載せられた上で，実行可能な政策オプションが議論されていた。第2の特徴は，これらの多様な利害関心も，自由貿易主義という政策パラダイムと両立可能な範囲で採り上げられ，取り纏められたことである。労働・環境団体の主張のうち，自由貿易主義と両立不可能とされた議論は排除され，あるいは論争の中で重要視されなくなっていった。したがって，シンクタンクを中心とした政策アイディア論争は，関係者の多様な利害関心に対応しつつも，それらを自由貿易主義という政策パラダイムの下に纏め上げる役割を果たしていたのである。

第3章
アメリカの通商政策と中国の WTO 加盟
──対中関与政策とは何か──

1　対中関与政策をめぐる論争

　本章の課題は，中国の WTO 加盟問題を中心にクリントン政権期の対中関与政策を分析し，その特徴を明らかにすることである。ソ連の崩壊と冷戦の終焉によって，アメリカの対中政策は根本的な見直しを迫られた。冷戦後に登場したクリントン政権にとって，中国はソ連を牽制するための安全保障政策上の「チャイナ・カード」ではなく，急速な経済成長を進めてアジア太平洋に台頭しつつある地域大国だった。あるべき対中政策をめぐって，台頭する中国を軍事的に抑え込むべきだとする抑止論者(1)と，経済的誘因を中心にして国際社会への統合を促進すべきだとする関与論者(2)との間に激しい議論が闘わされたが，クリントン政権は軍事と経済，民主主義の3つの領域での交渉を同時並行で進め，中国の政治的経済的自由化を促進する包括的関与政策を採用した。こうして，クリントン政権の対中関与政策は抑止論者からの激しい批判にさらされた。抑止論者は短期的・経済的問題への偏りや中国に対する融和的な姿勢など，安全保障問題への対応不足を批判し，アジア地域における中国の軍事的台頭への警戒を喚起し，日本をはじめとした同盟国との連携の強化を求めた。
　しかし，こうした抑止論の主張は，実際には関与論と補完的な関係にある。そもそも，抑止論者といえども中国を国際社会に取り込み，国際的な規範を遵守させるという対中関与政策の基本的な目的そのものを否定する議論はほとんど存在しない。そして，1990年代後半の日米安保再定義に見られるように，日本などとの軍事的協力の強化は実際に進められていた。したがって，論点は関

第3章　アメリカの通商政策と中国のWTO加盟

与の方法，すなわち，軍事的手段と経済的誘因とを適切に組み合わせ，いかにして中国をアメリカ主導の国際社会に統合するのかという「条件付き関与論」(3)のあり方に収斂していった。

他方，実際の政策形成プロセスは，包括的関与政策を進める行政府とこれに反対する議会という構図で理解されてきた。ここでは，安全保障問題を重視する共和党右派と，人権問題を重視する民主党左派が政権の関与政策を批判し，中国への最恵国（Most Favored Nation：MFN）待遇供与やWTO加盟合意を梃子に自らの要求の実現を求めた。(4) したがって，対中政策の中心的な論点は通商問題であり，安全保障や人権など，通商問題以外の論点とは別個に進めたいクリントン政権と，それら別個の論点と通商問題とを絡めようとする議会の反対派，という交渉戦術上の対立でもあった。しかし，それら反対派の議員の多くも，中国を国際社会に統合するという関与政策の基本的な目的そのものを否定することはほとんどなかった。反対派の議論は政権の「経済優先主義」を批判し，安全保障問題や人権問題をより優先すべきであること，つまり，関与政策の枠内での優先順位の変更を主張しているにすぎなかった。

したがって，クリントン政権の対中政策を理解するためには，包括的関与政策の多様な政策目標がどのような順番でどのように追求されたのか，具体的にその政策形成プロセスを分析する必要がある。一般に，対中関与政策は，争点の拡散，国内政治の影響の増大と安全保障問題の比重の低下を特徴とする冷戦後の米中関係において，経済的インセンティブを用いて国際社会に取り込み，民主主義をはじめとする国際的な規範の受け入れを促進する政策として理解されている。(5) しかし，本章の分析結果をあらかじめ先取りして言えば，争点の拡散や議会の影響力の増大にもかかわらず，政権の政策枠組は一貫しており，さらに，1995年以降の議会は共和党が多数派を占めていたにもかかわらず，共和党主流派と基本的なスタンスは一致していた。また，表3-1は対中MFN関連法案の投票結果を示したものであるが，対中政策の主要な論争の場は下院であり，また，MFN更新に賛成する議員の数は反対する議員を一貫して大きく上回っていたことを示している。

第Ⅰ部　クリントン政権期の通商政策

表3-1　対中 MFN 関連法案の投票結果

年	MFN 反対法案	最終結果（賛成／反対）	代替法案	最終結果（賛成／反対）
1995	H.J.Res. 96	下院で採決されず（321／107）	H.R. 2058	下院を通過（416／10）
	S.J.Res. 37	上院で審議されず		
1996	H.J.Res. 182	下院で否決（141／286）	H. Res. 461	下院を通過（411／7）
	S.J.Res. 56	上院で審議されず		
1997	H.J.Res. 79	下院で否決（173／259）		
	S.J.Res. 31	上院で審議されず		
	S. Amdt. 890	上院で否決（22／77）		
1998	H.J.Res. 121	下院で否決（166／264）		
1999	H.J.Res. 57	下院で否決（170／260）		
	S.J.Res. 27	上院で取り下げを否決（12／87）		
2000	H.J.Res. 103	下院で否決（147／281）	H.R. 4444	下院を通過（237／197）
			S. 2277	H.R. 4444として上院通過(85／13)

出所：Dumbaugh［2001］p. 3および Thomas〈http://thomas.loc.gov/〉より作成。

　以上の議論を踏まえ，本章では，対中関与政策の最大の成果とされる中国のWTO 加盟に関する米中二国間合意と，合意の前提条件とされた対中恒久最恵国待遇（Permanent Normal Trade Relations：PNTR）供与法案の成立に至るプロセスを分析する。WTO 加盟交渉の枠組は，加盟申請国の貿易制度を検討して加盟議定書の作成を進める多国間交渉と，市場アクセスを中心とした二国間交渉の束から構成される。そして，中国にとっては，数多くの二国間交渉の中でも最大の交渉力を持つアメリカとの交渉が最大のハードルとみなされていた。米中二国間交渉の第１のポイントは，非市場経済国に対する MFN 供与を制限するジャクソン・バニク修正条項（Jackson-Vanik amendment）の存在である。この条項により，議会は年に一度，中国のような非市場経済国に対する MFN を更新するための審議を行う権限を持つ。しかし，中国が WTO に加盟すれば，ジャクソン・バニクの適用除外を認め MFN を無条件で中国に供与しなければならなくなる。したがって，クリントン政権は議会に対し，ジャクソン・バニク修正条項の適用除外と PNTR の付与を認めさせるだけの交渉の成果を示す必要があった。しかも，当時の連邦議会は共和党が多数派を占めており，政権

第3章　アメリカの通商政策と中国のWTO加盟

のイニシアティブはかなりの程度削がれる恐れがあると見られていた。第2のポイントは中国の二重貿易制度（dualistic trading regime）の存在である。当時の中国は社会主義体制からの移行期にあり，貿易制度についても高度に自由化された輸出促進制度と貿易権を握る国営企業が支配する輸入代替制度とが併存していた[8]。そして，中国がWTOに加盟するためには輸入代替制度の多様な関税・非関税障壁を撤廃して，法の支配や透明性，公平性などのWTOの理念と合致する貿易制度を構築する必要があった。アメリカはこれらの貿易障壁のうち，とくに市場アクセスの改善と知的所有権保護の厳格化，そして，加盟後一定期間において中国に対してのみ適用される対中経過措置[9]を要求した。

　本章に関連する先行研究としては，第1に，中国のWTO加盟交渉のプロセスを，米中二国間交渉に主な焦点を置いて分析した研究がある[10]。とりわけデブロー（Charan Devereaux）らの研究は，クリントン政権と議会との関係にも目を配りつつ，アメリカが中国の加盟を承認するまでのプロセスを詳細に分析した研究である。ただし，既に述べたように，当時の対中政策においては，WTO加盟をはじめとする通商問題は議会の反対派によって，安全保障や人権などの他の問題と関連づけられ，優先順位を競わされることもあった[11]。よって，本章では中国のWTO加盟交渉を対中関与政策の一環として把握し，他の論点との関係も視野に入れつつ分析する。

　第2に，クリントン政権期における対中政策の形成過程に関する研究がある。これらの研究の多くは対中政策に関するクリントン大統領の無関心や，その結果として，行政府内部でも政策目標の優先順位を決められず，それぞれの担当官庁が安全保障や経済，人権問題をバラバラに追求して政策が混乱したことを指摘している[12]。他方，政権の政策それ自体は一貫しており，むしろ議会対策に問題があったため混乱したという評価も存在する[13]。こうした混乱とそれにもかかわらず米中合意をまとめえた背景には，クリントン政権の政策課題全体の中での対中政策そのものの位置づけや優先順位が，時期によって変化したことがあるものと思われる[14]。

　また，我が国においてはアメリカの通商政策とビジネス界を中心とした経済

表3-2 アメリカの対中製品・サービス貿易の推移

(百万ドル)

年	製品貿易			サービス貿易		
	収支	輸出	輸入	収支	輸出	輸入
1995	-33790	11754	45543	829	2512	1683
1996	-39520	11993	51513	1230	3167	1937
1997	-49695	12862	62558	1387	3612	2225
1998	-56927	14241	71169	1656	3958	2302
1999	-68677	13111	81788	1346	4029	2683
2000	-83833	16185	100018	1948	5207	3259

出所：Britton and Rossi [2006] p. 8より作成。

的利害との関わりを指摘した研究が存在する[15]。これらの研究では，通商政策を主に輸出産業の利害に沿って形成されるものとみなす。そして，アメリカの通商政策の場合，既に衰退した製造業ではなく，情報技術や金融などのハイテクおよびサービス産業の利害を中心に調整され，諸外国に対して知的所有権の保護や投資・サービスの自由化を強く要求する点にその特徴があると指摘する。表3-2は1990年代後半の対中貿易の推移を示しているが，製品貿易では一貫して赤字を拡大する一方で，サービス貿易では黒字を拡大しているものの，製品貿易と比べると貿易の規模そのものが小さいことが読み取れる。当時の主な対中輸出製品は電子部品や航空機，事務用機器であり，主な輸入品は雑貨や事務用機器などであった[16]。そこで，本章では輸出産業だけではなく，輸入産業も含めた経済的利害が実際の政策形成プロセスにおいてどのように議論され，調整されたのかも分析する。

　以上の先行研究を踏まえ，本章では，対中関与政策の政策形成プロセスを以下の2つの側面に分けて分析する。第1の側面は，対中関与政策の対外的側面，すなわちアメリカと中国の政府間交渉である。この側面では，いかにして中国を国際社会に取り込み，民主化・市場経済化を前進させるのかがアメリカ政府にとっての課題となる。そして第2の側面は，関与政策の対内的側面，すなわちクリントン政権と共和党多数派議会との駆け引きと，こうした政策プロセス

への経済的利害の関わりである。ここでは，多様な争点の中での経済的利害の位置づけと，議会の多様な利害関心がいかにして整合的な対中政策にまとめられたのかを検討する。その上で，以下の第2節において，包括的関与政策への転換とWTO加盟交渉が開始された1994～96年を，第3節では台湾海峡危機後に米中関係が好転したにもかかわらず加盟交渉は停滞した1997～98年を，第4節では米中二国間交渉が妥結し，PNTR法案が成立した1999～2000年の3つの時期に区分して分析する。

2　WTO加盟交渉の再開と包括的関与政策の登場

GATT加盟交渉の挫折とWTO加盟交渉の再開

　中国がWTOの前身であるGATTに加盟を申請したのは1986年のことだが，その後の交渉は難航し，1995年に発足したWTOに原加盟国として参加できなかった。交渉がまとまらなかった理由は，天安門事件によって加盟作業が2年あまりにわたって停滞したことに加え，中国が加盟問題を「国際的地位の回復」という政治的問題と理解していたためである。GATTに加盟するためには協定に規定されたルールを受け入れ，自国の貿易制度をGATTの理念と合致するよう変革する必要があるが，中国はこの義務の存在を軽視していた。これに対し，アメリカを中心とした加盟国側は，(1)貿易政策の統一性，(2)貿易体制の透明性，(3)非関税措置の撤廃，(4)市場価格体制へのコミットメント，(5)移行期における対中特別セーフガード，の5項目をまとめ，貿易制度の大胆な改革を要求した。[17]中国はこれらの要求に対応できなかったばかりか，途上国としての地位での加盟[18]を主張し，加盟国側との溝を埋めることができなかったのである。

　その一方で，中国はアメリカとの二国間交渉も進めていた。米中両国は1992年に市場アクセスと知的所有権保護に関する2つの覚書に署名していたが，アメリカは，中国が覚書の実行を怠っていることを繰り返し問題にした。1995年に発表されたGAO（Government Accountability Office）の報告書によれば，市場

アクセスについては覚書におおむね従っているが，透明性の確保，数量規制の撤廃，農産物に対する非科学的な検疫ルールなどの問題が残っており，知的所有権保護についてはまったく不十分だとされた。[19]

しかし，米中間の通商摩擦はWTO加盟交渉を再開するきっかけを生んだ。1995年2月4日，度重なる中国国内での知的所有権の侵害に対し，USTRは制裁対象品目リストを発表して中国に圧力をかけた。米中両国はこの問題で協議を継続し，26日に中国の海賊版製造工場の閉鎖等で合意した。そして，この新合意が加盟交渉再開のきっかけとなった。[20]このとき，アメリカと中国は加盟に関する8点の合意を結び，多国間交渉の再開と同時に米中交渉を開始することや，途上国か先進国かという問題については現実的に対応することなどを確認した。[21]そして，7月，中国はWTOに加盟を申請した。

11月，USTRは加盟のための工程表（roadmap）を中国に提示した。この工程表は，中国がWTO加盟の前に解決しておくべき問題を簡潔に整理したもので，加盟の基本原則として，商業的に可能な条件（commercially viable terms）での加盟という考え方を提示していた。そして，個別論点として関税および非関税措置，国営企業の貿易権，補助金，政府調達などをあげていた。[22]しかし，中国は関税の削減や貿易権の撤廃などの個別問題については段階的に進める提案を行ったが，工程表そのものに対する反応を示さなかった。[23]逆に，12月に自動車産業に対する産業政策構想を発表してアメリカからの反発を招いた。[24]

このように，中国はWTO加盟の意思を表明したが加盟交渉は停滞した。1996年9月，USTR代表のバシェフスキーは下院歳入委員会貿易小委員会の公聴会で米中間の通商問題について証言を行った。バシェフスキーは，第1の問題として知的所有権摩擦の継続をあげ，中国が1995年2月の合意を実行しなかったため，1996年5月に再度，制裁措置を採用すると圧力をかけ，海賊版の厳格な取り締まりや生産工場の閉鎖，米国製品に対する市場開放などを要求し，その結果，中国側の実行を引き出したと述べた。しかし，第2に加盟のための中国の譲歩はまったく不十分なレベルにとどまっており，工程表にもまったく返答していないと酷評した。[25]

第3章　アメリカの通商政策と中国のWTO加盟

包括的関与政策と米国議会

　1994年5月，クリントン政権は中国における人権状況の改善とMFNの更新とを結び付けるリンケージ政策を撤回し，人権問題と貿易問題とを切り離して対応する包括的関与政策を採用した。[26] 新たな対中政策を策定したロード（Winston Lord）アジア太平洋担当国務次官補は，1995年3月の上院対外関係委員会アジア太平洋小委員会の公聴会で，包括的関与政策の目的として，(1)ハイレベルおよび実務レベルでの交渉の継続，(2)利益の一致する分野における相互信頼・合意の強化，(3)意見の一致しない分野の縮小，の3点を列挙し，「政権は可能な限り多くの問題を追求し続けるのが大切だという立場である。…多くの領域で米中の利益は補完的であり，また，建設的な協力は双方に大きな利益を生み，地域や世界の平和と安全に貢献する」と述べた。[27] また，ウィーデマン（Kent Wiedemann）アジア太平洋担当国務次官補代理は，5月の下院歳入委員会貿易小委員会の公聴会で，関与政策の目的は米中関係の前進だけではなく，中国の国際コミュニティへの継続的な統合を促進することであり，重点的な政策領域は人権と（大量破壊兵器の）不拡散，経済問題であると証言した。[28]

　こうして，1994年から1995年にかけて，クリントン政権の対中政策の枠組みが改められ，包括的関与政策として定式化された。それは，特定の政策目標を掲げた政策というよりは，対中関与を継続するための交渉戦術であり，[29] したがって，争点ごとの個別対応を重視し，紛争が生じた場合は別の問題とのリンケージを回避して米中関係全体の悪化を回避することが眼目とされていた。[30] 実際に，1995年から1996年にかけての台湾海峡危機に際し，[31] クリントン政権は中国に軍事的圧力をかけつつも，通商関係についてはMFNの更新を議会に求め，WTO加盟交渉も継続させている。

　新たな対中政策が定式化されたもとで，政権と議会との駆け引きも開始された。対中MFNの更新をテーマに1995年5月に開催された下院貿易小委員会の公聴会では，民主党のペロシ（Nancy Pelosi）議員や共和党のソロモン（Gerald B. Solomon）議員が，MFNを容易に与えた結果，対中交渉の梃子が失われて中国の改革を促進できなくなっているとして，政権の包括的関与政策を批判した。[32]

79

ペロシは中国における人権問題に強い関心を持つ民主党リベラル派の有力な議員であり，他方，ソロモンは台湾問題などで強硬な外交を主張する共和党の保守派だった。こうして，民主党左派と共和党右派が個別に政権の対中政策を攻撃するという構図が成立した。彼らはMFNの更新をカードとして，それぞれの対中要求を強化すべきだと主張した。

また，この公聴会には多数の民間団体からの参加もあり，それぞれの立場からの証言を行った。参加した多くのビジネス団体は競争力のある輸出産業や中国に進出した多国籍企業の利害を代表しており，中国への輸出が国内の雇用に貢献していることや，進出した企業が中国の経済改革を促進していることを強調し，MFNの更新を求めた。[33] さらに，ファッション製品の輸入業者の団体も，最大の供給源である中国からの輸入が途絶えれば甚大な被害を受けるとしてMFNの更新を強く求めた。[34] これに対し，アメリカ労働総同盟・産業別組合会議は，中国が独立した労働組合や国連人権宣言を認め，強制労働を廃止しない限り，MFNの更新には反対すると述べた。[35]

6月，こうした構図の下で，MFNの更新に反対する決議案H.J.Res. 96が下院に提出された。しかし，議会の多数派は更新反対派の立場になびかなかった。7月，ビライター（Douglas Bereuter）アジア太平洋小委員会委員長が，人権・経済・軍事などの幅広い争点について大統領の外交努力を求める「1995年対中政策法（China Policy Act of 1995: H.R. 2058）」を提出した。クリントン政権はこの法案に対する支持を表明して，議会の中国に対する不満のはけ口として活用しようとした。政権と議会の主流派の連携は図に当たり，7月20日にH.R. 2058が416対10で下院を通過する一方で，H.J.Res. 96は321対107で採決に回されないことが決まった。[36]

翌1996年における議会での議論は大統領選の影響を受けた。5月9日，共和党大統領候補のドール（Robert Dole）は，クリントン政権が一貫した対中戦略を明らかにせず，その結果として議会からの圧力に対応できていないと批判する一方で，MFN更新を支持した。[37] これに伴いギングリッチ（Newt Gingrich）下院議長をはじめとする共和党指導部も，MFN更新への支持を表明する書簡

第3章　アメリカの通商政策と中国のWTO加盟

を連名で発表し，政権の対中政策の曖昧さを批判した。5月17日，クリストファー（Warren Christopher）国務長官が政権の対中政策に関する演説を行った。クリストファーは，(1)安定かつ開放的で成功した国としての中国の発展はアメリカの利益であり，(2)国際コミュニティへの中国の完全な統合と積極的な参加を促し，(3)対話や関与を追求する一方で，アメリカの利益を守るために必要な行動を躊躇しないことを3つの原則として強調し，MFNは中国の政治システムに対する投票ではなく，中国の人権状況を改善するための適切な方法でもないとして，更新への支持を訴えた。

政権と下院共和党指導部との協力関係が再構築される中で，下院歳入委員会貿易小委員会では6月にMFN更新をテーマにした公聴会が開催され，昨年と同様，ペロシやソロモンら反対派の議員が包括的関与政策を批判した。さらに，共和党保守派の議員はMFN撤回法案H.J.Res. 182と共に，(1)1997年3月1日までに台湾のWTO加盟が認められた場合にのみ，MFNの延長を認めるH.R. 3569，(2)人権問題や知的所有権保護，不拡散などアメリカの主な要求に中国が従わない場合，国際機関から中国への資金提供に反対するH.R. 3577，(3)人民解放軍の工場で生産された製品の輸入を禁止するH.R. 3684など，安全保障問題に関わる複数の対中制裁法案を準備した。そして，これら制裁法案を十分に審議するためMFN撤回法案の審議を延期するよう求めた。しかし，下院共和党指導部は制裁法案の審議を拒否した。6月27日にH.J.Res. 182を採決にかけて141対286で葬り去る一方で，ガス抜きとして中国の人権侵害や大量破壊兵器の拡散を批判する決議H. Res. 461を圧倒的多数で可決させた。

また，貿易小委員会では6月の公聴会に加えて，9月には中国と台湾のWTO加盟に関する公聴会が開催され，ビジネス団体や労働組合，人権団体などの様々な民間団体が参加した。6月の公聴会では，実業界からはモトローラや全米製造業者協会などの輸出産業に加え，米国保険協会の証言もあり，MFN更新にとどまらず，WTO加盟交渉の進展により，中国保険市場の参入障壁が撤廃されることを望むと述べた。さらに，9月の公聴会では，中国製繊維製品の安定的供給を望む全米小売業協会が中国のWTO加盟を支持する一方

81

で，全米繊維製造業者協会は，中国が不公正かつ違法な貿易慣行を改めるまでは加盟を認めるべきではないと主張した。[44]

3　米中関係の好転と加盟交渉の停滞

米中首脳会談と加盟交渉の停滞

　2期目のクリントン政権は，台湾海峡危機で傷ついた米中関係の改善を主要な外交政策目標の一つとし，政策形成の場を国務省から国家安全保障会議（National Security Council : NSC）に格上げした。[45] 既に，クリントンは1996年11月のAPEC首脳会談の際，江沢民（Jiang Zemin）国家主席との間で1997年の江沢民訪米と1998年のクリントン訪中で合意していた。そして，1997年の施政方針演説では1994年以来初めて中国に言及し，関与政策を通じて共通の目的を達成していくことが重要だと述べた。[46] また，クリントン政権は，WTO加盟交渉を前進させて対中政策の成果とするために，中国の市場アクセスが改善されれば1997年中に加盟交渉を妥結して恒久的なMFNを供与する可能性もあるとした。[47]

　しかし，その後の通商交渉において目立った進展は見られなかった。唯一の例外が2月に成立した繊維協定だった。この新協定は，WTO加盟後の繊維貿易の条件を規定するもので，中国は他国並みの条件での対米輸出が可能となる一方で，WTOルールよりも厳格なセーフガード規定を受け入れた。また，アメリカにとっては初めて中国市場へのアクセスが可能となった。[48] そして，その後の交渉の停滞に伴い，アメリカは関税，非関税障壁，サービス，農業，情報技術を優先5分野とし，首脳会談での成果にしようとした。[49]

　10月26日から11月3日にかけて江沢民がアメリカを訪問した。クリントンと江沢民は建設的な戦略パートナーシップ（constructive strategic partnership）の構築で合意し，米中間での利害の相違はありつつも，アジア太平洋の主要国として平和と安定，経済成長，大量破壊兵器の不拡散などの多くの分野での協力を深めることとした。貿易問題については商業的に意味のある条件での中国のWTO加盟に向けて交渉を強化することで約束し，また，中国はできるだけ早

い時期に情報技術協定（Information Technology Agreement：ITA）に加盟する意思を表明した。

しかし、その後の加盟交渉も進展しなかった。1998年6月25日から7月3日にかけて今度はクリントンが訪中した。米中両国の首脳は不拡散と安全保障、人権、経済と貿易、エネルギーと環境、科学技術、法的領域における協力、法の実行、人的交流といった広範な分野での協力で合意した。とりわけ、戦略核兵器の照準を相互に外すこと、中国が国際人権規約に署名すると発表するなど、安全保障や人権の分野では具体的な成果があがったが、経済の分野では目立った成果は上げられなかった。中国は、情報通信、金融、農産物の分野において部分的かつ複雑な譲歩を行ったが、アメリカ側は、これらの譲歩ではまったく不十分だと評価した。

首脳会談後、7月9日の財政委員会の公聴会で、バシェフスキーUSTR代表は交渉が進展しない理由として、(1)移行期における困難、(2)アジア通貨危機による市場開放への疑念、(3)国有企業合理化の困難、(4)官僚機構の合理化の困難、を挙げ、このまま交渉が進展しなければ、議会と協議して新たな加盟戦略を策定すると述べた。

議会における議論の焦点の変化──MFNから個別論点へ

1997年5月19日、クリントンがMFNの更新を議会に要請し、翌月、バーガー（Samuel R. Berger）国家安全保障問題担当補佐官が「中国に関する新たな合意の構築」と題する演説を行った。バーガーは演説で、政権の対中関与政策に対する国内の支持が分裂していることを懸念しており、支持の再構築がアメリカの将来にとって決定的に重要だと述べた。そして、関与政策を追求する理由として、(1)中国は、孤立させれば内向き姿勢に向かう岐路にあること、(2)米中関係は多面的であり特定の問題一色に染め上げられるべきではないこと、(3)環境問題への対処には中国と協力が必要であること、を指摘した。その上で、MFNの更新を議会に強く求めた。

政権の要請に対し、ギングリッチ下院議長は6月末の中国への返還後におけ

る香港の人権状況を懸念し，MFN の有効期間を半年として議会の監視を強化する提案を行った。しかし，ギングリッチの提案は財界や共和党内の反発により勢いを失った。⁽⁵⁶⁾ 1997年の MFN 撤回法案 H.J.Res. 79 は 6 月24日に173対259で否決された。昨年よりは僅差だったが，議会の多数派が対中 MFN の継続を認めていることは明白で，下院民主党議員で貿易問題のベテランであるマツイ (Robert Matsui) は，「我々全員が，我々は MFN を撤回しないことを知っている。これは我々自身の中での議論であり，何らの価値もない」とまで述べた。⁽⁵⁷⁾

MFN 更新反対派の議論にも変化が見られるようになった。たとえば，6 月に開催された下院歳入委員会貿易小委員会の公聴会で，ペロシ議員は政権の関与政策は十分な成果をあげていないため関与とは言えず，アメリカの経済的利益や正当な国際規範を擁護するための「持続可能な関与 (sustainable engagement)」を進めるべきだと述べた。また，民主党の中間派と見られていたレビン (Sander Levin) 議員は，中国の民主主義や市場経済化を進めるためには外圧が必要だが，MFN 更新はそのための適切な道具たり得ず効果的な代替策が必要だと述べた。⁽⁵⁸⁾ 11月の同貿易小委員会の公聴会では，共和党保守派のコックス (Christopher Cox) 議員が，台湾の WTO 加盟問題と併せて「問題は，中国の加盟の是非ではなく，いつ，いかなる条件で加盟を認めるべきなのか，ということだ。…その条件は，商業的に合理的であるべき」と述べた。⁽⁵⁹⁾ このように，更新反対派も政権の関与政策の論理それ自体は受け入れた上で，その成果や手段としての合理性の観点から批判するようになった。また，これらの公聴会には多数の民間団体も参加した。11月の公聴会では米国電子協会が，WTO 加盟の前提として，知的所有権の強化，統一的な法の執行，貿易権の撤廃などの非関税障壁の撤廃を求めた。⁽⁶⁰⁾

また，MFN 更新とは別に，特定の問題に限定した対中法案が増加した。まず，MFN に頼らずに中国の民主主義を促進させるための法案が必要だというギングリッチの示唆に応え，中国国内で活動するアメリカ企業に対して民主主義的な規範に従うことを求めた法案 H.R. 2095 が 6 月末に提出された。⁽⁶¹⁾ H.R. 2095 は反対派のガス抜きには不十分だとみなされたため，下院国際関係委員会

第3章　アメリカの通商政策と中国のWTO加盟

に提出後に店ざらしとされたが，その後，コックス議員の働きで，「コックス・パッケージ」と言われる9本もの対中法案が準備された。クリントン政権は，これらの対中法案の審議が江沢民との首脳会談にぶつかることを避けるために，審議を先延ばしするように下院共和党指導部に求めた。下院が政権の要請に従った結果，11月5日から9日にかけて，コックス・パッケージに含まれる9本もの法案が次々に成立した。[62]

しかし，1998年の議会はアメリカの人工衛星技術に対する中国のスパイ疑惑に振り回されることになった。この問題は，議会が，中国に対する人工衛星技術の移転制限を緩和するという政権の決定を問題視したことに始まった。その後，ニューヨーク・タイムズが，人工衛星メーカーのローラルとヒューズが輸出管理法に違反してロケット打ち上げ技術の対中供与を行っていたと報道した。その結果，議会では，中国に不正に流出した技術により中国製弾道ミサイルの能力が向上し，アメリカの国家安全保障上の脅威が増大としたという疑惑が高まった。[63]

しかし，スパイ問題に対する下院共和党指導部の立場は，おおむね政権と軌を一にするものだった。5月20日，160名もの共和党議員がスパイ疑惑の解決まで米中首脳会談を延期するよう求める書簡を発表した。[64]このように，議会の対中感情は悪化していたが，下院共和党指導部はスパイ疑惑とMFNの更新とは切り離して対応すると発表した。[65]ギングリッチ下院議長は，19日にコックスを長とする「合衆国の国家安全保障と中華人民共和国との軍事・商業問題に関する特別調査委員会（コックス委員会）」の設置を提起した。下院は圧倒的多数でコックス委員会の設置を支持し，同委員会はスパイ疑惑に関する調査を開始した。

6月17日の下院歳入委員会貿易小委員会では，対中MFNの更新をテーマに公聴会が開催された。既にMFN更新の撤回を求めるH.J.Res.121を提出していたソロモン議員は，中国はアメリカにとっての安全保障上の脅威であり，また，市場の閉鎖性や人権についても問題があるとして，MFN更新に反対すると述べた。[66]しかし，貿易小委員会の所属する歳入委員会はMFNの継続を支持

85

し，ソロモンのH.J.Res. 121を支持しないよう議会に呼びかけた。こうして，7月22日にH.J.Res. 121は166対264で否決され，MFNの更新が決まった。[67]

4 米中二国間交渉の妥結とPNTR法案

朱鎔基訪米と二国間交渉の妥結

　1998年3月，中国では朱鎔基（Zhu Rongji）が首相に就任し，米中交渉の進展に大きな弾みがついた。首相就任後，朱はアジア通貨危機後に予測された経済停滞への懸念から，不効率な銀行部門や国有企業の改革を進める決断を下し，そのためにはWTOに加盟してこれらの企業を外圧に晒して改革を前進させる必要があると判断した。他方，クリントン政権も，10月頃から米中関係を安定させるための枠組として，中国のWTO加盟を改めて重視し始めた。11月，クリントンは中国政府に書簡を手交して，1999年の最初の3カ月で加盟交渉を妥結する希望を伝えた。これに対して，中国側は応じる意思のあることを表明した。[68]こうして，米中両国の政府間では1999年の早い時期に交渉をまとめるという気運が盛り上がり，そのために朱鎔基の訪米がセットされた。

　しかし，コックス委員会が1998年末にまとめ，その後，機密解除作業を進めて報告書の内容が明らかになるにつれ，議会の対中感情が悪化した。[69]2月25日，上院は，中国の人権問題を批判する国連決議を国連人権委員会で採択させることを求める決議（S. Res. 45）を全会一致で成立させた。[70]また，3月1日，下院のゲッパート（Richard A. Gephardt）民主党院内総務が中国のWTO加盟承認に関して議会の承認を求めるH.R. 884を提出した。さらに，上院のホリングス（Ernest F. Hollings）民主党議員とヘルムズ（Jesse Helms）対外関係委員会委員長も，現在中国との間では人権や技術スパイなどの問題を抱えており，WTO加盟にはふさわしい時期ではないとして，H.R. 884と同じ内容の法案S. 743を[71]25日に提出した。

　こうして，クリントン政権は朱鎔基との交渉をまとめるべきか否か，政権内部での議論もまとまらない状況に陥った。妥結に賛成していたのは，バーガー

やバシェフスキーら，対中政策の策定や交渉に係わってきた人々で，とくにバシェフスキーは3月にも訪中して中国政府と接触し，中国側の態度が劇的に変化していると判断していた。他方，ポデスタ（John Podesta）首席補佐官やスパーリング（Gene Sperling）経済担当補佐官らは，交渉を妥結すれば対中政策に関する議会の論争を激化させてしまうと考えていた。⁽⁷²⁾

このような困難な状況のなかで，朱鎔基は4月5日から14日までアメリカを訪問した。8日の首脳会談の前日，クリントンは「もし中国がグローバルな貿易ルールに進んで従うのであれば，加盟を拒否することは説明のつかない間違いとなろう」と述べ，加盟に賛成の立場を明らかにしていた⁽⁷³⁾。そして，当日明らかにされた朱鎔基の提案は，バシェフスキーが判断していたような大胆なものだった⁽⁷⁴⁾。提案を検討した結果，クリントン，USTR関係者，バーガーらは妥結に賛成した。しかし，ルービン（Robert Rubin）財務長官から議会の反対がきわめて強いと聞いたクリントンは態度を翻し，交渉を決裂させてしまった⁽⁷⁵⁾。

しかも，政権のその後の対応は一貫しないものだった。米中双方は8日の共同声明において，農産物および工業製品，サービス部門の多くにおいて合意に達したが，自動車ローンを含む金融，証券，映像・音楽サービスでの重要な問題が解決されていないと発表した⁽⁷⁶⁾。そして，USTRは中国側に無断で中国の提案をホームページに掲載し，朱鎔基を激怒させた。この「アクシデント」の後，10日にも共同声明が発表され，中国は10日の声明こそが公式なものであると強調した。10日の声明は「米中農業協力協定の署名に際し，中国のWTO加盟という共通の目標に向けて大いに前進したことを確認した」とだけ書かれた簡潔なものだった⁽⁷⁷⁾。つまり，8日に発表された譲歩は反故にされた。他方，クリントンは，財界団体が朱の提案を強く支持したことから妥結を決意しなかったことを失敗とみなし，朱に再交渉を要求した。結局，13日にも共同声明が発表され，両国首脳はWTO加盟に向けて交渉を集中的に行っていくことで合意したものとされた⁽⁷⁸⁾。

しかし，5月7日に起こった米軍機によるベオグラードの中国大使館誤爆事件により中国の対米世論が，そして，26日に発表されたコックス報告書により

アメリカの対中世論が悪化し、その後の交渉は中断を余儀なくされた。議会でも、ヘルムズ上院対外関係委員長やギルマン (Benjamin Gilman) 下院国際問題委員会委員長ら4名の議員が超党派でWTO加盟交渉の中断を大統領に求める書簡を発表した。(79) クリントン政権や共和党指導部は当初、加盟交渉の早期妥結を見越してMFN更新とPNTRの一括採決を模索していた。(80) しかし、これらの事件の結果、交渉再開の見込みが立たなくなったため、クリントンはMFNの更新のみを議会に通告した。

6月8日に開催された下院歳入委員会貿易小委員会の公聴会では、ペロシ議員が失敗続きの対中政策に対する国民投票として、MFNの年次更新は維持すべきだと述べた。そして、関与政策が中国の政治改革やアメリカの対中輸出の拡大をもたらすという議論は幻想で、中国の安価な労働力を活用してアメリカへの輸出を行う多国籍企業の利益にしかならないと批判した。さらに、彼女はPNTRを付与する条件として、中国が加盟の際の約束を実行できるのかどうか試す移行期間が必要だと述べた。また、共和党保守派のローラバッカー (Dana Rohrabacher) はスパイや人権問題、対中貿易赤字などを問題視し、MFN反対法案H.J.Res. 57を提出したと述べた。この公聴会にも多くの民間団体が招かれたが、国際航空貨物輸送企業のフェデックスは、WTO加盟により中国のサービス市場が開放されればフェデックスは中国に完全子会社を設立し、アメリカと同等の輸送サービスを提供できるようになるとして中国のWTO加盟を支持した。(81) しかし、議会ではコックス報告書への対応とMFNの更新とは別の問題だとする考えが結局は支配的になり、7月24日、H.J.Res. 57は170対260で否決された。

9月11日のAPEC首脳会談の際にクリントンと江沢民は二者会談も行い、米中交渉の再開を決めた。こうして、11月8日、バシェフスキーとスパーリングが北京を訪れ、詰めの交渉を行った。バシェフスキーらが4月の朱鎔基提案にプラスアルファを求めたために交渉は最後まで難航したが、14日に合意が成立し、米中交渉は妥結した。(82)

15日にクリントン政権が発表した米中合意のファクトシートによれば、合意(83)

の概要は以下のようになっていた。第1に，工業製品については1997年の平均関税率24.6％を2005年までに9.4％まで削減する。自動車の関税については現行の80〜100％を2006年までに25％に引き下げる。また，2005年までにITAに参加する。第2に，農産物については中国の平均関税率を2004年1月までに17％，アメリカの優先品目については14.5％にまで引き下げる。第3に，金融，保険，情報通信，流通などのサービス部門は段階的に開放する。第4に，対中経過措置としては，中国を非市場経済国とみなして輸入価格を評価する対中アンチダンピング措置が15年間，中国からの輸入品に対してのみ適用可能な対中経過的セーフガードが12年間，中国産の繊維製品に適用される繊維セーフガードが2008年末まで認められた。

PNTR 法案の審議

米中合意の成立後，クリントンは中国に対する PNTR 供与法案を議会で成立させる準備を進めた。既に中国は，PNTR は米中合意の一部であり，これが付与されなければ合意で定められた中国側の譲歩はありえないという立場を表明していた。[84] 2000年1月10日，クリントンはデイリー（William M. Daley）商務長官を PNTR 法案通過の責任者とし，[85] 24日に上下両院の議長にあてて，米中合意はアメリカにとって良い取引であり，中国の経済改革と国際社会への統合を促進するものだとした書簡を発表した。[86] さらに，2月2日にはバーガー国家安全保障担当補佐官も，経済的利益だけではなく，中国の変化を促進してアメリカの安全保障にも貢献するものだと演説し，PNTR 法案への支持を求めた。[87] そして，政権は3月8日に PNTR の政府案を議会に提出した。政府案では，ジュネーブで開催されていた多国間交渉が米中合意と同等の結果で終了すれば，大統領に PNTR を付与する権限を与えることになっていた。[88]

2月16日，下院歳入委員会は中国の WTO 加盟をテーマにした公聴会を開催した。この公聴会では，かねてから MFN の代替策の必要性を訴えていたレビン議員が，中国を世界貿易システムに統合するための具体策として，中国の人権状況や法の支配の発展を監視するための議会と政府とによる委員会の設置や，

対中特別セーフガード規定の明確化など5つの提案を行った。他方，反対派のペロシ議員は中国が加盟後，実際に合意を遵守する証拠を得るまではPNTRを付与すべきではないと述べた。(89)そして，政権はレビンの提案を建設的な議論だと繰り返し評価し，PNTRへの支持を拡大するために活用しようとした。(90)

5月9日，レビンとビライターは，2月16日のレビンの提案をもとに，(1)対中監視委員会の設置，(2)12年間の対中特別セーフガード，(3)中国のWTO協定の履行状況に関する年1回の監査報告，(4)強制労働による中国製品の輸入を禁止するための調査会の設置，(5)諸外国政府による貿易協定の遵守状況に対する監視活動の強化，(6)中国における法の支配を発展させるための技術協力，(7)中国と台湾のWTO同時加盟への支持，という7つの規定を含む提案を超党派で行った。(91)

翌々日の下院国際委員会では，中国へのPNTR付与をテーマとする公聴会が開催され，PNTR法案に追加すべき規定をめぐってレビンとビライターによる提案と，コックスによる提案が検討された。公聴会では，最初にコックスが自らの提案「ジャクソン・バニクⅡ」を紹介した。コックスは，中国がWTOに加盟したとしても人権問題を改善するための梃子を放棄すべきではなく，現行のジャクソン・バニク条項に代えて，アメリカの国際援助機関からの資金供与の条件として，中国における広範な人権状況の改善を求めるジャクソン・バニクⅡを採用すべきだと述べた。次に，レビンが自らの提案の利点を挙げ，これまでのMFN審議のような散発的な圧力とは異なり，常設の委員会を設置して議会の超党派と政府のメンバーが参加することで，恒常的かつ集約された圧力を中国にかけることができるとした。(92)その後の議論では，レビン・ビライター提案が歓迎される一方で，コックス提案についてはその人権基準が現行のジャクソン・バニクよりもはるかに高いため，PNTR法案の実施の妨げになるとして支持を得られなかった。

こうして，PNTR法案にレビン・ビライター提案が付け加えられ，H.R. 4444として歳入委員会に提出された。H.R. 4444は5月17日に34対4で同委員会を通過した後，5月24日，下院本会議において237対197で成立した。

しかし，上院においては，既に5月17日に財政委員会でH.R. 4444が成立していたにもかかわらず，その後の審議は難航した。6月上旬，ロット（Trent Lott）上院院内総務は，5月25日にトンプソン（Fred Thompson）共和党議員の提出した中国核不拡散法 S. 2645を修正条項として付け加える意向を発表した。[93] S. 2645は，アメリカの非友好国に対する中国の核兵器・技術の移転状況を年一度，大統領に報告し，そうした移転が行われた場合，大統領に対応策を求める法案だった。トンプソンと，共同提案者であるトリチェリ（Robert Torricelli）民主党議員は，H.R. 4444の修正条項にするか，H.R. 4444に前後して採決にかけることを望んでいた。[94] しかし，政権やH.R. 4444支持の議員は修正条項を加えた場合，下院で成立した法案との再調整が必要となるため修正条項そのものに反対した。S. 2645をどのような形で採決に持ち込むのか，審議は3カ月以上の間，膠着状態に陥った。

結局，ロットは9月7日にH.R. 4444の審議を開始し，S. 2645を修正条項として付加しようとした。[95] 政権は，H.R. 4444を無傷で通過させるために，修正条項に反対する書簡を議会に送り，S. 2645は政権が進めている不拡散政策に混乱を招くと批判した。[96] S. 2645は13日に65対32で否決された。そして，全ての修正条項が否決された後，H.R. 4444は19日に上院で83対15の大差で成立した。

5 対中関与政策の政治的条件——クリントン政権と議会共和党指導部の連携

まず，中国がWTO加盟に至るまでのその後の経過と，中国の加盟条件の評価を簡潔に説明しておこう。アメリカとの二国間交渉の後，中国はもう一つの極であるEUとの交渉を2000年5月に終えていたが，全ての二国間交渉を妥結したのは2001年9月だった。その後，WTO事務局が二国間交渉の全ての結果を集約して加盟議定書にまとめてから，11月に加盟を認められた。[97] これらの二国間および多国間交渉の結果，中国の加盟条件は，関税についてはASEAN主要国の水準を達成し，さらに，対中経過措置までも含んだものになった。中

国が WTO 加盟時の約束を遵守するためには国内の貿易制度を整備して二重貿易制度に由来する様々な問題点を解決しておく必要があった。そうした制度整備を行い，実際に内外無差別の原則に従って運用していけるのかどうか，加盟各国はその制度的保証として対中経過措置を求めたのである。他方，中国はこうした厳しい条件と引き替えに，それまで各国が中国に対して課していた差別的措置の撤廃を獲得した。これらのことから，中国の加盟条件はおおむね妥当なものだったと考えられる。[98]

　次に，クリントン政権期の対中政策の特徴をまとめよう。クリントン政権の対中政策の枠組は，1994年春以降は一貫して多面的な交渉を継続する包括的関与政策だった。この政策枠組のもとで，クリントン政権は安全保障や経済，人権といった異なる分野の問題を個々別々に切り離して対応した。ただし，クリントンが対中政策に政治資源を重点的に投入するようになったのは1997年以降のことであり，さらに，政策の優先順位を明確化して経済問題，なかんずくWTO加盟問題に絞り込んだのは1998年末のことだった。

　政権の包括的関与政策に対し，議会では共和党保守派と民主党リベラル派が，それぞれの重視する課題の進展をMFNの更新やWTO加盟問題に絡めて実現しようとした。しかし，共和党が多数派を占める状況であったにもかかわらず，共和党指導部と政権の対中政策はおおむね一致し，政権が議会の反対派への対応を迫られた場合，基本的には議会主流派との連携によって多数派の獲得に成功してきた。他方，議会の反対派同士の連携はアドホックなものに留まり，関与政策を遂行する上での攪乱要因でしかなかった。

　クリントン政権が一貫した対中政策を実行し，議会との連携も基本的に成立していたにもかかわらず，中国のWTO加盟が遅れたのは主に中国側の準備不足のためだった。そもそも，中国の指導層がWTOに加盟するためには国内の貿易制度改革を含む譲歩が必要となることを理解したのは，江沢民の訪米があった1997年以降のことと思われる。さらに，実際にその譲歩を行う準備が整ったのは，朱鎔基が首相に就任しWTO加盟を決意した1998年後半以降のことである。すなわち，中国はもともと加盟を政治的問題として考えており，当初は

「商業的に可能な条件」という包括的関与政策の理念を拒絶していたが，次第に理解し受け入れていったものと考えることができる。

したがって，曖昧さや一貫性の欠如，中国に対する宥和的な姿勢，安全保障面での対応の不足など，一般に指摘される関与政策の問題点は，むしろ，議会との共通認識を形成することの困難さや，反対派の影響力の過大評価によるものと考えられる。議会の反対派は強硬な要求を突きつければ中国が折れると考え，政権の「宥和的」な姿勢を批判し続けた。政権は，これら反対派との間での共通認識を構築できず，彼らの攪乱的な活動への対応に追われた。そして，こうしたアドホックな対応に追われることで，政策の曖昧さや一貫性の欠如はさらに助長されることになった。冷戦後の対中政策は，安全保障に加えて経済問題や民主主義といった価値観に関わる問題までも論点にするようになったが，基本的には経済的利害の調整を軸にして関係の改善を進めるものだった。しかし，議会からの合意の調達は，いっそう困難になっていたのである。

最後に，以上の政策過程に対する経済的利害の関わりについてまとめておこう。議会の公聴会には数多くの業界団体が参加したが，その多くは輸出産業の利害を代表する団体だった。これらの業界団体は関税障壁だけではなく，知的所有権の強化やサービス市場の開放，貿易権の撤廃などの非関税障壁の削減を求めた。これらの非関税障壁，つまり二重貿易制度の解体は，サービス産業のみならず，製造業も含む全ての輸出産業が期待する課題だった。他方，対中PNTRに反対する業界は労働組合や繊維産業などに限られた。さらに，繊維や雑貨などの輸入製品については中国国内の生産拠点からの安定的な輸入を望む小売業や輸入業者の声も強く，輸入産業の利害がそのまま対中政策に反映される条件は存在しなかった。輸入産業の要求はPNTR法案の成立によって全体としては否定され，対中経過措置の実現によって妥協が図られたと見ることができよう。

第Ⅱ部

G.W. ブッシュ政権期の通商政策

第4章
一括交渉権限の成立
―― 成立の条件は何か ――

1 党派政治下における妥当な合意の成立

　2002年8月，ブッシュ（George W. Bush）政権は，議会から僅差でTPAを取得した。この時の米国議会は2001年から2002年にかけての107議会で，下院の勢力配置は共和党221名に対して民主党212名，上院では民主党50に対して共和党50だったが，5月に1名の共和党議員が辞任して，民主党が多数派となった。こうして，下院では共和党が主導権を握り，歳入委員会の委員長には共和党のトーマス（Bill Thomas）議員が就任する一方で，上院では民主党が多数派を形成して，財政委員会の委員長には民主党のボーカス（Max Baucus）議員が就任した。以上のように，107議会では上院と下院で多数党が異なっており，しかも，両党の勢力配置はほぼ拮抗していたためにTPA法案の審議は困難を極めた。激しい論争の末にごくわずかの差で法案が成立したということは，クリントン政権期以来の党派政治が継続していたことを示している。

　その一方で，クリントン政権期以来の懸案となっていた労働・環境問題については若干の進展があった。第2章で検討したように，この問題に懸念を抱く多くの政策専門家から数多くの政策提起がなされ，さらに，クリントン政権は労働・環境規定を協定の本文に含んだFTAをヨルダン政府との間で妥結させていた。また，2001年2月に有力な財界団体であるビジネス・ラウンドテーブル（Business Roundtable）が諸外国とのFTA交渉を前進させることを求める報告書を発表し，その中で，労働・環境問題を通商交渉の議題とすることを認めた[1]。クリントン政権においては労働・環境問題を通商交渉の議題とすること

第Ⅱ部　G.W.ブッシュ政権期の通商政策

それ自体が，民主・共和両党間での主要な対立点だった。しかし，G.W.ブッシュ政権は，通商交渉で労働・環境問題をどのように取り扱うのか，という政策の妥当性について議論を進められるようになった。

　このように，厳しい党派的対立が克服されないまま，妥当な「合意」に基づく一括交渉権限法案が成立したことを捉えて，アメリカ通商政策研究の第一人者であるデスラーは，「最善の法案が最悪の決まり方をした」と評価している。それでは，彼の言う「最善の法案」とはいかなる「合意」であり，また，それはどのように「最悪」の過程を経て成立したのであろうか。これらを踏まえ，本章ではTPA法案の審議過程を分析の対象とする。叙述は以下の順で進める。第2節では，UJFTAの審議プロセスを分析する。UJFTAは労働・環境問題に関するモデル協定と見なされており，その後のTPA法案の審議にも影響を与えているためである。第3節から第5節では，下院と上院，そして両院協議会におけるTPA法案の審議をそれぞれの対象として法案が成立するまでの政策形成プロセスを詳細に分析する。第6節において，G.W.ブッシュ政権におけるTPA法案の政策形成プロセスの特徴と含意について，とりわけ政権の果たした役割に焦点を当て，第1章でのクリントン政権の役割と比較して考察する。

2　UJFTAの審議

労働・環境問題をめぐる政策対立

　ブッシュ政権の労働・環境問題に対する当初の姿勢は，UJFTAの審議に関連して表明された。そのスタンスは，これらを通商政策の議題に含めるが，実行措置の適用は認めないとするものだった。USTR代表に任命されたゼーリック（Robert B. Zoellick）は1月30日の財政委員会の公聴会でUJFTAに触れて，「外国人が労働・環境問題で紛争処理規定を活用することを認めない」とする政権側の姿勢を議会に伝えた。ゼーリックは，2月7日の歳入委員会の公聴会でもUJFTAの労働・環境規定を現状のまま認めるつもりはなく，UJFTAを

第4章　一括交渉権限の成立

他の貿易協定やTPAと一括して議論したいと述べた。ゼーリックはUJFTAと他の議題とをパッケージ化することで，民主党の譲歩を引き出そうとしたのである。しかしこの動きには，27名もの民主党議員が連名で大統領に書簡を送って強く反対し，個々の問題ごとに議論して共通の合意を徐々に形成していくべきだとした。こうしてパッケージ法案化の動きは立ち消えとなった。とはいえ，政権の政策課題全体の中で通商政策の優先順位は高いものではなく，個々の議論の進行は基本的に議会共和党のリーダーシップに任されていた。

4月，歳入委員会委員長のトーマスは，暗礁に乗り上げていたUJFTAの審議を前に進めるために，労働・環境問題の実行措置として貿易制裁（trade sanctions）ではなく，制裁金（fine）を採用する「大幅な譲歩」を提起した。また，USTRもヨルダン政府との間で，これまで曖昧にされてきた労働・環境規定の実行措置を明確化するための付属文書の作成作業を開始した。USTRの意向も実行措置としては制裁金を採用することにあった。

5月に入ると，UJFTAの審議に前後してブッシュ政権と議会民主党それぞれの通商政策の基本方針が明らかにされた。10日，政権は「2001年国際貿易議題」を発表し，その中でTPAの獲得を最優先の課題に位置づけた。要求されたTPAは二国間・地域・多国間交渉の全てに適用される包括的な権限であり，その交渉目的の中には労働・環境問題が含まれていた。労働・環境問題については，各種の政策ツールを取り揃えた「道具箱（toolbox）」が提起されていたが，道具箱の中には実行措置は含まれていなかった。これに対し，民主党中道派の新民主党連合（New Democratic Coalition：NDC）が対案を発表した。NDCは労働・環境問題が交渉目的の一つに挙げられていたことを歓迎する一方で，全ての強制メカニズムを排除しない「実行措置を含む道具箱（enforcement toolbox）」を提案した。さらに，TAAの拡充や国際機関の役割強化など，同時並行的な諸政策（parallel policies）の強化も要求した。ここでも主要な対立点は労働・環境問題の是非ではなく，実行措置や，貿易自由化を国内外で補完する諸政策のあり方をめぐるものとなっていた。

UJFTA と労働・環境問題

7月23日,アメリカとヨルダンとの間の政府間交渉が妥結し,両国は,FTA の実行のために貿易制裁措置を用いないとする覚書に署名した。さらにこの付属文書では,双方が公式の紛争解決手続きを活用することはまずないとされていた[16]。これを受けて,26日にトーマス議長は UJFTA 法案を歳入委員会に提出した。同日,法案は歳入委員会で承認され,下院本会議に付託された[17]。本会議では,当初,民主党は貿易制裁の不採用に反対していたが,その後,UJFTA は中東での平和構築に重要であるという論拠で賛成に回り,法案は8月3日に承認された[18]。上院では,UJFTA はアメリカの主権を侵害する恐れがあるという反対論もあったが,やはりアメリカの安全保障上の利益にとって重要であるという理由から9月24日に承認された[19]。

以上のように,この時期,労働・環境問題については大別すると3つの立場が存在していた。共和党議員の多くは労働・環境問題を通商交渉の議題から除外することを求めていた。他方,民主党側は貿易制裁を含む強力な労働・環境規定を求めた。これらに対し,ブッシュ政権は,労働・環境規定の議題化は認めるが,具体的な措置については大統領に一定の裁量を与える道具箱アプローチを提案した[20]。UJFTA の審議は,とりわけ民主党が労働・環境問題での合意形成に向けての重要なステップだと位置づけていたが,具体的な実行措置について両党間で意見が分かれた。最終的に UJFTA はアメリカの中東政策にとって重要な特別の協定であるという理由で承認されることになった。

3　下院における TPA 法案の審議

下院共和党の「妥協」案

107議会における TPA 法案の立法化は共和党が先手を取って進めた。6月15日,歳入委員会に所属する貿易小委員会委員長のクレイン（Philip M. Crane）が,共和党議員62名の共同提案者を得て,2001年貿易促進権限法案（Trade Promotion Authority Act of 2001: H.R. 2149と略す）を提出した。H.R. 2129では,

労働・環境問題が国際経済政策上の目的に格下げされており,一括交渉手続きが適用されないことになっていた。これに対し,USTRのゼーリックは超党派の合意形成が望ましいという声明を出した。下院民主党はH.R. 2129を超党派の合意形成に水を差すものだとして反発し,97名もの同党議員が,労働・環境規定を貿易協定の中核にすえることを求める書簡に署名した。民主党の強い反発を受けて,H.R. 2129の審議は進められなくなった。

　両党間の対立が激化したため,下院共和党指導部は夏休み前にTPA法案を採択することを断念した。こうしてトーマス委員長は民主党との間で法案の調整作業を開始したが,この作業に加わったのはごく少数のNDC議員のみに限られ民主党の有力な議員は排除されていた。調整作業は9月末に終了して法案の概要が発表された。この概要では,労働・環境問題を主要な交渉目的とし,締約国に対して自国の労働・環境法の遵守を求めていたが,その際に一定の裁量（certain discretion）を認めていた。また,中核的労働基準の尊重を促進する能力を促進することと,賠償金（compensation）規定を求めていた。民主党からは,労働・環境問題を議題として認めてはいるが,取り上げられている問題の幅が狭く,また,実行措置として制裁措置ではなく罰金方式を強く示唆するものであるという批判の声があがった。

民主党の反発と党派政治

　トーマスの妥協案に対し,民主党の古参議員からはただちに強い反発が返ってきた。9月26日,ランゲル（Charles B. Rangel）,レビン（Sander Levin）,マツイ（Robert T. Matsui）ら3名の議員は「トーマスにも彼の『超党派の妥協』にも反対する」と題する書簡を発表し,民主党の議員に送った。書簡では,トーマスが民主党指導部との協議を開催せず,超党派での合意形成を進めなかった点を強く批判していた。また,妥協案の内容についても,第1に,各国労働法とILOの中核的労働基準との関係が曖昧であり,第2に,環境保護についても具体的な規定が存在せず,第3に,議会の役割強化についても具体的な言及がないという問題点が指摘されていた。こうして,TPA法案の審議は党

派的対立の泥沼にはまり込んでしまった。さらに，9月11日の同時多発テロ事件を受けて，ゼーリックが貿易自由化とテロ対策などの安全保障問題とを結び付け，TPA法案の通過を求める発言をしたことにも，民主党は反発した。

しかし，トーマスは民主党指導部との協議には一切応じずに，10月3日，妥協案をもとにした2001年超党派貿易促進権限法案 (Bipartisan Trade Promotion Authority Act of 2001: H.R. 3005) を発表した。これに対抗して，翌日，ランゲルら民主党の古参議員も H.R. 3019を提出した。H.R. 3005では，主要な交渉目的の一つに労働・環境問題が挙げられており，自国の労働・環境法の遵守を求めていた。他方，H.R. 3019でも労働・環境問題は主要な交渉目的の一つだったが，WTOやILOを通じて中核的労働基準を促進・実行させることが眼目とされていた。また，二国間協定やFTAAなどの地域協定については，より強力な労働者保護規定を求めていた。

これらの法案の採決は10月9日の歳入委員会で実行された。トーマス委員長は H.R. 3019を否決した後，H.R. 3005を26対13で可決させたが，参加した民主党議員17人のうち，H.R. 3005に賛成したのはわずか2名にすぎなかった。その後，H.R. 3005は下院本会議に提出され，12月6日に採決が行われた。それまで議会の動きについては静観していたブッシュ政権も，ようやく採決の直前になってから，繊維や鉄鋼，農業関連の共和党議員への働きかけを行った。こうした票集めの結果，H.R. 3005は215対214という僅差で下院を通過した。しかも賛成票215のうち，民主党からの票は21にすぎなかった。

以上のように，下院では民主党にも共和党にも貿易自由化に賛成する議員が存在しており，それらの議員の間で妥協できないほどの大きな意見の相違は存在しなかった。UJFTAの審議を通じて論点は整理され，妥協点もおおよそ明らかになっていた。にもかかわらず，トーマス委員長の硬直的な議会運営のため，超党派による自由化合意は形成されなかった。また，ブッシュ政権も基本的にこのような事態を放置して，自らの政治資源を動員しようとはしなかった。下院での審議を評して，デスラーは「本来支持すべき民主党議員を遠ざけ，政治信条や支持基盤の点で賛成する理由のない共和党議員に依拠して獲得したと

第4章　一括交渉権限の成立

いう点で，最悪の手段を使ったと言える」と述べている。[34]

4　上院における TPA 法案の審議

TPA と拡大 TAA のパッケージ

　上院では，多数党である民主党が審議をリードした。上院院内総務のダシェル（Thomas Daschle），財政委員会委員長のボーカスら上院民主党指導部は，下院での議論の推移を見守りつつ，TPA の通過と TAA の拡大とを結び付ける戦術を採用した。[35]

　まず，ダシェルやボーカスらは，7月19日に TAA 法案 S. 1209を財政委員会に提出した。S. 1209の特徴は，第1に，TAA の受給対象者を農漁業者や牧場主，二次的労働者（secondary worker）にまで拡大したこと，第2に，失業者に対する医療保険の税額の75％控除を認めたこと，第3に，賃金保険を試験的に導入したことである。政権や共和党は，このような TAA 拡大提案が実現した場合，大幅な財政支出の拡大が必要になるとして強く反対した。[37] にもかかわらず，ボーカスは反対論を無視して S. 1209を財政委員会の採決にかけ，12月4日に通過させた。さらにその一週間後，ボーカスは H.R. 3005とほぼ同一内容の TPA 法案を財政委員会の採決にかけて，18対3で可決させた。[38]

　その後，上院民主党指導部はこれらの法案を一括して本会議での採決にかけるために，政権および上院共和党との間で調整作業を進めた。2002年2月26日，ボーカス委員長は国際経済研究所での演説で，「TAA の大幅拡大と，UJFTA に基礎づけられた一括交渉法案は，貿易に関する新たな合意を形成することになろう」と述べて，2つの法案をリンクさせる方針を明らかにした。[39] 労働・環境問題については，ダシェルとボーカスは3月21日にゼーリックに書簡を送り，(1)労働・環境規定を貿易協定の本体に入れ，(2)交渉相手国に対し，自国の労働・環境法の遵守を求め，(3)環境を保護・保全し，国際的な手段を強化し，(4) ILO の中核的労働基準に合致するように労働者および児童の権利を促進する，という4点からなるヨルダン基準（Jordan Standard）の採用を改めて求めた。[40]

しかしこれらの問題について，TPA の審議でこれ以上議論されることはなかった。

ブッシュ政権や共和党との間で意見が大きく分かれたのは，TAA の拡大問題だった。3月19日，USTR は「2002年通商政策議題」を発表し，その中でTAA と NAFTA-TAA とを統合して，労働者支援の効率化を目指すと述べた。(41) さらに，財政委員会に対し，TAA 受給対象者の拡大や健康保険の税額控除については拒否する提案を行った。(42) ボーカスは受給対象者の範囲については妥協せずに，税額控除の面で譲歩する姿勢を示したが，共和党との交渉は難航した。(43)

審議の停滞と混乱

TPA 法案の審議が滞る中で，ブッシュ政権は保護主義的な政策を多用し，自由貿易主義者や諸外国からの強い批判を受けた。まず2002年2月に，多額の政府補助金を柱とする2002年農業法を承認した。諸外国は，「補助金のシャワー」と皮肉られるほどの巨額の補助金に対し，WTO 農業交渉の趣旨に反するとして強い批判を加えた。(44) また，3月には国内鉄鋼産業の苦境に対処するため，輸入鉄鋼製品に対するセーフガード措置を発動した。これに対して，日本や EU 諸国などは，即座に WTO 紛争解決手続きへの提訴の準備を進めるとの意向を表明した。これらの救済措置は，TPA の獲得とともに，11月の中間選挙を控えた議会共和党の立場の強化を狙ったものだとみなされた。(45)

5月1日，TAA 拡大についての調整が進まず，審議の遅れを批判されたダシェル院内総務は，共和党との合意のないまま，TPA と S. 1209に他の通商関連法案をパッケージ化した2002年通商法（Trade Act of 2002: H.R. 3009）を上院本会議に提出した。(46) この時にパッケージ化された主な法案は，一般特恵関税法（Generalized System of Preferences）の更新法案や，アンデス特恵貿易法（Andean Trade Preference Act）の更新・修正法案などである。(47) ダシェルは，反対意見の少ない途上国支援のための法案と組み合わせることで，局面の打開を図ったのである。ダシェルの思惑通り，TAA については9日に合意が成立した。その結果，健康保険の控除額は70％に削減され，二次的労働者については，上流

工場の労働者のみが受給対象となった。

しかし，法案をパッケージ化した結果，大量の修正法案が提出されることになった。その中でも懸案となったのは，貿易匡正法の保護法案だった。14日，民主党のデイトン（Mark Dayton）議員と共和党のクレイグ（Larry Craig）議員の提出したデイトン・クレイグ修正法案が本会議を通過した。この法案は，議会に提出された貿易法案の中に貿易匡正法を弱体化させる規定が含まれている場合，これらの規定にはファスト・トラック手続きを適用しないと定めていた。デイトン・クレイグ修正法案に対しては，ドーハ・ラウンドをはじめとする諸外国との通商交渉の進展を妨げるものであるとして，ブッシュ政権の閣僚からも強い批判があった。これらの修正を受けて，5月23日，H.R. 3009は66対30で上院を通過した。

5　両院協議会での議論

上下両院の TPA 法案が出揃ったため，これらの法案の相違点を調整して一本化を図るための両院協議会が開催されることとなった。協議会の開催に先立ち，トーマス歳入委員会委員長は，協議会での下院の立場を強化するために，H.R. 3009とほぼ同じ内容のパッケージ法案を下院で成立させようとした。しかし，多くの下院民主党議員が上院案に含まれているデイトン・クレイグ修正法案と TAA 拡張案を支持しており，パッケージ法案の成立は難航した。約1ヵ月後，トーマスはデイトン・クレイグ修正法案を削除し，TAA については健康保険の税額控除額を60％とするパッケージ法案 H. Res. 450を取りまとめ，下院本会議に提出した。H. Res. 450は，6月26日に216対215で下院を通過したが，民主党議員の賛成票は11票にすぎなかった。

その後，協議会に出席する協議員の選出や協議会議長の任命をめぐって議論が紛糾した結果，ようやく7月23日になってトーマスを議長とした両院協議会が開催されることになった。協議会での主な論点は，健康保険の補助額とデイトン・クレイグ修正法案の是非に絞られた。2日後，これらの論点について以

下の合意が成立した。第1に,健康保険の税額控除は65％となった。第2に,デイトン・クレイグ修正法案は削除された。ただし,貿易匡正法の修正が必要となりそうな場合,議会は当該貿易協定に対する反対決議を挙げることができるようになった。⁽⁵⁶⁾

こうして,7月27日に両院協議会の作成したH.R. 3009が215対212で下院を通過した。民主党議員の賛成票はこれまでのTPA法案の中では最も多かったが,25票にとどまった。次いで,8月1日に64対34で上院を通過し,8月6日に大統領が署名して,1988年包括競争力・通商法以来,14年ぶりに一括交渉権限を含む2002年通商法が成立した。その主な特徴は,第1に,労働・環境規定を含む一括交渉権限が含まれていること,第2に,TAAが大幅に強化されていること,第3に,アンデス特恵貿易法や一般特恵関税法など,途上国支援を目的とした法案も含まれていること,である。1988年包括通商法が日本などの先進国との貿易摩擦問題への対応を主要な目的としていたのに対し,2002年通商法の主要な目的は,途上国とのFTA交渉や全米自由貿易地域(Free Trade Area of the Americas：FTAA),WTO新ラウンドなど,途上国との貿易自由化交渉にあった。

6 分極化した議会への大統領の政治的アプローチ

2つの政権の政治戦略の比較

近年のアメリカにおいては,貿易自由化に対する国民的な合意を調達することがきわめて困難になっている。その背景としては,一般に,アメリカ製造業の国際競争力の低下,貿易自由化に伴う雇用不安の増大,労働・環境問題をはじめとする新たな論点の登場,といった要因が指摘されてきた。⁽⁵⁷⁾また,議会においても通商政策が党派政治の具となり,かつてのような超党派による合意の調達は事実上不可能となっている。事実,表1-1に示されるように,クリントンからブッシュ政権にかけての一括交渉権限法案の投票に際して,下院民主党から賛成票を投じた議員の割合はいずれも15％以下でしかない。ブッシュ政

権にしてもTPAは獲得できたものの議会での採決は僅差での勝利だった。

　それではなぜ、クリントン政権は一括交渉権限の獲得に失敗し、ブッシュ政権は成功したのであろうか。その理由は2つの政権の議会対策の違い、すなわち、クリントン政権が積極的なリーダーシップによって交渉権限を獲得しようとしたのに対し、ブッシュ政権が消極的な姿勢で議会対策に臨んだことにある。皮肉なことに、政治的に分極化した議会に対し、クリントン大統領は懸案となっていた労働・環境問題を貿易自由化交渉に持ち込もうとして、かえって民主・共和両党からの強い反発を受けてしまった。これに対しブッシュ政権は、労働・環境問題での議論の積み重ねを前提に、妥当な落としどころを探りつつ、貿易自由化を補完する多くの政策パッケージを取引材料として活用し、ぎりぎりではあるがTPA法案を成立させた。

　まず、ブッシュ政権期の審議の特徴をまとめよう。この時の審議については、注3にあげた論者のほとんどが、TPA法案は保護主義政策も含めた多くの論点が議論された結果として成立したと論じている。H.R. 3005の採決に際し、ブッシュ大統領は繊維や鉄鋼、農業関連の共和党議員に対し、保護主義的措置の実行を約束した。さらに、2002年3月に鉄鋼セーフガードを発動し、5月には国内補助金を大幅に拡充した2002年農業法を成立させた。また、上院での審議では、TAAの大幅拡大や途上国支援政策などがパッケージ化された。表4-1のようにTAA予算は近年増大しているが、議会予算局の見積もりによれば、2002年通商法によって拡充されたTAAの支出額は10年間で60億ドル以上もの増額になるとされた。(58)これらの諸政策によって、本来ならば反対票を投じていたはずの共和党議員が賛成に回り、下院共和党の硬直的な議会運営にもかかわらず、僅差とはいえTPA法案が成立することになった。

　とはいえ、ブッシュ政権は、TPA獲得のための政治的リーダーシップを積極的にとらなかった。労働・環境問題については、下院共和党の譲歩を受けて初めてUJFTAの労働・環境規定の具体化を進め、その後の下院での審議に対しても、「超党派の合意形成が望ましい」との態度表明を行うに止めていた。また、数多くの保護主義的措置についても、TPAを獲得するためのやむを得

表4-1 労働省のTAA予算の推移

(万ドル)

会計年度	TAA恩典給付	TAA職業訓練	支出合計
1994	12600	8000	20600
1995	15100	8000	23100
1996	19510	9600	29110
1997	19100	8510	27610
1998	20800	9670	30470
1999	22600	9430	32030
2000	25500	9400	34900
2001	24800	9440	34240
2002	25500	9450	34950

注：これらの数値には，商務省の企業向けTAA支出および農務省の農業者向けTAA支出は含まれていない。
出所：日本貿易振興機構海外調査部［2004］59頁。

ない代償であるという評価[59]もあるが，途上国をはじめとする諸外国からの批判や不信感を招く「犠牲が多くて引き合わない勝利（Pyrrhic victory）」という評価[60]や，TPAのためではなく，中間選挙での共和党の勝利を狙ったものだとする見方すらある[61]。

 第2に，クリントン政権期以来の論争を経て，ブッシュ政権時には労働・環境問題について政策専門家の間での一定の合意が存在していた。それは，(1)労働・環境問題を一括交渉手続の対象とし，交渉相手国の労働・環境法の遵守を求め，違反企業に対しては制裁金を科す。(2)労働・環境問題に関連する国際機関を強化し，それらの国際機関とWTOとの協力を促進する。(3)賃金保険やTAAなどの国内政策を強化する，の3点である。そして，これらの妥協案は通商政策に反映されていく。クリントン政権末期にアメリカとヨルダン政府が合意したUJFTAには，アメリカが締結した貿易協定としては初めて，協定の本文に紛争処理メカニズムも含めた労働・環境規定が存在していた。

 したがって，自ら労働・環境問題の妥協点を提起しなければならなかったクリントン政権に対し，ブッシュ政権は労働・環境問題に対処する政策手段を並

べた「道具箱」を提示し，議会での合意形成を促す姿勢を取れた。クリントン政権にとっては労働・環境問題は積極的に取り組むべき課題（offensive issue）であり，ブッシュ政権にとっては妥協に応じてもよい課題（defensive issue）だった。このような懸案を主要な論点とすることによって，クリントンは自らの裁量の幅を狭め，逆に，ブッシュ政権は，議会での合意形成に委ねて事態の推移を見守り，最低限の妥協や保護主義政策によって必要な支持を獲得しえたのである。

2002年通商法の政策形成プロセス

以上で検討したように，8年ぶりの一括交渉権限は，第1に，議会での利益政治には大胆に働きかけつつも，労働・環境問題については「待ち」の姿勢で対応したブッシュ政権の議会対策と，第2に，自由貿易主義という政策理念の枠内で，労働・環境問題に対する多様な解決策を提供した政治的インフラストラクチャーの政策革新能力によって成立した。

以上の政策形成プロセスの特徴とその含意をまとめよう。ブッシュ政権はTPAの獲得を最優先課題に掲げていたにもかかわらず，実際にはそのための政治的リーダーシップを積極的にとらなかった。下院では共和党指導部の党派政治を放置した。労働・環境問題を重要な議題の一つとして貿易自由化を進めることについては民主・共和両党に賛成する議員が存在しており，UJFTAの審議などを通じておおよその妥協点も明らかになっていた。にもかかわらず，トーマス歳入委員会委員長の党派的な議事運営のため超党派による自由化合意は形成されず，政権もこうした事態を基本的に放置した。このため，下院では本来味方にすべき民主党議員を遠ざけ，政治信条や選挙区の利害の面で支持する理由のない共和党議員に依拠してTPAを獲得するという党派政治が進められた。

他方，上院では民主党が主導権を握り，TAAの拡充や多数の法案のパッケージ化，さらにはパッケージ化に伴う議論の混乱にみられるように伝統的な利益政治が展開された。同時期に政権も保護主義的措置を実行したが，これは

上院民主党とは別個の動きとして進められたうえ，2002年農業法に見られるように後々の国際交渉におけるアメリカの立場を硬直化する施策も含まれていた。

　こうして，下院での対立は深まり，また，乱発された保護主義的措置により諸外国からの批判や不信感を招くことになった。ブッシュ政権が通商政策を展開するための国内の支持基盤は弱体なものにすぎず，国際交渉での妥協の余地も大きなものとはならなかった。2002年通商法は，労働・環境問題で妥当な解決策を実現した手で「最善」の法案だったが，議会の党派政治を悪化させ，脆弱な政治的支持しか得られなかった点では「最悪の決まり方をした」のである。

第5章
アメリカのFTA政策
――競争的自由化は機能したか――

1 アメリカの覇権的地位と競争的自由化戦略

　本章では，G.W.ブッシュ政権のFTA政策を分析する。ブッシュ政権の対外通商政策はゼーリック（Robert Bruce Zoellick）USTR代表が競争的自由化（competitive liberalization）戦略として定式化し，その性格や実像について様々に議論されてきた。第1に，アメリカは世界中のほとんどの国や地域との間で広範な利害関係を持ち，WTOをはじめとする世界の貿易秩序に対して強力な影響力を行使してきた。ブッシュ政権はこうしたアメリカの国際的な地位を活用し，WTOにおける多角的自由化交渉，米州自由貿易地域（Free Trade Area of the Americas：FTAA）構想などの地域主義的自由化交渉，そして二国間FTAの3つのレベルでの通商交渉を組み合わせ，世界大での貿易自由化のリーダーシップを握ろうとした。第2に，ゼーリックは途上国における貿易自由化と経済成長，民主主義の発展を結び付け，破綻国家やテロの脅威を防止することを目指そうとした。[1]

　では，G.W.ブッシュ政権の通商戦略は，アメリカの覇権国としての国際的地位を示すものだったのだろうか。第1に，冷戦期のGATTにおいて，アメリカは日本や西ヨーロッパ諸国を相手に多角的自由化交渉の進展をリードしてきた。しかし，WTO成立後，途上国を中心に参加国が増大し，交渉の議題も拡大したことで，2001年に開始されたドーハ開発ラウンドの前途には大きな困難が予想されていた。また，クリントン政権期，議会が行政府に一括交渉権限を認めなかったことで，アメリカは1990年代後半から始まっていた地域経済統

合やFTA締結の動きに立ち後れていた。では，ブッシュ政権の競争的自由化戦略はアメリカの交渉力を強化し，自由化交渉の主導権回復に貢献したのだろうか。

第2に，冷戦期のアメリカ議会には，ソ連の脅威を封じ込めるためには貿易自由化を進めて西側先進諸国の経済発展や結束を強化することが必要だとする超党派の「冷戦コンセンサス」が存在した。冷戦コンセンサスによれば，短期的な経済的利害よりも自由世界の防衛という外交戦略上の関心の方が優先されるべきだということになる。しかし，冷戦後に経済問題の重要性を訴えて成立したクリントン政権は，安全保障政策と通商政策とはそれぞれの目標を別個に追求すべきだとして日本をはじめとする東アジア諸国に対して強硬な市場開放要求を突きつけ，それらの国々との関係を混乱させた(2)。では，安全保障政策と通商政策とのリンケージを新たに強化しようとしたブッシュ政権の試みは，どのように評価できるのだろうか。

本章では，G.W.ブッシュ政権のFTA政策を包括的に分析し，貿易自由化の主導権獲得と，安全保障政策とのリンケージという2点からの評価を行う。叙述は以下の順序で進める。第2節ではアメリカのFTAの特徴を整理する。第3節ではゼーリック自身の発言やこれまでの研究成果に依拠して競争的自由化に関する論点をまとめる。第4節では，ブッシュ政権が実際に進めたFTA交渉を地域別に分析し，競争的自由化戦略の実像を明らかにする。第5節では競争的自由化戦略に対する民主党からの批判を検討したうえで，ブッシュ政権のFTA政策の評価を行う。

2 アメリカのFTAの特徴

FTAとは本来，関係国間での貿易自由化，とりわけ関税の撤廃を取り決めた協定である。しかし，日本やアメリカなど主要国のFTAには各々の産業構造や通商戦略上の観点からその国独自のテンプレート（template）が存在する。アメリカのFTAの場合，関税の撤廃だけではなく，サービス貿易の自由化や

知的財産権,労働・環境規定などの幅広い分野について高度なルールが規定されており,アメリカは自国のFTAをGold-Standard FTAと称してそれらの高度なルールをグローバル・スタンダードとして全世界的に普及させていく意思を明確にしている。以下では,市場アクセスやサービス,知的所有権や労働・環境問題といった代表的な論点について検討し,アメリカのFTAのテンプレートの概要を明らかにしていく。

市場アクセスに関する規定

まず市場アクセスに関する規定である。アメリカをはじめとする先進国のFTAは,GATT第24条に示されたFTAの要件——(1)構成国間の実質上全ての貿易についての貿易障壁を撤廃,(2)域外国に対する貿易障壁を引き上げない——のクリアが求められる。したがって,域内貿易量の90％以上の関税の撤廃や農業をはじめとする保護主義部門も含めた全ての産業部門を自由化の対象とすることなど一般に高い水準での自由化が達成されている。

しかし繊維製品についてはほとんどの場合,関税撤廃の条件としてヤーン・フォワード(yarn forward)[3]を義務づけており他の工業製品とは異なっている。ヤーン・フォワードについては以下のような歴史的経緯がある。1960年代以降,欧米諸国は自国の繊維産業を保護するために,GATTにおいて二国間の輸入数量制限協定を成立させてきた。さらに1974年には多国間繊維取極(Multi-Fiber Arrangement：MFA)が発効し,二国間協定網によって世界の繊維貿易は管理されることになった。アメリカはMFAによって,中国やインドといった競争力のある繊維産業を持つ国々からの輸入を抑えつつ,一部の発展途上国と特恵貿易協定を締結して,国内繊維産業の保護と途上国繊維産業の育成とを両立させてきた。具体的には特恵を付与する条件として途上国繊維産業にヤーン・フォワードを義務づけ,自国の繊維産業と途上国の繊維産業との間での国際分業の構築を図ってきた。こうしてアメリカの繊維輸入の80％は特恵協定を締結した国々からのものとなった。[4]ところが,ウルグアイ・ラウンドの際にMFAは途上国からの強い批判を受けて廃止され,繊維および繊維製品に関する協定

(Agreement on Textiles and Clothing：ATC) に引き継がれ，欧米諸国は1995年から2005年の間に繊維製品に対する数量割当を撤廃していくことが決まった。その結果，中国製品の対米輸出条件は大幅に改善され，特恵協定によって有利な競争条件を確保していた一部の途上国繊維産業は苦しい立場に立たされることになった。

こうした歴史的経緯を反映して，アメリカのFTAにおける繊維製品に関する規定はヤーン・フォワードとその例外規定や様々な数量規制などによってきわめて複雑なものとなっている。これは一面では国内繊維産業の保護を望む業界団体の陳情の結果であり，他面では親米途上国の経済発展を促進しようとするホワイトハウスや議会の外交政策の一環でもある。

非関税障壁に関する規定

次にサービス貿易に関する規定を検討する。サービス貿易に関する多国間ルールであるサービス貿易に関する一般協定 (General Agreement on Trade in Services：GATS) の第5条ではFTAの要件として，(1)相当な範囲の分野につき，実質的に全ての差別を撤廃すること，(2)域外国とのサービス貿易に対する障害を引き上げないこと，が定められている。しかし金融や保険，電気通信などの分野に強い競争力を持つアメリカは，FTA交渉においてGATS以上の自由化を相手国に求めている。(5)たとえば，自由化の対象分野については原則的に全ての分野を自由化し，自由化しない分野のみを特定するネガティブリスト方式が採用されている。さらに，アメリカは規制の透明性を強く要求しており，単なる内国民待遇だけではなく相手国が規制を変更する際には前もって協議を持ち，アメリカ企業の不利にならないようなルール策定をも求めている。これらの分野は多くの国々で政府の強いコントロール下にあり，それだけ厳しい交渉になることが多い。

知的所有権に関しても，医薬品産業や映画・音楽産業などの強い要求を反映してWTOルールである知的所有権の貿易関連の側面に関する協定 (Agreement on Trade-Related Intellectual Property Rights：TRIPS) よりもハイレベルな知的財

産保護を規定している。WTOでは途上国によるTRIPS批判が強く,議論の方向性はむしろ知的所有権保護の緩和に向かっている。このためアメリカはWTOでの議論を回避し,FTAの締結を進めることにより知的所有権の厳格な保護規定を普及しようとしている。ただし,医薬品については途上国におけるアクセスを改善する必要があるとして,民主党は知的所有権保護の緩和を主張している。[6]

また,クリントン政権以来激しい論争となってきた労働・環境に関する規定も協定の本体に含まれるようになった。規定の趣旨は,第1に,交渉相手国の労働法と環境法を遵守させること,第2に,環境保護とそのための多国間環境協定の強化,第3にILOの中核的労働基準を尊重させること,の3点である。

以上のように,アメリカのFTAの特徴は対象となる範囲の広範さと,相手国の国内法や制度の変更をも含めた「深い統合」を志向する点にある。[7]こうしたことからアメリカ政府はとくに途上国に対してはFTA交渉の前提条件として,WTOへの加盟や貿易・投資枠組み協定（Trade and Investment Framework Agreement：TIFA）[8]の締結,市場主義的な経済改革の実行を求めている。

3 競争的自由化の論理

もともと競争的自由化とは,1990年代前半におけるアメリカの通商政策の成功から引き出された戦略である。それまで主要国による地域主義的な通商政策は世界貿易秩序を複数の地域的経済圏に分割し,GATTレベルで進められる多角的自由化の妨げになるものと考えられてきた。しかし,1986年からのウルグアイ・ラウンドでは交渉参加国が増加し,論点も関税などの国境措置から農業問題や国内の規制や補助金へと拡大して多国間交渉それ自体が進みにくくなった。このような状況下でアメリカはNAFTAとAPECという2つの地域主義イニシアティブを積極的に進めた。これにより,ウルグアイ・ラウンドに進展がなければアメリカは地域主義を先行させ,それ以外の国々は取り残されるのではないかという懸念が参加各国に広まり,ウルグアイ・ラウンドは急速に

妥結へと向かった。アメリカは、GATT と NAFTA、APEC という3つの通商交渉を同時に進める「トリプル・プレイ」を成功させたのである。⁽⁹⁾

このように、かつてアメリカは南北アメリカとアジアの二大地域主義への影響力を活用して自己の立場を飛躍的に強め、多角的自由化への主導権を握ることに成功した。そして、世界各国・地域に対する通商交渉を巧みに組み合わせることにより、それぞれの相手を競い合わせて自らの望む方向に導く能力を独占していることがアメリカの通商政策の特質を示すものとみなされたのである。⁽¹⁰⁾

USTR代表のゼーリックは、こうした競争的自由化の論理を自らの通商政策構想に盛り込んだ。たとえば2003年の演説で、(1)多角主義・地域主義・二国間主義の3つのアプローチを活用して貿易自由化のリーダーシップを取り、(2)貿易を経済成長・法の支配・開かれた社会の普及に結び付け、(3)(2)を通じて9.11後の安全保障をも確保すると述べている。⁽¹¹⁾

このように、ゼーリックの構想した通商戦略は2つの柱から成り立っていた。一つは通商政策の手段として初めてFTAを公式に採用し、FTAを多角主義および地域主義アプローチと結び付けた競争的自由化圧力を活用して世界大での貿易自由化に向けた主導権を確保することである。もう一つは安全保障政策と通商政策とのリンケージである。2001年の同時多発テロ後のアメリカの安全保障政策はテロと大量破壊兵器の拡散、破綻国家の存在をアメリカにとっての脅威と見なし、自由と民主主義、市場経済を世界中に拡大していくことでアメリカの安全保障を確保することを主な目的としている。⁽¹²⁾この目的のもとで、通商政策、とくにFTAは途上国における経済成長と政治的安定を促進しテロ組織や破綻国家の脅威に対処するための手段の一つとして位置づけられている。⁽¹³⁾「冷戦コンセンサス」が意味を失った後、安全保障政策と通商政策とを結び付ける論理がここで復活したのである。それではこれら2つの政策目標は実際のFTA交渉においてどのように追求されたのだろうか。次節ではブッシュ政権のFTA政策の全体像を概観した後、主要な地域ごとに政策の実態を分析する。

第5章　アメリカのFTA政策

4　競争的自由化の実像

競争的自由化の全体像

　表5-1は，ブッシュ政権期におけるFTA交渉の進展を地域別に整理したものである。それによればブッシュ政権のFTA交渉は5つの時期に区分されることが分かる。まず，ブッシュ政権がクリントン政権から引き継いだFTAはヨルダン，チリ，シンガポールの3つであり，これらは2003年7月までに批准されている。次いで2002年8月のTPA獲得後，中部アメリカ諸国，モロッコ，オーストラリア，南アフリカ関税同盟（Southern African Customs Union：SACU）の4つのFTA交渉を開始する意図を議会に通知しており，これらはいずれも2003年半ばまでに交渉を開始している。第3陣はアンデス諸国[15]，パナマ，バーレーン，タイの4カ国であり，2004年に交渉を始めている。またバーレーンとの交渉が順調に進んだこともあり，2004年11月にオマーンとUAEとの交渉開始が決まっている。最後に手をつけたのがマレーシアと韓国で，2006年に交渉を開始した。

　第2に，ブッシュ政権のFTA政策は中南米，中東，アジア太平洋，サハラ以南アフリカの4つの地域を主な対象として地域レベルのイニシアティブと共に進められており，少なくとも形の上では競争的自由化戦略が採用されている。ただし，地域レベルの自由貿易圏を構築するための具体的な交渉の段階にまで進んでいたのはクリントン政権から引き継いだFTAA構想[16]のみであり，中東やアジア太平洋では構想を提示する段階に，アフリカでは特恵貿易協定の段階にとどまっている。したがって，実際に世界大での競争的自由化を促進する可能性があったのはFTAAのみだということになる。

　第3に，各地域において1または2のFTA交渉が順番に進められている。その理由は，会計検査院（Government Accountability Office：GAO）の報告書によれば，地域ごとに1つずつの交渉を順番に進めて経験を蓄積して，USTRの人的資源の制約に対処するためである。また相手国の選定については，2002年

117

第Ⅱ部　G.W.ブッシュ政権期の通商政策

表 5-1　競争的自由化戦略の進展

国・地域名	2000年	2001年	2002年	2003年	2004年	2005年	2006年	2007年
南北アメリカ (FTAA)		第3回首脳会談 (5月)		11月貿易大臣会合。米伯の対立で交渉停滞。				
チリ	11月開始合意 12月交渉開始		12月協定署名	7月批准	1月発効			
CAFTA-DR			1月開始合意 10月議会通知	1月交渉開始	8月協定署名	6-7月批准	3月以降発効	
ペルー				11月開始合意	5月交渉開始		4月協定署名	11-12月批准
コロンビア				11月開始合意	5月交渉開始		11月協定署名	
パナマ				11月開始合意	4月交渉開始			6月協定署名
中東				5月、MEFTA 構想の発表。				
ヨルダン		8-9月批准						
モロッコ			4月開始合意	1月交渉開始	6月協定署名 7月批准		1月発効	
バーレーン				5月開始合意	1月交渉開始 9月協定署名 12月上院批准	12月下院批准	8月発効	
オマーン	6月議会通知 8月交渉開始 10月協定署名				11月議会通知	3月交渉開始	1月協定署名 6-7月批准	

118

第5章 アメリカのFTA政策

UAE					
アジア太平洋			11月議会通知	3月交渉開始	
シンガポール	11月議会通知 12月交渉開始	10月 ASEAN 行動計画の発表。	5月協定署名 7月批准	1月発効	8月 ASEAN と TIFA 締結 11月 FTAAP 構想 12月 P4へのアプローチ
オーストラリア		11月議会通知	5月協定署名 7月批准		
タイ		3月交渉開始		1月発効	
マレーシア		10月開始合意	2月議会通知 6月交渉開始		
韓国					3月議会通知 6月交渉開始
アフリカ		8月 AGOA II	7月 AGOA III		2月議会通知 6月交渉開始 6月協定署名
SACU		11月議会通知	6月交渉開始		

注：-①-→は相手国と支会を開始する合意が成立しているか、ブッシュ政権が議会に交渉を開始する意図を通知したことを示す。
-②-→は相手国との交渉が行われていることを示す。
-③-→は相手国との交渉が終了し、議会での批准を待っている状態であることを示す。
…④…→は議会の批准を受けて発効待ちの状態であることを示す。
-⑤-→はFTAが発効したことを示す。

出所：USTRのホームページおよび各種資料より作成。

の4カ国の場合はアメリカの政治・経済・通商戦略上の目標に関する13の要因を基礎にUSTRが決定したとされる。そして2003年半ばからはUSTRの提案を受けて，NSCおよびNECの調整下で国務省や商務省などの省庁間グループが検討した後で決定されることになった。⁽¹⁷⁾

第4に，表5-2よりアメリカがこれまでFTA交渉を持った国々との貿易を概観しよう。TPAに基づいて交渉したFTA相手国との貿易額がアメリカの貿易総額に占める割合は16.3%であり，それ以前に批准されたNAFTAの26.4%，FTA交渉を持ったことのない国々の56.2%と比べるとごく控えめな数字である。交渉中のFTAのうち最大の割合を占めるのがFTAAの5.4%であり，次いで韓国の3.8%となる。また，これまでFTA交渉を行った国々のうち先進国に区分されるのは，イスラエル，カナダ，シンガポール，オーストラリア，韓国の5カ国にすぎない。ブッシュ政権のFTA政策は発展途上小国を主要な対象としていることが分かる。

米州諸国とのFTA

地域別の分析に進もう。まず米州地域であるが，FTAA交渉とは別に5つのFTAが批准もしくは合意ずみである。また，域内の一部の国々との間に2つの特恵貿易協定が存在している。このように米州地域はアメリカが最も多くの貿易協定交渉を進めてきた地域であり，ブッシュ政権においても最重要視されていた。

しかし，2003年以降，肝心のFTAA交渉がアメリカとブラジルなどのメルコスール（Mercosur）諸国との対立によって進まなくなった。アメリカは関税の撤廃にとどまらず，投資やサービス，政府調達の自由化，知的所有権保護などの国内制度改革をも求めたのに対し，メルコスール諸国はこれらハイレベルな要求には反対し，農産物の自由化，とくにアメリカの農業補助金の撤廃を要求した。しかし，アメリカは農業補助金についてはWTO交渉でのみ議論するとして取り合わなかった。両者の対立はWTO交渉の場にも拡大した。2003年9月のカンクン閣僚会議ではブラジル，アルゼンチン，チリ，エクアドル，メ

第5章 アメリカのFTA政策

表5-2 FTA締結国・交渉相手国との貿易（財およびサービス）

(100万ドル，%)

	貿易総額	貿易総額に占める割合	全輸出に占める割合	全輸入に占める割合
世界全体	3415591	100.0	100.0	100.0
TPAに基づく全てのFTA相手国	558276	16.3	19.2	14.6
TPAに基づき発効したFTA相手国	136082	4.0	5.9	2.8
チ　リ	17837	0.5	0.6	0.5
シンガポール	49141	1.4	2.1	1.0
オーストラリア	37149	1.1	1.9	0.6
モロッコ	1416	0.0	0.1	0.0
CAFTA-DR(4)	29437	0.9	1.1	0.7
バーレーン	1103	0.0	0.0	0.0
TPAに基づき妥結したが発効していないFTA相手国	128304	3.8	4.4	3.3
コスタリカ(4)	7691	0.2	0.3	0.2
オマーン	1614	0.0	0.1	0.0
ペルー	8552	0.3	0.2	0.3
コロンビア	15475	0.5	0.5	0.4
パナマ	2861	0.1	0.2	0.0
韓　国	92111	2.7	3.2	2.4
TPAに基づき交渉中のFTA相手国	293890	8.6	8.9	8.4
マレーシア	49685	1.5	1.0	1.7
タ　イ	32469	1.0	0.7	1.1
アラブ首長国連邦	12511	0.4	0.9	0.1
米州自由貿易地域（NAFTA，チリ，CAFTA-DR，ペルー，コロンビア，パナマを除く21カ国）	184068	5.4	5.9	5.1
南アフリカ関税同盟（ボツワナ，レソト，ナミビア，南アフリカ，スワジランド）	15156	0.4	0.5	0.4
TPA以前のFTA相手国	937092	27.4	29.3	26.3
イスラエル	32363	0.9	0.8	1.0
NAFTA	902684	26.4	28.4	25.3
ヨルダン	2045	0.1	0.0	0.1
それ以外の国々	1920223	56.2	51.6	59
Ｅ　Ｕ	761921	22.3	25.2	20.5
日　本	267768	7.8	7.6	8.0
中　国	354260	10.4	4.7	13.8

注1：FTAは2007年末時点での状況。
注2：財貿易は2006年，サービス貿易は2005年の数字。
注3：0.0は，輸出入シェアが0.05％未満であることを示す。
注4：CAFTA-DRのうちコスタリカ以外の国々とのFTAは2007年3月までに発効した。
出所：GAO［2007-b］より作成。

キシコなどの国々が G20 を結成し，アメリカや EU の農業補助金の削減を主張した。その後，膠着した議論を打開するために11月の FTAA 第8回貿易大臣会合で，全ての国々が参加して最小限の権利・義務について議論する上層と，それ以上の論点を有志のみで取り扱う下層とに分けて議論を進める軽量版 FTAA（FTAA-lite）という交渉枠組みが打ち出された。にもかかわらず，関係各国は上下2層にどのような議題を割り振るのか合意できず，2004年2月以降交渉はまったく進まなくなった。[18]

また，アメリカは FTAA 交渉を前進させるため，競争的自由化戦略の一環として CAFTA-DR やアンデス諸国との FTA 締結に取り組んだ。しかしこれらの取り組みも FTAA 交渉を前進させるには至らなかった。メルコスールもアメリカに対抗してメルコスール内部の経済統合を強化したうえ，アンデス諸国などの米州諸国，さらには EU との FTA 交渉を進めた。こうして米州地域では FTAA が停滞する一方で，アメリカとメルコスールをハブとした貿易協定網が形成されつつある。メルコスールはそうした地位を自ら築くことにより，アメリカからの競争的自由化圧力を相殺しているのである。[19]

他方，CAFTA-DR やアンデス諸国との FTA は既存の地域特恵貿易協定の格上げという意義も持つ。もともと中米5カ国やドミニカ共和国は1983年にアメリカ議会が開始したカリブ海地域開発計画（Caribbean Basin Initiative：CBI）の対象国だった。CBI はカリブ海諸国の経済発展や民主化を促進するために，これらの国々からの輸入品の一部に一方的な貿易特恵を付与した。また，アンデス諸国に対しては1991年に成立した ATPA により一部の輸入品を免税扱いとして経済発展を促進し，これらの国々における違法な麻薬生産を撲滅しようとした。CBI や ATPA による特恵を受けるためには FTAA 交渉への積極的な参加や中核的労働基準遵守の努力義務などの適格性基準を満たすことが求められており，アメリカはこれらの協定を，近隣諸国の政治的安定を促進するための外交政策手段として位置づけてきた。しかし，与えられる特恵やその期間に制限があるため，関係各国はアメリカとの FTA により相互に関税の撤廃を進めてより密接な関係を構築することを望んだのである。[20]

中東諸国との FTA

 次に，中東地域に対する FTA 政策を検討する。中東では親米小国との FTA 交渉が次々と進められているが，イラク戦争と前後して，中東民主化構想や2013年までにアメリカと中東地域との自由貿易圏を実現する中東自由貿易地域 (Middle East Free Trade Area：MEFTA) 構想が発表された。MEFTA の目的は対テロ戦争の一環として貿易を通じた中東地域の繁栄と民主化を達成することにあり，そのために，(1) WTO への加盟支援，(2)特恵関税制度 (Generalized System of Preferences：GSP) の適用，(3) TIFA の締結，(4)二国間投資条約 (Bilateral Investment Treaty：BIT) の締結，(5) FTA の締結，という5つの段階を経て自由貿易圏を実現するとされている。また MEFTA にも適格性要件が存在し，(1)アメリカとの通商関係の拡大を望む平和的国家であること，(2)経済改革と自由化を進める準備のあること，(3)イスラエルに対するボイコットに参加しないこと，が挙げられている。[21]

 表5-3より MEFTA の現状を確認しよう。WTO 加盟支援では2005年にサウジアラビアが加盟を果たした。TIFA についてはイエメン，イラク，オマーン，カタール，クウェート，サウジアラビア，UAE の7カ国が2003年以降に締結している。BIT はヨルダンが2003年に締結している。したがって，MEFTA は TIFA および FTA の締結を中心に近年急速に進められているが，エジプト，イラン，イラク，サウジアラビアといった地域大国の取り込みは遅れがちであると言えよう。

 また，MEFTA の特徴は中東における民主化促進と並んでイスラエルとの友好関係の構築を重視していることである。こうした観点からは，イスラエルと和平条約を締結しているエジプトとヨルダンに対してアメリカが提案した輸出資格認定工業地区 (Qualified Industrial Zone：QIZ) 協定も注目される。QIZ はイスラエルと周辺国との経済関係を深化させるための輸出優遇措置であり，付加価値額の一定割合がアメリカ，イスラエル，エジプトもしくはヨルダンの QIZ 内で生産された場合，当該製品の対米輸出を関税および数量制限なしで認めている。[22]

表 5-3　MEFTA の進展（2008年2月）

	WTO	GSP	TIFA	BIT	FTA
アルジェリア	加盟交渉中	適用	2001年		
イエメン	加盟交渉中	適用	2004年		
イスラエル	1995年	対象外	有効	有効	1985年
イラク		適用	2005年		
イラン	加盟交渉中	対象外			
エジプト	1995年	適用	1999年	1992年	
オマーン	2000年	適用	2004年		2006年署名
カタール	1996年	対象外	2004年		
キプロス	1995年	対象外			
クウェート	1995年	対象外	2004年		
サウジアラビア	2005年	対象外	2003年		
シリア		対象外			
チュニジア	1995年	適用	2002年	1993年	
バーレーン	1995年	対象外	2002年	2001年	2006年
パレスチナ		適用			
モロッコ	1995年	適用	有効	1991年	2006年
ヨルダン	2000年	適用	有効	2003年	2001年
レバノン	加盟交渉中	適用			
リビア	オブザーバー	対象外			
UAE	1996年	対象外	2004年		交渉中

出所：土屋［2006］（原出所は Bolle［2006］）および USTR のホームページより作成。

アジア諸国との FTA

　第3に，アジア太平洋地域に対する FTA 政策を分析しよう。クリントン政権期における APEC への取り組みが挫折した後，ブッシュ政権は地域レベルの政策を後退させ二国間レベルでの通商交渉を進めてきた。2002年10月に発表された ASEAN 行動計画（Enterprise for ASEAN Initiative：EAI）によれば，経済改革と市場開放を進めて WTO に加盟し，TIFA を締結している国のみを対象に FTA 交渉を進めて二国間 FTA のネットワークを構築するものとされた。

　しかし，東アジア諸国との FTA 交渉の進展ははかばかしくなかった。2003

年に交渉を開始できたのは強い働きかけのあったオーストラリアのみであり，中国や日本といった地域大国がASEAN全体とのFTA交渉を進める中で，アメリカの存在感は低下した。ようやく2004年6月にタイとの交渉が開始されるが，農業や知的所有権，サービス部門におけるタイ側の反対が強く，さらに2006年9月に発生したクーデターのため先行きの見えない状況となっている。こうした中，アメリカは2006年に地域レベルのイニシアティブを新たに展開した。8月にASEAN全体とTIFAを締結し，11月のAPEC首脳会談の際にはアジア太平洋自由貿易地域（Free Trade Area of the Asia-Pacific：FTAAP）構想の検討を各国に働きかけ，12月にはFTAAPへのステップとするためにP4諸国とのFTA交渉の検討を開始した。また6月にマレーシアおよび韓国とのFTA交渉を開始した。マレーシアとの交渉はマレーシアの国内産業保護政策が障害となって難航しているが，韓国との交渉は農業や自動車などの大きな争点を抱えていたにもかかわらず，両国大統領の強い政治的リーダーシップにより2007年6月に妥結した。韓国とのFTAは，東アジアにおけるFTA締結の動きに大きな影響を与えるとみられている。

アフリカにおけるFTA

　最後に，アフリカ地域に対する通商政策を分析する。アフリカに対しては，クリントン政権時の2000年にアフリカ成長機会法（African Growth and Opportunity Act：AGOA）が議会を通過し，サハラ以南のアフリカ諸国に対して貿易特恵を付与し，経済成長と民主化支援が目指された。AGOAの貿易特恵を得るためには市場経済や法の支配，人権や労働者の権利を尊重する基準を満たすことが必要で，その適格性の進捗状況は年1回議会に報告される。AGOA諸国からの対米輸出は顕著に拡大しており，また，3回の改訂の結果，その恩典は2015年まで与えられることになっている。しかし，こうした成功が逆にFTA政策の進展の妨げとなっている。2003年にFTA交渉を開始したSACU諸国はAGOA関係国の中で最も健全な経済成長を遂げた国々であるが，知的所有権や投資，サービスなどの議論を忌避しており，また，AGOAの恩典が2015

年まで得られることから交渉を積極的に進めようとしなかった。このため2006年4月にFTA交渉の延期が決定され,FTA締結を将来の目標とする貿易・投資協力協定のための交渉に振り替えられた。

5 民主党による競争的自由化戦略批判

　本節では,競争的自由化戦略に対する民主党の批判を検討する。政権がTPAを獲得した後,民主党との主な論争は,(1)交渉相手を決定する基準,(2)途上国とのFTAにおける労働・環境規定,の2点をめぐって進められた。

　2003年6月,TPAに賛成した4名の民主党議員が政権およびGAOに対して最初のFTA交渉相手国として中米諸国,モロッコ,オーストラリア,SACUが選ばれた理由を明らかにするよう求めた。彼らはゼーリックが提示した13要因はあまりに広範であり,実際にはどの要因が適用されたのか不明確だとして,台湾やマレーシア,ドミニカ共和国,エジプトといったより大きな経済的利益が見込める国々に焦点を当てるべきであると述べた。

　2004年1月,民主党議員の要請を受けてGAOが報告書を発表した[28]。GAOの報告書は政権のFTA政策について,体系的なデータを用いず非公式かつ場当たり的に交渉相手国を選定した結果,人的資源を非効率に浪費しており,WTOやFTAA交渉への対応も疎かになっているとして批判した。この報告を受けて貿易自由化に賛成する民主党議員の批判は強まった。7月,ボーカス上院議員は政権のFTA政策を批判して,現在のFTA交渉は輸出市場として魅力のない小国に集中しているうえに,FTAAやWTOでの交渉を前進させる梃子になっておらず,むしろ安全保障政策の道具として使われていると述べた[29]。

　また,FTAの労働・環境規定に対する批判はCAFTA-DRの審議の際に再燃した。チリやシンガポール,オーストラリアとは異なり中米諸国はアメリカとの経済格差が大きく,労働・環境法の整備も遅れていた。また,主要な輸出品は繊維や砂糖といったアメリカにとって機微な品目だった。民主党指導部はこれらの保護主義部門と絡めて労働問題を争点化して政権からの譲歩を勝ち取

ろうとした。具体的には中米諸国の労働法は十分に整備されておらず，これまでのFTAのように既存の国内法の実行だけでは承認できないとして，ILOの中核的労働基準の遵守をも求めるべきであるとした。これに対し政権は，問題は法そのものではなく実行能力の不足にあるとして，能力構築のための支援策を付け加えることで対処しようとした。(30) 結局，双方の溝は埋まらず，CAFTA-DRの採決は上院で54対45，下院で217対215というギリギリの結果となり，しかも共和党議員の賛成票がそれぞれ43と202という党派的な採決となった。

　CAFTA-DRの採決は，ブッシュ政権のFTA政策の展開における転機となった。それまで民主党は政権および議会共和党の党派的な政策形成プロセスに対して反発を強めていたが，ようやく反撃のきっかけを掴んだ。しかもこの時期以降，政権や共和党の支持率が低下し，民主党にとって有利な状況が生まれようとしていた。民主党は2006年の中間選挙で共和党に大勝し，上下両院で多数派を形成してそれ以後の政策論争をリードしていくことになる。

6　G.W.ブッシュ政権の通商戦略の評価

競争的自由化の評価

　以上の分析を踏まえてブッシュ政権の通商戦略の評価を整理しよう。第4章で検討したように，政権が獲得したTPAに対する議会の支持は危ういものだった。共和党自らが党派政治を進めて合意を広げる可能性を放棄し，また，共和党内の支持を固めるために乱発された保護主義的措置，とりわけ巨額の農業補助金によって諸外国との妥協の余地は小さなものとなっていた。

　こうした厳しい条件の下で，ブッシュ政権はFTA交渉を梃子にしてドーハ・ラウンドやFTAA交渉を前に進めることができず，世界各地の小国とのFTA交渉を機会主義的にまとめただけの結果となった。したがって，ブッシュ政権の競争的自由化戦略はクリントン政権期の競争的自由化とは異なり，相手国とのパワーの不均衡を活用した「関係を通じた支配」(31)にすぎず，アメリカ

の通商覇権，すなわちアメリカの望む高度な貿易ルールに対する国際的合意を拡大していくものとはならなかった。

　ブッシュ政権が競争的自由化を進められなかった第1の理由は，アメリカの交渉スタンス，すなわち農業補助金の撤廃要求には応じない一方で，ハイレベルなFTAの受け入れを一律に迫ったためである。巨額の農業補助金はドーハ・ラウンドやFTAA交渉の進展を妨げた。さらに交渉相手国に対し投資やサービスの自由化，知的所有権保護の強化などの国内制度改革を求めたことは，FTA交渉それ自体の前進を困難なものとし，さらに相手候補となる国を減らしてしまった。(32)こうした硬直的な交渉スタンスの背景には，政権の通商政策に対する支持基盤の弱さがある。

　第2の理由は交渉相手国の選定基準にある。ゼーリックが公式に提示した選定基準はごく一般的なものにすぎず，民主党のみならず研究者の間からも機会主義的な決定プロセスや交渉相手が小国に集中している点に批判的な見解が寄せられた。それによれば，そもそもほとんどのFTA交渉は発展途上小国から提起されたものであり，アメリカ政府は相手国との立場の非対称性を利用してWTO交渉には持ち込めないようなハイレベルな要求をつきつけてきた。しかし，受動的な選択プロセスと攻撃的な交渉スタンスとの間には，実は統一的なビジョンや一貫性は存在しない。アメリカが自国を中核に据えたFTA網を構築しようとしているように見えるのは誤解にすぎないというのである。(33)したがって，アメリカが本当に競争的自由化を進めたいのであれば，韓国やブラジルなどの経済規模が大きく地域的な影響力を持つ国々を最初の交渉相手とすべきであるということになる。(34)

　第3の理由は1990年代後半以降における地域主義の発展である。それまでの地域主義は，NAFTAにしろAPECにしろそれぞれの地域内の諸国家が近隣諸国との結束を深めるためのものだった。しかし1990年代後半から多くの国々がFTA締結競争を開始して複数の地域主義に関わる国家が現れ，その結果，地域を跨いだFTA交渉や地域主義相互の連携が活発化した。(35)世界各国は経済のグローバル化が一層進展する中でより優位な地位を占めるために，無政府的

にFTA政策を進めるようになった。そしてこのような状況のもとでアメリカの特権的な地位は弱体化した。かつて複数の地域主義に関与できたのはアメリカのみだったが、今日においては数多くの国々が複数の地域主義との関係を持つようになった。それらの国々は、アメリカが地域主義に傾斜しても「取り残される」どころか、アメリカに対抗して複数の地域主義にアプローチするようになった。たとえば米州においてはメルコスールをはじめとして、中米共同市場やアンデス共同体などの地域統合体が存在し、それらの地域統合体は域内および域外の国や地域と網の目のようにFTAを締結しつつある。そして第4節で検討したように、メルコスールはアメリカとともに米州における貿易協定網の中心に位置することでアメリカの競争的自由化戦略を牽制し、FTAA交渉を停滞させたのである。

　さらにFTAの批准に際し、共和党のみの支持を固める党派政治を繰り返したことから、共和党の議員の中には何度も犠牲を強いられることへの危機感が、民主党には党派的な政策決定過程への不満が高まっていった[36]。表序-4でブッシュ政権期のFTA法案の採決の結果を確認しよう。下院共和党からの支持率は全ての法案を通じて86％以上という高い比率を占めているが、下院民主党からの支持率は法案ごとにバラバラで、とくに2005年以降のCAFTA-DRやオマーンFTAに至っては極端に小さな支持しか得られていないことが分かる。競争的自由化戦略の遂行は内政面でも困難になっていたのである。

安全保障政策とのリンケージ

　そこで、ゼーリックの通商政策構想のもう一つの柱である安全保障政策とのリンケージについて検討しよう。この面では、アメリカのFTAは対米輸出の拡大を通じて途上国の経済発展と政治的安定、とりわけ経済自由化と法の支配を促進するための道具として位置づけられている[37]。こうしたリンケージが顕著に見られる地域は中東とアフリカであるが、中南米において地域特恵貿易協定から格上げされたFTAももともとは相手国の経済発展や民主化を目的としていた。またCAFTA-DRを嚆矢として、労働・環境分野を中心に相手国の法

律やその実行体制の整備を支援するための貿易能力構築に関する規定が含まれるFTAも存在する(38)。安全保障政策の面では，GSPや特恵貿易協定に始まりTIFAの締結やWTOへの加盟支援を経てFTAの締結へと至る体系的な途上国支援のためのツールが整備されてきたと言える(39)。ただしFTAそれ自体はハイレベルな国内制度改革を要求するものであり，この点だけを見れば「アメリカン・スタンダードの押しつけ」という批判も当てはまる。

　ただし，安全保障政策の手段としてのFTAの成果はこれまでのところ中小国に限られる。中小国が相手であれば，輸入の拡大が政治的に問題視されない範囲に収まる一方で，相手国の経済規模はアメリカに比べはるかに小さく，また一般に主要な輸出品目もそれほど多くないため，繊維製品などの主要輸出品の対米輸出が拡大することは大きな利益をもたらすことになる(40)。

　しかしより大きな国々を相手とする場合，FTAを安全保障政策の手段として用いることは困難である。第2節でも述べたようにアメリカのFTAには関税の撤廃にとどまらず，投資やサービス，知的所有権などに関するハイレベルな規定が存在する。この点で，アメリカのFTAは国内制度改革の代償として対米輸出の拡大やアメリカとの外交関係の強化という恩恵を与えるという性格を持つ。したがって，金融や情報通信などの重要なサービス部門に対する国家のコントロールを確保して自立的な経済発展を進めたい国や，アメリカ以外にも輸出市場を確保できる国にとってはあまり魅力のない協定となっている(41)。さらに韓国のように経済規模の大きな国の場合，当該国からの輸出拡大は国内政治的に認められない可能性もある。つまり民主化外交の手段としては，アメリカのFTAは対米依存の深化によって経済発展を目指す小国を主な対象としていることになる。韓国を例外として，中東や中南米地域で影響力のある地域大国とのFTA交渉が進んでいない背景にはこうした理由があるのではないか。今後，アメリカがより規模の大きな国々を相手にFTA交渉を進めるためには，経済的利益の調整と並んで相手国の外交政策とのビジョンの共有が必要になろう(42)。

第6章
ブッシュ政権の通商戦略と中米自由貿易協定
――競争的自由化と錯綜する地域主義――

1 中米自由貿易協定の重要性

　2005年8月2日，ブッシュ大統領の署名によりアメリカと中米5カ国（エルサルバドル，コスタリカ，ホンジュラス，ニカラグア，グアテマラ）およびドミニカ共和国との自由貿易協定法案[1]が成立した。法案の議会での承認は上院では54対45，下院では217対215という僅差であり，「NAFTA 以来，最も論争的な FTA」と言われた。しかし表6-1に示すように，これらの国々は全6カ国を合計しても，面積はメキシコの4分の1，人口は3分の1，経済規模は7分の1の小国群にすぎない。また，対外貿易に占める双方の重要性にも著しい不均衡が存在する。CAFTA-DR 6カ国の2003年の輸出入総額に占める対米貿易の比率は輸出が54.2％，輸入が40.8％である。これに対し，2003年のアメリカの輸出入総額に占める中米6カ国の割合はそれぞれ2.0％，1.3％にすぎない[2]。それでは，これらの小国との FTA はアメリカの通商政策の中でどのように位置づけられ，活発な議論の対象となったのだろうか。本章の課題は CAFTA-DR の成立過程の分析を通じて，ブッシュ政権の通商政策の特質――主に発展途上小国を相手に FTA を締結し，自由と民主主義の拡大を目指す安全保障政策を補完すること――とその限界とを明らかにすることである。そこで以下では本論に入る前に，CAFTA-DR，さらにはブッシュ政権の通商政策を特徴づける論点について，先行研究も含めて検討しておく。

　CAFTA-DR の特徴は，発展途上国との間で締結されたハイレベルの FTA だという点にある。表6-1に示されるように，中米諸国は1人あたり国民総

表6-1 CAFTA-DR諸国の主要な指標

	面積（千平方キロ）	人口（100万人）	GNI（10億ドル）	GNI/人口（ドル）
メキシコ（参考）	1958.2	103.8	703.1	6770
エルサルバドル	21.0	6.7	15.6	2350
コスタリカ	51.1	4.1	19.0	4670
ホンジュラス	112.1	7.1	7.3	1030
ニカラグア	130.0	5.6	4.5	790
グアテマラ	108.9	12.6	26.9	2130
ドミニカ共和国	48.7	8.9	18.4	2080

出所：外務省「中南米概況」。元出所は，World Bank, *World Development Indicators 2005*.

所得が低い発展途上国である。したがって，米国内では繊維や農産物といった伝統的な保護主義セクターだけではなく，労働組合や環境関連団体などの強い反対を受けた。他方で，アメリカのFTAの特徴は，関税の撤廃だけではなく，サービスや投資の自由化，知的所有権や労働・環境規定など，相手国に対し，国内法や制度の整備までをも要求する点にある。CAFTA-DRの場合も，中米諸国の国内法や制度の不備，労働・環境基準などが問題視され，様々な対応策が提示された結果，妥結に至った。これらの論点のうち，本章ではCAFTA-DRの成立過程において主要な論点となった繊維製品と労働・環境問題を取り上げる。繊維製品は中米諸国の主要な対米輸出品であることから，また，労働・環境問題は，アメリカと中米諸国との大きな経済格差や中米諸国の法制度の不備から，いずれも活発な議論の対象となった。そこで，それら個別の利害関心が国家間交渉およびアメリカ議会における批准のプロセスにおいてどのように議論されたのかを分析する。

　第2の論点は，アメリカの通商政策に占めるCAFTA-DRの位置づけである。ブッシュ政権の通商戦略としては，ゼーリックUSTR代表（当時）の提起による競争的自由化戦略が広く知られている。[3]競争的自由化とは，第1に，WTO交渉，地域主義との交渉，二国間交渉といった異なるレベルの通商交渉を相互に関連づけて進めることにより，交渉相手国・地域主義間の対米自由化を競わせ，世界大での貿易自由化の主導権を握る戦略である。第2に，貿易自

由化を経済成長と法の支配,開かれた社会の普及に結び付け,9.11同時多発テロ以降のアメリカの安全保障を確保することを目指す戦略でもある。つまり,競争的自由化戦略には通商政策および安全保障政策上の2つの目的が期待されていた。そこで,本章ではこれら2つの目的がCAFTA-DRの交渉や批准に際してどのように追求されていたのかを分析する(4)。通商政策上の観点からは,CAFTA-DRはFTAA構想を実現させるための梃子として位置づけられていた(5)。他方,安全保障政策上の観点からは近隣諸国の政治的・経済的安定のための手段とみられていた。本章では競争的自由化戦略をめぐるこれらの論点を分析し,その上で,ブッシュ政権のFTA戦略の特質と課題についても明らかにしていきたい。

なお,叙述は以下のように進める。第2節では,CAFTA-DR交渉に至る経緯,とくにアメリカと中米諸国との特恵貿易協定と,その下での経済関係について検討する。第3節では,アメリカとCAFTA-DR諸国との交渉過程について,第4節では,米国議会における批准の過程について,協定の位置づけや交渉全体に関する論点と,繊維および労働・環境問題という2つの個別論点とに分けて分析する。第5節では,以上の議論をふまえて,CAFTA-DRそれ自体の評価と,ブッシュ政権の通商戦略の特質や課題の検討を行う。

2　CAFTA交渉に至る背景──カリブ海地域開発計画の成立と展開

アメリカとCAFTA-DR6カ国を含むカリブ海周辺の24カ国との間には,カリブ海地域支援構想(Caribbean Basin Initiative : CBI)という特恵貿易協定が締結されていた。特恵貿易協定とは先進国が途上国の経済発展を促進するために,特定の製品,とくに繊維製品を中心とした軽工業品に対する貿易障壁を一方的に削減する協定で,アメリカでは援助政策の一環として1970年代後半以降に締結されるようになった(6)。CAFTA-DRは既存の特恵貿易協定をFTAへと格上げし,より踏み込んだ経済関係を構築するという意義を持っていた。

20世紀以降,中米およびカリブ海諸国はその地理的近接性のためアメリカの

表6-2　アメリカの対中米6カ国主要品目別輸出入

(2006年, 100万ドル, %)

	輸　出		輸　入	
	金　額	構成比	金　額	構成比
総　額	18568	100.0	18573	100.0
食料品, 動植物生産品	1893	10.2	3785	20.4
原料品	636	3.4	467	2.5
鉱物性燃料	2013	10.8	356	1.9
工業製品	12778	68.8	13301	71.6
化学品	1917	10.3	310	1.7
機械機器	5415	29.2	3015	16.2
繊維製品	3497	18.8	8613	46.4
金属品	368	2.0	341	1.8
非金属鉱物製品	97	0.5	93	0.5
その他の原料別製品	910	4.9	247	1.3
雑製品	574	3.1	681	3.7
特殊取扱品	1248	6.7	664	3.6

出所：日本貿易振興機構［2007］より作成。

「裏庭」と呼ばれ，政治的にも経済的にもアメリカの圧倒的な影響下にあった。1980年代における中米紛争に際して，アメリカはこの地域を冷戦の最前線とみなしてその安定を支援するために，中米およびカリブ海周辺諸国を対象としたCBIを開始し，一方的な貿易特恵を付与した。CBIの中で最も注目すべきは繊維製品に対する特恵で，アメリカは自国で裁断された布地を用いたCBI諸国の繊維製品について，原材料価格を差し引いた付加価値にのみ課税する制度を導入した。アメリカの繊維産業は縫製工場をCBI諸国に移転して，国際的な生産ネットワークを構築した。これに伴い，アメリカからCBI諸国への繊維輸出が急拡大するのと同時に，繊維産業はCBI諸国の主要な輸出産業に成長した。CBIが開始された当初，中米諸国の主要な対米輸出品はコーヒーやバナナ，鉱物などの一次産品だったが，2006年には表6-2に示されるように，繊維製品だけでも46％，工業製品全体では70％以上を占めるようになった。他方，アメリカからの輸出品としては，電子機械や電気機器，綿糸や綿布などの中間

財が上位を占めている。

アメリカと中米諸国との繊維貿易の拡大は、世界の繊維貿易を管理するMFAの存在をも背景としていた。1960年代以降、欧米諸国は自国の繊維産業を保護するために、GATTにおいて二国間の輸入数量制限協定を成立させてきた。1974年にはこれらの二国間協定を束ねるMFAが発効し、中国などの競争力のある繊維産業を持つ国々からの輸出が抑えられ、欧米諸国と協定を締結した発展途上諸国が自国の繊維産業を育成できるようになった。[8] CBIもこれらの二国間協定の一つであるが、それゆえ、中米諸国からの繊維輸出はアメリカの通商政策の動向に左右される不安定なものだった。1994年に発効したNAFTAのため、CBI諸国の対米輸出条件はメキシコよりも不利になった。メキシコと平等の扱いを要求するCBI諸国に対し、クリントン政権は2000年にカリブ海地域貿易パートナーシップ法（Caribbean Basin Trade Partnership Act：CBTPA）を成立させた。CBTPAにより、2008年9月までの間CBI諸国の繊維製品に対する特恵が拡大された。具体的には付加価値に対する関税が撤廃され、さらに、ニット製品については一定数量の枠内に限り中米産の布地を用いても関税が免除されることになった。また、ウルグアイ・ラウンドの際、途上国からの批判のためMFAの廃止が決まり、1995年から2005年の10年間で繊維製品に対する数量割当を撤廃していくこととなった。

以上の分析をふまえ、近年におけるアメリカの繊維輸入の動向を検討しよう。表6-3によれば、輸入総額は1990年から2004年までに約230億ドルから670億ドルにまで大きく拡大している。最大の輸入相手国は中国だが、90年代後半に輸入シェアを低下させており、一時はNAFTAによって輸出条件の改善したメキシコに首位の座を譲っている。また、中米6カ国は90年代において輸入額・輸入シェア共に大きく拡大させているが、近年におけるシェアは微減している。このためMFAが撤廃される2005年以降、中国製品との競争に晒されてさらに大きくシェアを落とすのではないかと懸念されていた。

CBIは、第1に、繊維製品を中心とした貿易特恵をカリブ海諸国に与えることにより、これらの国々における工業、とりわけ繊維産業の発展に寄与した。

表6-3　アメリカの主要原産国別アパレル輸入

(100万ドル，( )内は構成比)

順位	国名	1990年	2000年	2002年	2003年	2004年
1	中国	3197.1(13.9)	6201.4(10.5)	7096.7(12.1)	8690.2(13.8)	10720.9(16.0)
2	メキシコ	642.2 (2.8)	8623.0(14.6)	7639.2(13.0)	7097.7(11.3)	6845.2(10.2)
3	香港	3863.3(16.8)	4490.7 (7.6)	3901.7 (6.6)	3731.6 (5.9)	3879.0 (5.8)
4	ホンジュラス	112.8 (0.5)	2416.2 (4.1)	2501.3 (4.3)	2567.6 (4.1)	2742.7 (4.1)
5	ベトナム	0.0 (0.0)	47.2 (0.1)	876.0 (1.5)	2339.0 (3.7)	2505.9 (3.7)
6	インドネシア	628.7 (2.7)	2059.8 (3.5)	2041.2 (3.5)	2154.8 (3.4)	2401.5 (3.6)
7	インド	589.0 (2.6)	1851.7 (3.1)	1956.3 (3.3)	2056.5 (3.3)	2277.0 (3.4)
8	ドミニカ共和国	685.7 (3.0)	2390.7 (4.0)	2133.7 (3.6)	2098.4 (3.3)	2036.2 (3.0)
9	グアテマラ	191.0 (0.8)	1488.9 (2.5)	1659.4 (2.8)	1762.9 (2.8)	1947.2 (2.9)
10	バングラデシュ	428.1 (1.9)	1941.8 (3.3)	1755.4 (3.0)	1758.6 (2.8)	1872.1 (2.8)
14	エルサルバドル	54.1 (0.2)	1601.9 (2.7)	1675.2 (2.9)	1720.9 (2.7)	1720.5 (2.6)
26	ニカラグア	0.0 (0.0)	338.0 (0.6)	433.2 (0.7)	484.0 (0.8)	594.9 (0.9)
28	コスタリカ	377.3 (1.6)	825.5 (1.4)	728.0 (1.2)	589.3 (0.9)	518.1 (0.8)
CAFTA-DR6カ国合計		1420.9 (6.2)	9061.2(15.3)	9130.8(15.6)	9223.0(14.7)	9559.4(14.3)
アパレル輸入総額		22980.8	59205.5	58712.3	62910.7	66869.5

注：順位は2004年。
出所：ロベルト・ゴメス，中畑貴雄「繊維産業の概況」JETRO，2005年，1頁を一部省略。

ただし，CBIによる貿易特恵は現地の繊維産業に対して米国製中間財の使用を義務づけることにより，自力で原材料・資金を調達して生産を管理するフルパッケージ生産能力の発展を抑える効果も持った。第2に，アメリカの外交政策上の目的を達成する手段としても機能した。すなわち，CBIの受益国はWTOルールの遵守やFTAA交渉への積極的な参加，中核的労働基準や知的財産の保護などの適格性基準を満たさなければならず，さらにCBTPAではこれらの基準への取り組みについての監査の実施までもが求められた。アメリカは，適格性基準のモニタリングを通じて，カリブ海諸国の民主化や制度改革を促進してきたのである。

3 中米諸国との交渉

 ここでは，アメリカと中米諸国との交渉プロセスについて，最初に交渉全体に関わる論点を検討し，次に繊維および労働・環境問題という代表的な個別の論点を分析する。

CAFTA 交渉と競争的自由化
 CAFTA 交渉のきっかけは，2001年4月における中米5カ国からの申し入れである。当初，アメリカの反応は冷淡なものだったが，翌年2月には中米5カ国の通商次官が訪米し，2年で交渉をまとめることが決まった。5カ国は共同声明を発表し，(1)中米諸国とアメリカとの経済的紐帯を強化し，(2)中米諸国の経済・政治改革を支援し，(3)FTAAの進展のための基礎を固めるという3つの目標を強調した。8月6日，ブッシュ政権は議会から一括交渉権限を取得し，同権限に基づき10月1日に中米5カ国とのFTA交渉を議会に通知した。[11]
 交渉開始時における双方の期待は，次のようなものだったと考えられる。[12]まず中米諸国であるが，FTAによる対米輸出の拡大と自由主義的な政治・経済改革の促進である。とりわけ，2005年にMFAが，次いで2008年にCBTPAが撤廃されれば，メキシコや中国の繊維産業との競争において不利な立場に立たされるため，FTAの締結を急いだのであろう。他方，アメリカにとってはCAFTAの経済的利益はごくわずかであり，最初は交渉を進める動機がなかった。しかし，FTAA交渉を前進させ，さらに中南米地域における民主化を促進するための手段としてCAFTAを位置づけなおしたのであろう。
 CAFTAの本交渉は2003年1月に開始され，翌年1月までの間に9回のラウンドが開催された。[13]交渉枠組みは，市場アクセスと農業，サービスと投資，政府調達と知的所有権，労働と環境，紛争処理などの制度調整，貿易能力構築，の6グループで構成されており，能力構築グループには関係する多数の国際機関からの参加があった。貿易能力構築とは，途上国が貿易自由化の利益を国内

諸階層に広く行き渡らせるための補完的な措置，具体的には，労働法の実行能力の強化や中小企業支援策，検疫や税関の強化などの措置を指す。アメリカは，途上国における貿易自由化を支援するためにこれらの施策を重要視していた。

当初，中米5カ国はラウンドに先立って交渉ポジションを統一していた。しかし，5月の第4ラウンドにおいて，グアテマラが独自の大胆な関税撤廃提案を行ったため，5カ国の統一が崩れ，それ以降，二国間ベースでの交渉となった[14]。そして，2003年12月の第9ラウンドにおいてコスタリカを除く4カ国との間で基本合意が成立した。コスタリカとの交渉は，アメリカが同国の国有企業が独占してきた電気通信および保険市場の自由化を求めたために難航した。アメリカとコスタリカとの二国間交渉は翌年も続けられ，双方は1月25日に，コスタリカ保険市場の漸進的開放，電気通信市場については個人向けネットワーク，インターネット，無線携帯サービス市場の開放で合意した[15]。

これに引き続き，ブッシュ政権はドミニカ共和国とのFTAをCAFTAにドッキングするための作業を開始した。もともとアメリカは中南米諸国から数多くのFTA締結の申し入れを受けていた。これらのうち，ドミニカ共和国とのFTAについては民主党議員や繊維業界の一部から支持する声があり，交渉資源を節約するためにCAFTAとドッキングしてパッケージ法案化する手法が選択されたのである[16]。ドミニカ共和国との二国間交渉はCAFTA交渉の終了後に進められ，3月15日に妥結した。その後，関係各国の間でFTAのパッケージ化に伴う調整作業が進められ，8月5日，各国貿易相がCAFTA-DRに署名した[17]。

繊維交渉——貿易特恵の拡大

繊維製品については，中米側は原産地規制の緩和，具体的にはこれまでのヤーン・フォワードからファブリック・フォワード（fabric forward）および累積原産規制への変更を要求した[18]。ヤーン・フォワードとは，繊維製品に対する特恵を付与する条件として特定国・地域原産の糸の使用を義務づけるルールを，ファブリック・フォワードとは，糸の原産地は問わないが布地の原産地を限定

するルールを指す。また、累積原産規制とは、アメリカや中米諸国がFTAを締結している国（たとえばカナダやメキシコ）から輸入した中間財を使用した繊維製品も中米原産と見なす規制である。中米諸国は中国製品との競争に備えて、域外産の安価な糸や布地の使用を望んでいた。これに対し、アメリカはヤーン・フォワードの継続や繊維製品の関税撤廃の延期を主張した[19]。

6月の第5ラウンドにおいて、中米諸国はヤーン・フォワードを受け入れた。ただし、譲歩の代償として関税特恵水準（Tariff Preference Level：TPL）の大幅拡大と供給不足規定（Short Supply Provision）の採用を要求した[20]。TPLとは、原産地規制を満たさない製品に対しても一定の数量内で特恵関税を付与する措置である。また、供給不足規定とは、アメリカからの中間財の供給が不足した場合、原産地規制の適用を除外する規定のことである。しかし、7月末から8月にかけての第6ラウンドにおいて、中米諸国はTPLでの譲歩の獲得が難しいと判断して、累積原産規制と供給不足規定の適用される品目の拡充を要求した[21]。12月の第9ラウンドにおいて、供給不足規定の対象となる製品のリストは棚上げにされたが、協定のテキストについては双方が受け入れた[22]。

労働・環境問題——民主党の問題提起

労働・環境問題については当初から、これらの問題を重視する議会民主党が口を挟み、交渉の展開に影響を与えた。第1節でも述べたように、1990年代以降、労働・環境問題をめぐって民主・共和両党は党派的な対立を深めていた。とりわけ、労働問題については民主党がILOの中核的労働基準の遵守や厳格な罰則の適用を途上国に求めたのに対し、共和党はなるべく緩やかな規定を主張して譲らなかった。

第4ラウンドにおいて、米国政府は中米諸国に対し、これまでに締結したFTAの労働・環境規定——現行の労働・環境法を確実に実行し、違反の場合は罰金——とほぼ同一の提案を行った[23]。しかしこの提案にはアメリカ国内からの批判が噴出した。下院民主党は、中米諸国の労働法は中核的労働基準を満たしていないまったく不十分なものだと主張した[24]。これに対し、行政府は、問題

は法そのものではなくその実行能力の欠如にあるとし，中米諸国との間で労働法および実行状況の改善のために密接に協力していると応じた。また，民主党議員からは，一般市民やNGOに対して環境法違反を申し立てる機会を与える提案があった。

米国政府からの提案に対し，中米側は，紛争解決メカニズムの導入までに移行期間を設け，その間にアメリカからの技術支援を活用し，労働法の実行能力を改善するという提案を行った。最終ラウンドにおいて，両者は既存のFTAと同様に現行法の遵守を求めることで妥結したが，技術協力や制度構築の詳細については先送りされた。

4　米国内での批准プロセス

ここではアメリカ国内における批准プロセスについて，協定の全体に関わる論点と，繊維および労働・環境問題という個別の論点とに分けて分析する。

競争的自由化の「挫折」

中米6カ国との交渉は2004年5月に妥結したが，ブッシュ政権は強い反対の予想されるCAFTA-DR法案の審議を大統領選後に延期した。大統領選では政権の通商政策全般に対する民主党からの批判があった。後述するように，2004年2月にはFTAA交渉は中断を余儀なくされ，また，WTO交渉も2003年9月にいったん決裂し，その後も断続的に開催されるが実質的な進展が見られなくなり，「競争的自由化の梃子としてのCAFTA-DR」という議論は説得力を失っていた。こうしたなか，7月に下院民主党の重鎮であるボーカス議員が大統領選後の通商政策に関する演説を行い，政権の競争的自由化戦略を批判した。ボーカスによれば，現在のFTA交渉は輸出市場として魅力のない小国に集中しており，行政府の政治資源を非効率に使っている。さらにそれらの交渉はFTAAやWTOでの交渉を前進する梃子になっておらず，むしろ外交政策上の目的に従属していると述べた。さらに9月，民主党大統領候補のケリー

(John Forbes Kerry) 陣営の政策スタッフからも，FTA戦略による経済的利益が小さいこと，イラク政策への不支持を理由にニュージーランドとの交渉を拒絶したことなどの批判があった。[29]

再選後の3月，政権は2005年の貿易政策議題を発表し，中米諸国の脆弱な民主主義を保護するため，CAFTA-DR法案の迅速な批准を要求した。[30] 国務副長官に転出したゼーリックも，近隣諸国の政治的安定のためにCAFTA-DRを承認すべきであり，個別の経済的利害に関わりすぎているとして議会を批判した。[31] これ以降，政権はCAFTA-DRへの支持を求める理由として，中南米における競争的自由化推進の梃子という通商政策上の論理を後退させ，近隣諸国の政治的安定という安全保障上の論理のみを強調するようになった。

他方，議会では，対中貿易赤字の増加によって保護主義圧力が高まっており，政権が対中貿易問題に対処しない限りCAFTA-DRを認めないとして，対中貿易法案とCAFTA-DR法案の承認とを結び付ける議論が台頭した。[32] こうした動きを受け，USTR新代表のポートマン（Rob Portman）は，CAFTA-DRにより中米諸国からの繊維製品が中国製品に対して有利になるが，中米製品のほとんどには米国製の糸や布が使用される点を強調した。[33]

5月以降，政権は法案の通過に向けて本格的な活動を始めた。ブッシュ大統領は中米6カ国の首脳を招き，ホワイトハウスでCAFTA-DR支持を訴える演説を行った。[34] この演説を皮切りに，大統領はCAFTA-DRへの支持を拡大するために活発なロビー活動を行った。6月6日，USTRは法案の草稿を上院財政委員会と下院歳入委員会に提出し，法案作成手続きに入った。[35] 6月14日に財政委員会で作成された法案の採決が行われ，TAAの対象をサービス業の労働者まで拡大する規定の追加により，2人の民主党議員が賛成に回って11対9で可決した。[36] TAAとは貿易自由化による失業者や被害を被った企業を対象に，所得補償や職業教育訓練を提供する雇用・産業調整政策であり，これまでも，労働組合を主要な支持基盤とする民主党議員との取引の手段として使われてきた。[37] 翌日には歳入委員会での採決があり，中米諸国の労働法の実行能力に関する報告書の作成と，国内サービス業に対する影響に関する報告書の作成を義務づけ

る修正規定の追加が追加され,25対16で通過した。[38]

議会では,CAFTA-DR法案の採決に絡めて対中貿易法案を提出しようとする動きが表面化した。第1に,歳入委員会委員長のトーマス（Bill Thomas）は,中国の通商政策を監視させるため,USTRの機能を強化する法案を提出しようとした。しかしこの法案は,その効果が不十分であるとして共和党指導部の支持を得られず日の目を見なかった。[39] 第2に,下院共和党のイングリッシュ議員（Phil English）が中国などの非市場経済国を相殺関税の対象国に加える法案を提出し,下院を通過したが,その後の進展はなかった。[40]

結局,上院では6月30日に法案の採決が行われ,54対45で通過したが,賛成票54のうち共和党43,民主党10,独立派1という党派的な採決結果となった。下院では7月28日に採決があり,217対215で承認された。下院での採決も賛成票217のうち共和党は202,民主党は15と党派的なものとなった。法案は,8月2日に大統領が署名して成立した。

繊維──政権と業界団体

アメリカ繊維産業の中には中米諸国に多国籍化した業者や,中国からの製品輸入を進める業者などが混在しており,CAFTA-DRに対する態度は一枚岩ではなかった。ブッシュ政権は,共和党の繊維関連議員からの支持を拡大するために活発なロビー活動を展開した。

3月,政権は全米最大の業界団体である全米繊維団体協議会（National Council of Textile Organizations：NCTO）の支持を得るために,中国からの繊維製品の一部に対するセーフガードの発動を検討すると発表した。[41] しかし,NCTOはそれ以上の措置を要求したため,政権は繊維業界に3つの提起を行った。第1の提起は累積原産規定の実行延期である。CAFTA-DRの累積原産規定ではメキシコやカナダの糸や布も域内原産としていた。しかし,政権は加墨両国との間で厳格な積み替え規定を含む税関協力協定が成立しなければこの規定を認めないとした。この協定が成立するには最低でも2年かかるとされ,その間,累積原産規定は事実上の実行延期となる。第2に,域内産のポケットと裏地を

使った製品を免税扱いで輸入すると約束した。そのためには中米諸国と再交渉を行って CAFTA-DR の原産地規制を変更する必要があるが、実現すればアメリカからのポケットと裏地の輸出拡大が見込めるからである。第3に、ニカラグア政府との間で CAFTA-DR の TPL を現行の対米輸出枠を維持しつつ活用するという約束を交わした。(42) これらの提起により、NCTO は CAFTA-DR に対する支持を表明した。(43)

　しかし、議会の支持はなかなか拡大しなかった。第2の提起である原産地規制の変更のためには中米諸国との再交渉が必要となるからである。下院での採決の直前になって、USTR は中米6カ国から再交渉に応じるとの書簡を受け取った。(44) さらに、ポートマンは中米諸国からの靴下に課す関税についても、即時撤廃から10年間の段階的撤廃に変更し、また、中国からの繊維輸入への対抗措置をも約束した。(45) これらの取引により政権は CAFTA-DR に対する支持を拡大できた。

労働・環境問題──中核的労働基準と能力構築支援

　CAFTA 交渉の当初から議会民主党は中核的労働基準の遵守を求めてきた。これらの要求を受けて、2004年末、CAFTA-DR 6カ国は自国の労働法の実行状況に関する調査を始めた。(46) 翌年4月、6カ国は労働白書を発表し、貿易相と労働相を訪米させて労働法の実行を強化することで合意した。しかしそのための資金は不足していた。(47)

　6月、ポートマンは民主党からの支持を得るために CAFTA-DR の労働規定を補完するための3つの計画を公表して議会の協力を求めた。計画では、資金調達を調達するための国際会議の開催と、実行能力を強化するための資金提供が提起され、議会に対しては実行状況の評価基準と検証方法を明確にするよう求めていた。(48)

　これに対し、民主党上院議員のビンガマン（Jeff Bingaman）は、実行能力を構築するための資金が十分でないとして、ブッシュ政権との取引を進める意志のあることを示唆した。政権は、ビンガマンとの交渉を通じて民主党議員からの

支持を拡大しようとした。(49) 6月末，ポートマンはビンガマン宛の書簡で，中米諸国の労働・環境法の実行能力を改善するために，2006〜09年の間，毎年4000万ドルを割り当てること，労働法と労働条件に関する調査報告書を作成するためのILOへの資金提供，小規模農民のための地域開発資金の増額を約束した。この提案を受けビンガマンは賛成の立場に回った。しかし，ビンガマン以外の民主党議員からの支持を得ることはできなかった。(50) 民主党サイドの労働問題についての原則論は強固だった。

5 CAFTA-DRの特徴と通商政策上の位置づけ

協定の内容と評価

CAFTA-DRの協定本文は22章からなり，市場アクセス，投資，サービス，金融サービス，電気通信，電子商取引，知的財産権，労働，環境，貿易能力構築などの幅広い分野を含んでいる。(51) これらの合意内容のうち，以下では市場アクセス，投資・サービス，労働・環境に関する規定を概観する。

CAFTA-DRの市場アクセス規定の特徴は中米側に配慮した関税撤廃スケジュールにある。まず，工業製品については，アメリカは非繊維製品のほぼ100％の関税を即時撤廃するのに対し，中米諸国が即時撤廃するのは80％であり，残りについては10年間で段階的に撤廃することになっている。農産物についてもアメリカはほぼ100％の関税を即時撤廃するが，中米諸国50％を即時撤廃し，残り50％については最大20年という長期間で撤廃する。以上のように，関税の撤廃期間についてはアメリカと中米諸国との間で大きな差がある。

繊維製品については表6-4にあるように，原則的にヤーン・フォワードとなっているが，アメリカだけではなく中米地域原産の糸も認めており，CBTPAの規定を緩和したものとなっている。中米諸国がCAFTA-DRの原産地規定を活用するためには，外資導入などにより自国で糸を生産できるようにする必要がある。

CBIにはサービスや投資関連の規定はほとんど存在しなかったが，

第6章 ブッシュ政権の通商戦略と中米自由貿易協定

表6-4 繊維・縫製品特恵関税比較

		CBTPA	CAFTA-DR	NAFTA
特恵適用条件	糸	米国(注1)	CAFTA-DR域内	NAFTA域内
	布地	米国、中米(注2)	CAFTA-DR域内(注3)	NAFTA域内
	裁断	米国、CBI諸国	CAFTA-DR域内	NAFTA域内
	縫製	CBI諸国	CAFTA-DR域内	NAFTA域内
数量割当		ニット製品、Tシャツ	原則なし	なし
糸使用原則の例外		NAFTAで認められたもの。ただし、特恵受益国が申請し、米国大統領が必要性を認めれば、追加可能。	NAFTAで認められたものに加え、ナイロン、レーヨン、カシミヤ、コーデュロイ、ビロードなど使用可能な第三国製原材料が拡大した。羊毛やジュートの織物は域内製が義務づけられているが、糸は第三国製でも認められる。	絹、亜麻、ワイシャツ用特定布地などの原材料は第三国製が使用可能。
TPL		なし	ニカラグア（綿・合成繊維製衣類）に年間1億m^2（5年後までに段階的に削減し9年後に撤廃）、コスタリカ（羊毛製衣類）に年間50万m^2（2年間）	糸、織物、衣類に広範なTPLがある。メキシコには綿、合成繊維製衣類で年間4500万m^2、羊毛製で150万m^2。
実質的加工基準が採用できる主な衣類(注4)		ブラジャー（第三国製産布地の使用比率は25％まで）	ブラジャー、トランクス、ナイトウェア、パジャマ	ブラジャー

注1：ナイロン糸については、1995年1月時点で米国とFTAを締結している国のものが使用可能。
注2：一定数量枠内の衣類（HS61類）に限り、中米産のニット布地が使用可能。
注3：一定数量枠内の衣類（HS62類）に限り、カナダおよびメキシコの布地が使用可能。
注4：糸や織物など原材料の原産地は問わず、裁断と縫製が域内で行われれば原産と見なす製品。
出所：ゴメス、中畑「繊維産業の概況」14頁を一部省略。

CAFTA-DRでは電気通信、保険、金融サービス、小売業など広範なサービス業について市場アクセスと規制の透明性が規定されている。また、資本規制も大幅に緩和され、収用や補償、紛争処理などの投資関連ルールも明確に定められたため、締約国からの投資家は現地の投資家と原則的にほぼ同じ条件で活動できるようになった。中米諸国はCAFTA-DRによってこれまでの自由主義

的な経済改革を強化することになる。

　労働・環境規定については，自国の労働・環境法を遵守し，違反の場合は1件あたり年間最高1500万ドルの罰金を賦課し，徴収された罰金は能力構築のために利用されることになっている。この規定はCBIとは異なりILO基準の遵守を求めるものではなく，これまでアメリカが締結したFTAとほぼ同じ内容となっている。ただし，CAFTA-DRには他のFTAとは異なり労働・環境分野における能力構築支援に関する規定が存在している。それによれば，中米諸国は労働分野については2005年4月に発表された労働白書に基づき，労働法の実行能力を強化するためにアメリカや国際機関からの資金援助を受けることになっている。環境分野については，CAFTA-DRに併せて環境協力協定が締結され，環境保護を発展させるための計画が規定されており，アメリカは協力協定を実行するための資金提供を行うことになっている。[52]

　次に，CAFTA-DRに関する論点を議論し，その評価をまとめよう。

　第1に，CAFTA-DRによって，アメリカと中米諸国との経済関係はアメリカが一方的な貿易特恵を与えるだけのCBIから関税撤廃を相互に進めるFTAへと発展した。CAFTA-DRには投資やサービス，知的所有権などのハイレベルな規定だけではなく，アメリカのFTAとしては初めての貿易能力構築に関する規定が存在する。中米諸国にとって貿易自由化や制度改革の負担が大きすぎる可能性もあるが，貿易自由化に加えて制度改革や補完的な政策を実行し，中米諸国の経済成長や政治的安定に貢献できれば，CAFTA-DRは途上国とのモデル協定たりうる。CAFTA-DRによって援助から特恵貿易協定，そしてFTAへと至る体系的な途上国支援のためのツールが整備されたと言えよう。

　第2に，議会における労働・環境問題をめぐる対立は手つかずのまま残された。現行の一括交渉権限では交渉相手国に対して既存の労働・環境法の実施を求めているが，中核的労働基準の遵守までは求めていない。しかしDR-CAFTAの場合，民主党指導部はそれでは不十分だとして，中核的労働基準の遵守を明記するよう強く要求した。他方，政権側は中米諸国の法律それ自体に問題はなく，むしろ各国の実行能力に問題があるとして，貿易能力構築に関す

る施策を盛り込んだ。政権はこれらの補完的な措置を拡充して民主党議員からの支持を調達しようとしたが，ほとんど成功しなかった。次章で検討するように民主党は2006年の中間選挙で大勝して上下両院で多数派を占めた後，中核的労働基準の遵守をFTAのテキストに盛り込むことに成功したが，結局，新たなFTAの締結には反対の姿勢を表明している。今後，FTAを通商政策のツールとして使うためにはFTAの手直しにとどまらない大規模な国内対策を提起して，民主党の保護主義議員を説得する必要があろう。

第3に，伝統的な保護主義勢力の切り崩しに際しては，CBIやCBTPAによる特殊な経済関係の存在が鍵となった。第1節で議論したように，アメリカとカリブ海地域との間には特恵貿易協定が締結されており，アメリカ繊維産業の一部はこれらの協定を活用してカリブ海地域の国々との間で国際的な生産ネットワークを構築してきた。このため繊維業界の利害は多様化しており，政権との駆け引きの中で繊維業界はCAFTA-DR法案に対する態度を統一できなかった。アメリカは，このような特恵協定を多くの国や地域とも締結しており，途上国に繊維産業などの輸出産業を育成する機会を提供している。今後もアメリカ政府はこれらの特恵協定やそれに基づく特殊な経済関係を選択的に活用して，途上国とのFTA交渉を有利に進めうるだろう。また，議会や関連業界に対しては，国際的な生産ネットワークの存在を前提とした多様な保護主義的措置を提示することにより，通商政策に関わる裁量の余地を確保しうるだろう。

ブッシュ政権の通商戦略と錯綜する地域主義

ブッシュ政権の「競争的自由化」戦略には通商政策と安全保障政策の2つの目標があった。そして，CAFTA-DRも当初はこれら2つの目標を実現するための手段――すなわち，中南米諸国とのFTAを積み上げて自国主導でFTAA交渉を前進させるための手段として，また，近隣途上国の政治的安定を促進する手段として位置づけられていた。しかし，結果から見ればCAFTA-DRは通商政策上の手段としては機能せず，安全保障政策上の手段として正当化されることになった。以下ではCAFTA-DRをこれら2つの側面

から評価し，ブッシュ政権の通商政策の特質と問題点について分析する。

　CAFTA-DR が通商政策の手段として機能せず，FTAA 交渉が停滞した第1の理由は，アメリカとメルコスール諸国との対立が解消しなかったためである。アメリカは貿易の自由化に留まらず，投資やサービスの自由化，知的所有権や政府調達などの国内制度改革までをも求めたのに対し，メルコスール諸国はこれらのハイレベルな要求には反対し，農産物の自由化，とくにアメリカの農業補助金の撤廃を要求した。[53]

　第2の理由は，1990年代末以降における地域主義の発展である。もともと競争的自由化とは，1990年代前半におけるアメリカの通商政策の成功から引き出された戦略である。当時，アメリカはウルグアイ・ラウンドの停滞を前に，NAFTA と APEC という2つの地域主義イニシアティブを積極的に進めた。これにより，ウルグアイ・ラウンドに進展がなければ，アメリカは地域主義に傾斜してそれ以外の国々は取り残されるのではないかという懸念が広まり，ウルグアイ・ラウンドは急速に妥結へと向かった。アメリカは，GATT と NAFTA，APEC という3つの通商交渉を同時に進める「トリプル・プレイ」を成功させたのである。[54] 以上のように，90年代前半のアメリカは，米州とアジアの二大地域主義への影響力を活用して自己の立場を飛躍的に強めることに成功した。そしてこうした強力な立場を独占していることこそが，アメリカの通商政策の特質を示すものと評価されていたのである。[55]

　しかし90年代末以降，世界の地域主義は大きく変化した。90年代における地域主義は欧州や米州，アジアという三大地域を主な舞台として，当該地域の諸国家が結束を深めるものだった。ところが90年代末から，多くの国々がFTAの締結競争を開始し，複数の地域主義に関わる国家が現れ，その結果，地域を跨いだFTA交渉や地域主義相互の連携が活発化した。[56] FTA によって主導される貿易自由化のプロセスは，地域主義の進展を複雑かつダイナミックなものに変容させ，「錯綜する地域主義」とでも言うべき状況が出現したのである。そして錯綜する地域主義のもとでアメリカの特権的な地位は弱体化した。かつて複数の地域主義に関与できたのはアメリカのみだったが，今日においては数

多くの国々が複数の地域主義との関係を持つようになった。それらの国々はアメリカが地域主義に傾斜しても「取り残される」どころか，アメリカに対抗して複数の地域主義にアプローチするようになった。米州においてはメルコスールをはじめとして中米共同市場やアンデス共同体などの地域統合体が存在し，それらの地域統合は域内および域外の国や地域と網の目のようにFTAを締結しつつある。そしてメルコスールはアメリカと共に米州における貿易協定網の中心に位置することで，アメリカからの競争的自由化圧力を相殺してFTAA交渉を停滞させた。[57]

次に，安全保障政策の側面からCAFTA-DRを検討する。ブッシュ政権の安全保障政策は，テロと大量破壊兵器の拡散，破綻国家の存在をアメリカにとっての脅威と見なし，自由と民主主義，市場経済を世界中に拡大していくことで，アメリカの安全保障を確保することを主な目的としている。[58]そして，FTAをはじめとする通商政策も安全保障政策に組み込まれ，途上国における経済成長と法の支配を促進し，民主主義を強化してテロ組織や国家破綻の脅威を除去するための手段として位置づけられている。[59]CAFTA-DRは単に途上国の貿易自由化を進めるだけではなく，自由化の利益を国民諸階層に均霑させるための貿易能力構築に関する規定が拡充されている。このような点からは，規定が，実際にどれだけ実効性を持つものとなるのか今後の展開が注視されよう。

しかし，民主化外交の手段としてアメリカのFTAを評価した場合，そこには看過できない問題点が存在する。第1に，前項で述べたように，アメリカのFTAには貿易自由化だけではなく，投資やサービス，知的所有権に関するハイレベルな規定が存在する。よって，アメリカのFTAは国内制度改革の代償として対米輸出や外交関係の強化という恩恵を与えるという性格も持つ。したがって，金融や情報通信などの重要なサービス部門に対するコントロールを確保して自立的な経済発展を進めたい国や，アメリカ以外にも輸出市場を確保できる国に対しては魅力の少ない協定となっている。第2に，連邦議会の承認を得るためには，相手国からの対米輸出が政治的に問題視されない範囲に収まる必要がある。つまり，アメリカのFTAは対米依存の深化によって政治的経済

的発展を目指す小国を主な対象としていることになる。事実，ブッシュ政権が成立させた FTA の多くは中東や中南米の親米小国を相手としており，ブラジルや韓国など世界各地域で影響力のある国々を FTA 交渉の相手とすべきだという批判も出されるようになった[60]。さらに，議会民主党は FTA を安全保障政策の手段として活用することにも批判を強め，政権の FTA 政策に強く反対するようになった。その結果，ブッシュ政権の通商政策は親米小国を相手とした機会主義的行動にすぎないものとなってしまった[61]。

第7章
民主党多数派議会のもとでの通商政策論争
────体系化される公正貿易論────

1 民主党多数派議会の成立

 2006年の中間選挙において,民主党は12年ぶりに上下両院で多数党の地位を回復した(表序-3)。議会の勢力が逆転した結果,2007年から2008年にかけての第110議会の財政委員会委員長にはボーカス議員が,歳入委員会委員長にはランゲル議員がそれぞれ就任し,民主党が政策決定におけるイニシアティブを握った。また,ホワイトハウスでは,それまでUSTR代表として競争的自由化戦略を推進してきたゼーリックが2005年に国務副長官に転出していた。ゼーリック退任後の2006年3月に発表されたUSTRの年次報告書では,通商政策の優先目標としてWTOドーハ・ラウンドや二国間のFTA,地域主義的イニシアティブの推進などが列挙されていたが,2005年までの報告書とは異なり競争的自由化戦略に関する記述は影を潜めていた。[1] 議会では民主党の公正貿易論者が影響力を強め,政権側もそれまでの通商戦略の見直しを進めるなかで,新たな貿易自由化合意の形成に向けた協議が両者の間で進められた。本章では,民主党多数派議会のもとでの通商政策の展開と,2008年大統領選における通商政策論争を検討する。

2 民主党多数派議会と貿易自由化合意の解体

 2006年中間選挙の結果,民主党ではグローバル化に反対する保護主義的な議員が増加した。上院では6名の自由化賛成議員に代わって5名の保護主義的な

議員が，下院では22名の自由主義的な議員に代わって16名の保護主義的な議員が当選した。民主党上院議員のドーガン（Byron Dorgan）とブラウン（Sherrod Brown）は，大企業のグローバルな経済活動が国内の雇用や賃金，国民生活を守る様々な規制を引き下げる「底辺への競争」を激化させていると指摘した。そして，全ての貿易協定には労働や環境その他の保護規定が組み込まれ，アメリカ人労働者が公正な条件で国際競争できるようにすべきだと主張した[2]。また，第110議会での新人議員62名のうち48名は民主党議員であり，この民主党議員の半数がCAFTA-DRをはじめとするFTAを強く批判していた[3]。1月17日，これら新人の下院議員のほとんどがランゲル委員長に書簡を送り，アメリカの労働者や中小企業にとって公正な通商政策への転換を求めた。彼らはCAFTA-DRをやり玉に挙げて「雇用を殺す（job-killing）」貿易協定と非難し，労働・環境規定の不備を責めた[4]。

　上下両院で政策形成プロセスのイニシアティブを握った民主党は，ブッシュ政権，とりわけFTAへの批判を強め，(1)2007年7月1日に失効するTPAの更新，(2)TPAの失効までに国家間で合意した4つのFTA（対ペルー，コロンビア，パナマ，韓国）の批准，(3)2007年に失効する現行TAAの更新・強化[5]，という3つの論点を軸に，政権との通商政策論争を進めた[6]。

　まず，議会民主党指導部は，TPAの更新やFTAの批准の前提条件として，これまでのFTAの「不備」を修正した新たな雛形の作成を求めた。ランゲル歳入委員長はナンシー・ペロシ（Nancy Pelosi）下院院内総務やサンダー・レビン（Sander M. Levin）貿易小委員会委員長ら下院民主党指導部と，USTR代表のスーザン・シュワブ（Susan C. Schwab）ら行政府との間でFTAの新しい雛形[7]の作成を進め，通商政策についての超党派の合意を再生しようとした。3月27日にランゲルとレビンは批准待ちのFTAを改善して超党派の合意を再生するための提案として「アメリカのための新通商政策（A New Trade Policy for America）」を発表した[8]。新通商政策では，(1)FTA相手国に対してILOの中核的労働基準の実行を求めること，(2)相手国に対して多国籍環境協定の実行を求めること，(3)途上国の医薬品アクセスを促進するための知的所有権の緩和，(4)

第7章　民主党多数派議会のもとでの通商政策論争

現行のTAAを強化して自由化による損失を被った地域社会の再生までも対象とする戦略的労働者支援・訓練イニシアティブ（Strategic Workers Assistance and Training Initiative：SWAT）を創設することなどを提起していた。

これに対して，政権側はTPAの更新と引き替えにFTAの労働規定の強化は認めるが，その変更は最小限にとどめようとした。ブッシュ大統領は，1月31日の経済報告演説でドーハ・ラウンドをはじめとする貿易協定の締結のためにTPAの更新を求めた。またシュワブは，下院民主党との協議において労働・環境規定の強化は認めたが，ILOの基準ではなくアメリカ労働法を基準として採用するよう求めた。アメリカはILOの中核的8条約のうち2つ（強制労働と児童労働の禁止）しか批准しておらず，相手国にILO基準の実行を求めた場合，逆に残り6条約の実行，つまり自国労働法の変更を求められる恐れがあるからである。

しかし，民主党はTPA更新の前に将来の通商政策の新たなモデルを構築する必要があるとして，TPA更新と労働規定の強化とのリンケージを拒否した。他方，ILO基準の採用についてはアメリカが批准していないILO条約を根拠に提訴されないような語句を用いる方向で妥協した。

5月10日，下院民主党とUSTRは新しい合意を発表した。合意の趣旨は3月にランゲルとレビンが発表した新政策とほぼ同一であり，法的強制力のある労働・環境規定や医薬品へのアクセスの改善を今後のFTAの要件とし，さらに，SWATなどの国内対策の強化を主な内容としていた。これらの要件は，批准待ちの4つのFTAにも適用される新たなFTA政策のテンプレートだとされた。シュワブは批准待ちのFTAを前進させ超党派の合意を回復する歴史的な合意だと賞賛したが，ペロシやランゲルは4つのFTA全てに対する党内の支持をまとめられなかった。ペルーおよびパナマとの協定は党内からの十分な支持を得られたが，コロンビアについては国内の政治不安に伴う人権侵害が，韓国については自動車市場の閉鎖性が問題視された。6月29日，下院民主党指導部はペルーおよびパナマとのFTAは支持するが，コロンビアと韓国とのFTAには反対するとの声明を発表した。

153

7月1日にブッシュ政権に与えられていたTPAが失効した。こうして論点は，批准待ちの4協定のうち最も早く二国間での署名をすませていたペルーFTAの批准とTAAの強化に移行した。ランゲル委員長は夏休みの間にペルー政府と労働規定に関する調整を進め，ペルー労働法の強化によってILO基準をクリアする約束を交わした。(14) 他方，TAAの強化については4月に上院のボーカス財政委員会委員長が救済対象をサービス産業の労働者や中国などFTA未締結国との貿易の被害者にまで拡大する法案のプランを発表した。ボーカスのTAA提案は巨額の支出を必要とするため政権や共和党からの反発を招いた。

夏休み明け，ペロシ院内総務はFTAに反対する議員を懐柔するためにTAAの強化法案を活用しようとした。ペルーFTA法案が9月25日に歳入委員会を通過した後，10月24日に2007年貿易・グローバリゼーション法（Trade and Globalization Act of 2007: H.R. 3920）が歳入委員会で承認され，11月2日に下院で成立した。しかし，ブッシュ政権はH.R. 3920を貿易関連プログラムの範囲を超えた普遍的な所得支持・職業訓練プログラムだと見なして強く反対し，上下両院で成立した場合は拒否権を発動すると述べた。(15) その結果，上院でTAA強化法案を提出する準備を進めていたボーカスは，十分な支持を集めなければ法案を提出できない状況に陥った。(16) 他方，ペルーFTA法案は11月9日に下院を通過したが，233名の民主党議員のうち賛成したのは109名にとどまった。民主党内での反対意見を尊重し，ペロシは反対票を投じた議員を批判しなかった。ペルーFTA法案は12月4日に上院で承認され，14日に大統領が署名した。

政権と議会民主党は，残る3つのFTAの批准とH.R. 3920とを取引材料にしようとしたが調整は難航した。ペルーFTAの成立後，ブッシュ政権はコロンビアFTA法案の成立に注力した。ブッシュ政権は2007年5月の合意に基づいてコロンビア政府との間で再交渉を行い，コロンビアの労働法や環境規定を強化することで合意をすませていた。(17) しかし，民主党はコロンビアの人権状況の改善には不十分だとし，また，TAAの強化が先だとして反対し続けた。

2008年4月，ブッシュ政権は民主党の反対を無視してコロンビアFTA法案を提出した。これに対抗して，下院民主党指導部はコロンビアFTAにTPAを適用しない決議を採択させ，法案の審議そのものを封じ込めてしまった。決議によるTPAの剥奪という異例の事態について，バーグステンやバーフィールド（Claude Barfield）といった政策専門家は，民主党は政策プロセスを本質的に変質させ，今後の貿易自由化を危機に陥れたとして批判した。[18]他方，民主党が多数を占める議会で採決を強行すれば否決される可能性が高かったことから，法案成立の可能性を残すための苦肉の策だとする評価もある。[19]いずれにせよ，民主党多数派議会の下で，貿易自由化のための合意形成の努力は頓挫してしまった。

3　2008年大統領選挙と通商政策論争

本節では，2008年の大統領選における通商政策論争の構図を整理し，2006年の中間選挙後，さらに激化した自由貿易論と公正貿易論との党派対立を展望しておく。[20]共和党の大統領候補は一貫した自由貿易主義者ばかりであり，ドーハ・ラウンドの進展やFTAの締結にも前向きである。これに対し民主党の候補は，現行の貿易は「底辺への競争」になっているため，雇用を改善するための政策対応とFTAの見直しが必要だと主張した。具体的には，FTAの労働・環境規定や海外市場の開放を重視しており，CAFTA-DRや韓国FTAをはじめとするFTAには批判的である。また，国内的にはTAAの拡大に賛成しつつ農業補助金の削減に反対した。

しかしながら，今日における通商政策の行き詰まりを打開するためには民主党内の公正貿易論者を周辺化するための新たな政策イニシアティブが求められる。そのためには，アメリカ人の多くが抱えている失業への不安に対処することが必要である。そもそも労働・環境規定やTAAの強化がFTAをはじめとする自由化政策への支持に結び付かない理由は，長年にわたる賃金水準の停滞と格差の拡大，雇用の不安定化といった雇用環境の悪化の原因が自由貿易のためだと理解されているからである。[21]労働・環境規定の強化は途上国との賃金格

差を是正するものではなく,また,TAAの恩恵は特定産業にのみ限定されるため,アメリカ国民一般の不安に応えられるものになっていない。以下では,こうした全般的な雇用不安への対応の必要性を踏まえたうえで通商政策に対する提起を行っている議論を整理しておこう。

第1に,雇用不安への対応と自由貿易政策の継続とが両立しないという議論がある。これは民主党左派,つまり労働組合寄りとされる経済政策研究所(Economic Policy Institute：EPI)の議論である。EPIは大統領選に向けて「繁栄の共有(Sharing the Prosperity)」という研究プロジェクトを進めて通商政策を含めた数多くの政策提言を発表している。[22]それによれば,次の大統領に求められるのは「通商政策の戦略的休止」であり,貿易の拡大が貿易赤字の拡大に結果しないような政策が形成されるまで全ての通商交渉を停止すべきだとされる。その間に進めるべき政策としては,第2プラザ合意や国内の教育・訓練制度の全面的な見直し,世界大での社会契約を構築するための国際的枠組みの整備などが挙げられている。

同様に,経済成長を雇用の安定よりも優先する自由貿易アプローチに対し,輸入産業部門の安定を自由貿易よりも優先する公正貿易アプローチを提起する議論がある。[23]この議論では,自由貿易アプローチを採用する場合はドーハ・ラウンドを最優先すべきだが,国内の合意調達は困難になり,他方,公正貿易アプローチを採る場合は中国との貿易摩擦問題を優先すべきだが,諸外国からの強い反発を招くことになるとしている。またFTAについては安全保障政策上の目的を追求するための道具として割り切るか,ドーハ・ラウンドの前進を支援するためのカードとして使うのか明確にすべきだとしている。

もう一つの立場は,雇用不安への対応と自由貿易政策との両立を追求すべきだとする議論である。雇用不安の対応策としては,税制や医療保障,労働者の権利や教育・再訓練,年金などの社会政策の全面的見直しを進める「新たな社会契約」[24]や,農業補助金を削減して財政赤字の削減やその他の国内対策に回すことで貿易自由化への支持を最初に取り付けるべきだとする提案[25]がなされている。

4　公正貿易論の体系化

　本章では，民主党多数派議会のもとでの通商政策論争を検討した。2006年の中間選挙で勝利し上下両院で多数党の座を占めた民主党は，これまでに以上に貿易自由化政策への批判を強め，体系的な公正貿易論の立場を明確に打ち出すようになった。こうして，民主党はそれまでの貿易自由化合意に対してさらに強い要求を打ち出し，民主党指導部と政権との合意すら受け入れなくなった。民主党の公正貿易論者の主張は，雇用不安一般に対応する普遍的な失業対策プログラム，途上国との公正な競争を実現するための労働・環境基準の国際的かつ実効的な規制，為替政策の国際的な規制など，従来の通商政策の対象から大きくはみ出すような要求を含んでいる(26)。そして，これらの要求をTPAやFTAなどの貿易自由化政策に対する合意の条件とするようになった。2008年の大統領選挙ではオバマが当選し，8年ぶりの民主党出身の大統領として就任した。当初，オバマは超党派の政治の復活を訴えていたが，通商政策においては足下の民主党の方こそがイデオロギー的な主張を強めていた。

第8章
人民元問題の政治経済学
――経済的相互依存はいかに管理されたか――

1　米中の経済的相互依存と人民元問題

　過去30年間，米中の経済関係は拡大し続けてきた。とりわけ，G.W.ブッシュ政権期において中国経済はその存在感を劇的に高め，2007年にアメリカからの輸出では日本を抜いてカナダ，メキシコに次ぐ第3位に，輸入では第1位となった。また，貿易赤字額では2000年に日本を抜いて以降，第1位の座を占め続けている。そして，こうした不均衡な経済関係の深化を背景に，ブッシュ政権期のアメリカ議会では数多くの対中制裁法案が提出され，人民元切り上げ問題や知的財産権などの論点をめぐって米中の貿易摩擦問題が激化した。その一方で，米中間では経済的相互依存関係が成立した結果，それが両国の国家間関係を左右するようになったのではないか，という議論も見られるようになった。すなわち，中国は輸出主導の経済成長を続けるため，輸出で得たドルで大量の米国債を購入して人民元の為替レートを低く抑えている。アメリカの方は中国から流入したドルで貿易赤字を補填し，国内の低金利が維持され，好景気が続く。以上のような認識に基づき，「経済的相互確証破壊（Mutually Assured Economic Destruction）」や「チャイメリカ（Chimerica）」といった言葉が作られ，盛んな議論が交わされるようになった。これらの論争は大まかに，(1)経済的相互依存によって米中間の戦争は不可能になったのかどうかという問題と，(2)経済的な相互依存が成立したとして，それが双方にどのような政治的影響力を与えるのか，という問題に整理される。第2の問題について極論すれば，アメリカは自国市場へのアクセスを，中国は自国の保有する米国債の売却を，それぞれ交渉

の梃子として活用しうるのかどうか，という問題になる。

では，実際に，米中間の経済的相互依存関係はどのように管理されていたのであろうか。本章では，G.W. ブッシュ政権期における人民元切り上げ問題の政策形成プロセスを分析し，経済的相互依存の管理という問題にアプローチする。人民元問題に関する先行研究の多くは，とりわけ日本においては人民元切り上げの是非や妥当な切り上げ幅に関心が集中している。しかし，本章ではアメリカの政策形成プロセスにおいて人民元問題がどのように議論され，対応されたのかを具体的に分析し，ブッシュ政権期における「米中の経済的相互依存とその管理」の特徴を考察したい。

なお，叙述は以下の順序で行う。第2節では，ブッシュ政権期における米中経済関係の概観を検討し，第3節では，人民元切り上げ問題の政策形成プロセスの概要と主要な政策手段について整理する。次に，第4節において，人民元切り上げ問題が争点化した2003年から中国が「通貨バスケット制」に移行した2005年7月までの時期を，第5節では，その後，対中姿勢が硬化しスノウ (John William Snow) 財務長官が更迭されポールソン (Henry Merritt Paulson) に交代する2006年5月までの時期を，第6節では，ポールソン長官のもとで戦略的経済対話 (U.S.-China Strategic Economic Dialogue : SED) が創設され，対中関与政策が強化された時期，をそれぞれ分析する。

2　G.W. ブッシュ政権期における米中経済関係の概観

まず，図8-1よりアメリカの対中貿易額を検討しよう。アメリカの対中貿易額は，輸出入とも1980年代半ば以降一貫して拡大しているが，とりわけ，2002年以降に輸入額が急速に増加し，それに伴って貿易赤字も急激に拡大している。貿易赤字は2009年にいったん減少しているが，これは2008年の世界金融危機に伴う一時的な動きだと思われる。

しかし，巨額の貿易赤字だけでは米中貿易の特徴を見失う。第1に，米国企業の対中投資や委託生産の増加に伴い米国企業による逆輸入が増加しており，

第Ⅱ部　G. W. ブッシュ政権期の通商政策

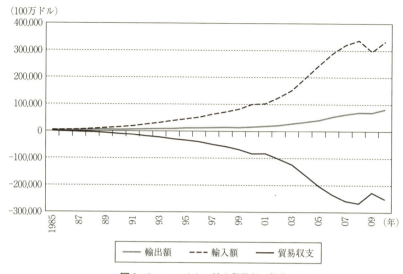

図8-1　アメリカの対中貿易額の推移
出所：U.S. Census Bureau, "US Trade in Goods by Country" より作成。

　2000年には米国の対中輸入の18.1％を企業内貿易が占めていた。また，2002年には中国の対米輸出の67％が加工貿易で占められていた。第2に，今日の東アジアではグローバル・サプライチェーン，すなわち，多くの産業で生産工程が複数の段階に切り分けられ，個々の企業は最も有利な場所で特定の工程に特化する国際分業が進められている。表8-1によれば，2000年代における中国の輸出入の半分以上が外国企業によるものである。そして，中国はグローバル・サプライチェーン末端の労働集約的な最終組立工程に特化していた。米中経済・安全保障調査委員会（U.S.-China Economic and Security Review Commission）の公聴会では，付加価値ベースで計算すると2002年における中国の対米輸出額のうち54％が外国産，つまり外国製の中間財から構成されるため，対米貿易黒字も40％程度縮小するというディーン（Judith M. Dean）の証言がある。これらの事情のため，アメリカの対中貿易赤字に対する米国企業の立場は，中国に生産拠点を持つ大企業と米国内で生産する中小企業，アメリカ国内の製造業と中国で委託生産を行っている小売業などの間で分裂していた。

第8章 人民元問題の政治経済学

表8-1 外国企業による中国の輸出入(1986～2006年)

年	中国への直接投資額(10億ドル)	外国企業による輸出額と総輸出に占める割合(10億ドル／％)	外国企業による輸入額と総輸入に占める割合(10億ドル／％)	アメリカの対中貿易赤字(10億ドル)
1986	1.9	0.6／1.9	2.4／5.6	−1.7
1990	3.5	7.8／12.6	12.3／23.1	−10.4
1995	37.5	46.9／31.5	62.9／47.7	−33.8
2000	40.7	119.4／47.9	117.2／52.1	−83.8
2001	46.9	133.2／50.0	125.8／51.6	−83.1
2002	52.7	169.9／52.2	160.3／54.3	−103.1
2003	53.5	240.3／54.8	231.9／56.0	−124.0
2004	60.6	338.2／57.0	305.6／58.0	−162.0
2005	60.3	444.2／58.3	387.5／57.7	−201.6
2006	63.0	563.8／58.2	472.6／59.7	−232.2

出所：Morrison and Labonte [2008] p. 25. 原出所は China's Customs Statistics および U.S. International Trade Commission Dataweb.

次に，人民元の為替レート制について概観する。1994年以降の人民元は管理変動相場制の下にあった。管理変動相場制とは，「市場の需給に基づいた，単一の，管理のある変動制の制度」とされ，その下では経常取引は原則自由であるが，経常取引で得た外貨の保有は厳しく制限され，市場集中義務などが課せられている。制度的には市場の需給に基づいて為替レートが決定されるが，現実にはドル売りを人民銀行が全て買い取ることで，1ドル＝8.2765元を中心レートとして上下0.3％の範囲内で変動するよう調整されていた。人民銀行が市場介入を続けているため中国の外貨準備高は急速に拡大し，この蓄積されたドルはアメリカ国債を中心に投資されてきた。図8-2は，2001年から2008年における海外諸国および日中のアメリカ財務省証券保有額の推移を示したものである。ブッシュ政権期を通じて中国の保有するアメリカ財務省証券は増え続け，2008年後半には日本を抜いて世界第1位の保有国となったことが分かる。

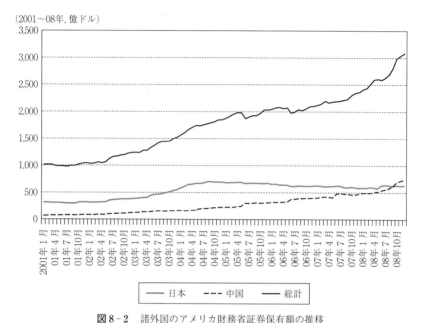

図 8-2 諸外国のアメリカ財務省証券保有額の推移

出所：U.S. Department of Treasury, "Major Foreign Holders of Treasury Securities" より作成。
(http://www.treasury.gov/resource-center/data-chart-center/tic/Documents/mfhhis01.txt)

3 人民元切り上げ問題の政策過程と政策手段

アクター

　人民元切り上げ問題の主要なアクターは，連邦議会と行政府，とりわけ財務省である。1988年包括通商法の「1988年為替レートおよび国際経済政策協調法」により，財務省は年2回，議会に外国の為替政策に関する報告書を提出し，その際，財務長官が上下両院の銀行委員会の公聴会で証言しなければならない。[11]この報告書では，巨額の経常黒字，かつ巨額の対米貿易黒字を持ち，不公正な通商上の優位を得る意図を持って為替介入を行っている国を「為替操作国」に指定する。そして，米国政府は為替操作国と協議を行いその是正を求めなければならない。したがって，人民元切り上げ問題の政策形成プロセスは，年2回

の報告書とその後の公聴会を主な舞台として，対中貿易赤字問題の解消のために人民元切り上げを要求する議会と財務省をはじめとする行政府との関係を中心に展開することになる。

　しかし，財務省と議会それぞれが実際に果たしている役割については以下のような批判がある。まず，財務省の実際の役割については，政府監査院（Government Accountability Office：GAO）が2005年に発表した報告書にまとめられている。[12]この報告書によれば，第1に，財務省は為替操作国の指定について大きな裁量を持っている。たとえば，為替操作国の基準となる「重大な」経常黒字や「顕著な」貿易黒字には具体的な定義がなく，実際には相手国経済の多面的な検討によって判断しているとされる。第2に，財務省は1990年代においては為替レートが米国経済に与える影響を重視して分析していたが，それ以降は世界的な貿易不均衡の背景にあるマクロ経済的な要因の分析に焦点を当てている。財務省は，為替レートはマクロ経済およびミクロ経済的諸要因の複雑な相互作用を通じて決定される経済的変数だと考えており，したがって，為替レートを政策手段とは見なしていない。つまり，中国との貿易摩擦問題を解消するために人民元の切り上げを求める議会の側の認識とは，大きな開きがあることになる。

　次に，議会の役割についてはランダール・ヘニング（C. Randall Henning）が，為替レート政策の民主的統制という観点から批判的に検討している。[13]ヘニングによれば，財務省の為替操作報告書による説明プロセスは，日本やヨーロッパ諸国との貿易摩擦が問題となっていた1980年代の状況に基づくものである。しかし，1990年代以降に生産プロセスの国際化が進展したため，二国間の貿易バランスのみを問題視するのは無意味になってしまった。したがって，議会は主要通貨に対するドルの価値，対外債務の限度，国際通貨システムにおけるドルの役割など，今日の通貨政策に求められるより広範な政策課題にも注意を払うべきだという。しかし，財務省は不十分な情報しか提供せず，報告書の体裁や発表日もバラバラで，単に法律上の要請を満たすためにのみ提出している。また，議会の側も，貿易関係の委員会と報告を受ける銀行委員会とが制度的に分離しており，通貨政策の広範な政策課題に対応できる体制を持っていない。そ

こでヘニングは，議会による為替政策の民主的統制という観点から為替操作報告書のプロセスを全面的に見直すべきだと主張している。ヘニングの分析は，貿易赤字問題ばかりを問題視する議会の近視眼や，対外経済政策を包括的に議論できない制度的欠陥といった問題点を浮き彫りにしている。

政策手段

ここでは人民元切り上げ問題の政策手段を，(1)議会による法的アプローチ，(2)IMFによる多国間アプローチ，(3)WTOによる多国間アプローチ，の3つのアプローチに分類して整理する。[14]

(1) 議会による法的アプローチ

ラジ・バラ（Raj Bhala）の研究によれば，人民元切り上げ問題に関する法案は，2001～2002年の第107議会から2007～08年の第110議会までの間に55本提出された。これらの法案は，(1)為替操作国の認定要件を緩和する法案，(2)一方的な高関税を賦課する法案，(3)非市場経済に相殺関税（countervailing duty：CVD）法を適用する法案，(4)反ダンピング（antidumping：AD）法を適用する法案，の4つに大別される。[15] 表8-2は，これらのうち第108議会から第110議会までに提出された主な法案を整理したものである。アメリカ議会で通商法案が提出された場合，まずは通商政策を担当する上院財政委員会と下院歳入委員会での審議と採決を通過しなければならない。通過できた法案は本会議に提出され，本会議での審議と採決にかけられる。上院案と下院案の内容が異なる場合は両院協議会で一本化され，再度両院での採決にかけられ，最終的に大統領の署名を得られれば成立することになる。しかし，上記の55の法案のうち，担当委員会の採決ですら通過できた法案はごくわずかであり，委員会や議会多数党指導部の支持を得られなかったり，他の法案の審議が優先されたりした結果，多くの法案は店ざらしにされた。

次に，4つの類型を順に検討しよう。第1に，為替操作の認定要件については，財務省の裁量を制限するために相手国の「意図」を要件から除外すること

第8章　人民元問題の政治経済学

を求める法案が作成されるようになった。しかし，第4節以降で示すように，財務省は中国を為替操作国に指定することはなかったが，人民元の切り上げに向けた中国との協議は粘り強く行っていた。したがって，要件を緩和して操作国に指定したとしても単なるレッテル貼り（name and shame）以上の意味があるのか疑問視する議論もあった。[16] 第2に，一方的な高関税については，たとえば，人民元の過小評価の幅が一般には15～40%とされているので，その平均を取って27.5%の関税を中国製品に賦課する法案が提出された。しかし，特定国の製品に対する関税はWTOの最恵国待遇原則に反し，また，中国からの報復や中国製品の価格上昇を招く可能性があるという批判がなされた。[17] 第3のCVDとは輸出国の不当な補助金に対する対抗措置だが，これまで商務省は，中国のような非市場経済国からの輸入品の正確な補助金額を評価するのは不可能であるとして発動してこなかった。しかし，議会は非市場経済国からの輸入品に対してもCVDを課すよう要求した。[18] 第4の類型は，ダンピング・マージンの計算に過小評価された為替レートも算入するというものである。この措置については，そもそも中国のような非市場経済国からの輸入品のダンピング・マージンの算定方法について異論が多いうえに，過小評価された為替レートを算入するのはWTOのルールに抵触するのではないかという批判があった。[19]

(2) IMFを活用した多国間アプローチ

IMF協定の第4条「為替取極に関する義務」の第1項(iii)では，加盟国の義務として，「国際収支の効果的な調整を妨げるため又は他の加盟国に対し不公正な競争上の優位を得るために為替相場又は国際通貨制度を操作することを回避すること[20]」を挙げている。IMFを活用したアプローチとは，中国の為替レート政策がこの規定に反しているとして，IMFの機能を強化して中国に圧力をかけるべきだという提案である。たとえば，以下のような提案がなされた。(1) IMFが行っている加盟国の経済政策に対するサーベイランスを強化し，各国の為替レート政策についての報告書を定期的に発表させるようにする。(2) G7にIMFの代表を参加させ，国際的に受容できる為替レート政策の明確化を

表 8-2　人民元切り上げ問題に関する主要な法案・決議一覧

法案番号／提出議員名	経過	法案の内容
\[108議会 (2003〜04年)\]		
S.1586 Sen. Charles Schumer (D)	2003.9 提出	人民元は15〜40%過小評価されているため、中国との人民元切り上げ交渉が成果を上げなければ中国からの輸入品に27.5%の関税を課す。
S. Res. 219 Sen. Lindsey Graham (R)	2003.9 上院通過	財務長官に対し、市場ベースの為替レートに向けて中国との交渉を勧告。中国が為替操作を履行するよう促すためのコミットメントを履行するよう促す。
H.R. 3058 Rep. Phil English (R)	2003.9 提出	財務長官に対し、中国の為替レート政策を分析し、為替操作を中立化する追加関税を課すよう要求。
S.1592 Sen. Joseph Lieberman (D)	2003.9 提出	ITCに対し、貿易障壁の範囲を明確化し、為替操作国とのWTO交渉がまとまらなければ301条に基づくセーフガードを提言。
H. Con. Res. 285 Rep. Donald A. Manzullo (R)	2003.9 提出	為替レートの均衡回復に努め、301条に基づく対抗措置をとるよう行政府に要求。
H.R. 3269 Rep. John Dingell (D)	2003.1 提出	商務長官に対し、外国の為替操作を調査し救済措置をとるよう求める。
S. 1758 Sen. George Voinovich (R)	2003.1 提出	財務長官に対し、中国の為替政策を調査し、追加関税を課し、必要ならば為替操作を相殺する措置をとる義務づける。
H.R.414 Rep. Sue Myrick (R)	2003.1 提出	中国が為替操作をしておらず、一般的に受け入れられた市場ベースの貿易政策に従っている限り、中国からの輸入品に27.5%の関税を課す。
H.Res.414 Rep. Phil English (R)	2003.1 下院通過	中国のフロート制への移行を促進し、大統領が為替操作国に交渉を続けるよう求める。
S.Res.262 Sen. Olympia Snowe (R)	2003.11 提出	財務長官に対し、中国のフロート制に向けた交渉を開始するよう求める。
S.2765 Sen. Olympia Snowe (R)	2004.7 提出	為替操作国指定要件の緩和。
H.R. 4986 Rep. Mike Rogers (R)	2004.8 提出	中国の為替政策を分析し、過小評価が認められた場合、WTOでの対応を要求。
S.2927 Sen. Charles Schumer (D)	2004.1 提出	為替操作国指定要件の緩和。
\[109議会 (2005〜06年)\]		
H.Con.Res.33 Rep. Tim Ryan (D)	2005.1 提出	大統領に対し、米中経済・安全保障委員会の2004年の報告書にある勧告を採用するよう要求。
S.295 Sen. Charles Schumer (D)	2005.2 提出	中国が為替操作をしておらず、一般的に受け入れられた市場ベースの貿易政策に従っている限り、輸入品に27.5%の関税を課す。
H.R. 1498 Rep. Tim Ryan (D)	2005.4 提出	為替操作に対してもCVDを課す。
H.R. 1575 Rep. Sue Myrick (R)	2005.4 提出	大統領が議会に対し、中国が為替操作をしておらず、一般的に受け入れられた市場ベースの貿易政策に従っていると証明しない限り、中国からの輸入品に27.5%の関税を課す。

第8章 人民元問題の政治経済学

S.984 Sen. Olympia Snowe (R)	2005.5 提出	為替操作国指定要件の緩和。
H.R. 2208 Rep. Donald Manzullo (R)	2005.5 提出	為替操作国指定要件の緩和。
H.R. 2414 Rep. Mike Rogers (R)	2005.5 提出	財務長官に対し、中国の為替レート政策の調査を要求。過小評価を補助金と見なし、WTOの紛争解決手続を活用。
S.1048 Sen. Charles Schumer (D)	2005.5 提出	為替操作国指定要件の簡素化・明確化。
H.R. 3004 Rep. Phil English (R)	2005.6 提出	財務長官に対し、中国の為替レート政策を分析し、為替操作を中立化する追加関税を課すよう要求。
H.R. 3306 Rep. Charles Rangel (D)	2005.7 提出	非市場経済に対してもCVDを賦課。
S.Res.270 Sen. Evan Bayh (D)	2005.1 提出	大統領に対し、中国の第4条違反や為替操作問題についてIMFと協議するよう要請。
H.R. 4733 Rep. Charles Rangel (D)	2006.2 提出	議会貿易執行局を設置し、米国の貿易相手国が貿易協定を遵守しているかどうかを監視。
H.R. 2467 Sen. Chuck Grassley (R)	2006.3 提出	88年為替レート法の改正。基礎的不均衡が存在し米国経済に悪影響を与えている通貨国に対する対抗措置を明確化。
H.R. 5043 Rep. Benjamin Cardin (D)	2006.3 提出	国際経済政策に関する国家委員会の創設。為替操作が存在する貿易相手国の不公正な貿易活動を報告。
S.3992 Sen. Jim Bunning (R)	2006.9 提出	88年為替レート法を改正し、基礎的不均衡を認め、基礎的不均衡に対する交渉や対抗措置を課す。
110議会 (2007〜08年)		
H.R. 321 Rep. Phil English (R)	2007.1 提出	財務長官に対し、中国の為替レート政策を分析し、為替操作に見合った追加関税を課す。
H.R. 782 Rep. Tim Ryan (D)	2007.1 提出	為替レートの不均衡が存在する場合、それを輸出補助金とみなしてCVDを課す。
H.R. 1002 Rep. John M. Spratt (D)	2007.2 提出	中国が為替操作をやめない場合、27.5％の関税を課す。
S.796 Sen. Jim Bunning (R)	2007.3 提出	為替レートの不均衡が存在する場合、それを輸出補助金とみなしてCVDを課す。
S.1677 Sen. Christopher J. Dodd (D)	2007.6 提出	意図にかかわらず為替操作を認定し、諸外国やIMFと協力して是正のための措置をとる。
S.1607 Sen. Max Baucus (D)	2007.7 財政委通過	基礎的不均衡が存在した場合、是正のための措置をとる。
H.R. 2942 Rep. Tim Ryan (D)	2007.6 提出	ITCに対し、非市場経済からの輸入品に対しても相殺関税を課す権限を認める。財務省が基礎的不均衡を認めれば、当該国の不当な輸出補助金であるとして、CVDを課す。

注：(R) は共和党、(D) は民主党。
出所：Hufbauer, Wong and Sheth [2006] pp. 84-90. およびThomas 〈http://thomas.loc.gov/home/thomas.php〉より作成。

進める。(3)為替操作の疑いがある場合，該当国と特別の協議を行い，それでも解決しなかった場合，IMF 総務会での70％以上の多数決で当該国を批判する報告書を作成させる。[21]

IMF 改革については，アメリカの圧力もあって2007年にサーベイランスの改訂が実現した。それまで IMF はサーベイランスにはあまり関心がなく，特定国の為替レート政策が問題になった場合でもごく控えめにしか圧力をかけてこなかった。アメリカはこうした現状を問題視し，2005年9月にティモシー・アダムス（Timothy D. Adams）財務次官が IMF 協定4条違反の国に断固たる措置をとるよう IMF に求めた。IMF はこの訴えをいったんは拒否したが，2006年1月にアダムスが再び IMF のサーベイランスを強化して問題のある国を明確にするよう求めると，サーベイランスの改訂に向けて動き始めた。ただし，IMF の立場は，サーベイランスは強化するが，それはあくまで関係国に適切な助言をするためであり，厳格な審判としての役割を果たすつもりはないというものだった。[22] IMF は2007年6月に為替レート政策に関するガイダンスの原則を修正し，外的不安定（external instability）の原因となる政策の回避を加盟国に求めるようになった。この修正の意味は，為替レート政策の意図ではなく，その結果に焦点を当てたことにあった。[23]

しかし，中国の為替レート政策に対する IMF の影響力は限定的だという評価が当時からあった。第1に，IMF の主要な政策手段は外貨不足の加盟国に対する緊急融資であり，中国のように巨額の債権を持つ国に対しては実効性のある政策手段を持っていない。第2に，そもそも IMF は対話を通じた説得を重視してきた機関であり，アメリカが期待するような裁定役には向いていない。[24] こうしたことから，多国間アプローチとしては IMF よりも WTO に期待する議論が注目されるようになった。

WTO を活用した多国間アプローチ

WTO を活用した多国間アプローチとしては，第1に，中国の為替レート政策が GATT15条「為替取極」の4項に違反しているとする議論がある。15条

第8章　人民元問題の政治経済学

4項では,「締約国は, 為替上の措置によってこの協定の趣旨を没却してはならず, また, 貿易上の措置によって国際通貨基金協定の規定の趣旨を没却してはならない」とされている。しかし, この提起については先例が存在しないため, 中国の為替レート政策が「為替上の措置」であるのか, また,「協定(＝GATT)の趣旨」とは何なのか, といった原則論で国際的な合意を形成する必要がある。このため, 人民元問題をGATT15条違反で提訴すれば, それはWTOの紛争解決手続で判断される法的問題としてではなく, 政治的問題と見なされる可能性が高い, という指摘がある。

第2に, 中国の為替レート政策が, WTOの補助金および相殺措置に関する協定(Agreement on Subsidies and Countervailing Measures：ASCM)に反する不当な補助金だとする議論もある。ASCM違反だと主張する場合, その政策が政府による特定産業・企業への直接的な資金の移転であることを示す必要がある。しかし, 為替レート政策による自国通貨安が特定企業への直接的な資金援助である証明とするのは困難であろう。

また, そもそも通貨問題がWTOの管轄する問題であるのか疑問視する意見もある。WTOは, IMFとは異なり明確なルールに則った紛争解決手続を供えた多国間機関であるが, 通貨政策を分析・評価する専門知識も権限も持たない。したがって, IMFとWTOとが協力して為替レートに関する新ルールを策定し, IMFの評価に基づきWTOの紛争解決手続を活用すべきだということになる。しかし, このような大規模な改革には中国も含めた多数の加盟国の支持が必要になる。G7やG20を活用して国際合意を形成するという道もあるが, G7には中国が加盟しておらず, G20では中国やブラジル, インドといった新興国の発言力が強いため, 合意形成の場として活用するのは難しいのではないかと指摘されている。

以上のように,(2)では人民元切り上げ問題の政策手段を,(1)議会による法的アプローチ,(2)IMFによる多国間アプローチ,(3)WTOによる多国間アプローチ, の3つのアプローチに整理した。しかし, 実際の政策過程においては,(1)で示した複数の類型, さらには複数のアプローチを同時に活用した法案が提

169

出され，議論された。第4節以下では，こうした実際の政策形成プロセスを詳細に分析していく。

4　人民元切り上げ問題の争点化（2003年～2005年7月）

問題の発端

　2003年，対中貿易赤字の増加を背景に，アメリカ議会では「中国は人民元の過小評価によって対米輸出を促進し，米国人の雇用を奪っている」という不満が高まり人民元切り上げ問題が争点化した。しかし，行政府の認識は異なっていた。5月に発表された財務省の国際経済と為替レート政策に関する報告書では，中国は1995年以来事実上のドルペッグ制を実行しているが，為替レート操作国にはあたらずという評価を下していた。[31]

　議会の声に押され，スノウ財務長官（John William Snow）は9月初めに中国を訪問し，柔軟な為替レートの確立を求めた。[32] これに対し，中国側は，将来的には市場により大きな役割を認めると答えたが，近い将来における自国通貨の切り上げやフロート制への移行を拒否した。[33] そして，米中双方は今後の金融協力を約束し，10月に技術協力協定（Agreement on Technical Cooperation）の締結で合意した。[34] また，スノウ長官は9月のG7に参加し，為替レートの柔軟性が望ましいという声明を発表させた。[35]

　スノウ長官の訪中にもかかわらず人民元が切り上げられなかったため，議会では数多くの人民元関連法案が提出された。表8-2でも示したように，この時期に提出された法案の多くは行政府に対し，人民元の大幅切り上げやフロート制への移行に向けた対中交渉を始めるよう求め，拒否された場合は中国からの輸入品に高関税を賦課するというものだった。

　さらに，9月から10月にかけて，中国との経済関係や中国の為替レート政策に関連する公聴会が相次いで開催された。まず，10月1日に下院金融サービス委員会が，「中国の為替レート制と米国経済に対するその効果」という公聴会を開催した。[36] この公聴会では，グリーン（Mark Green），イングリッシュ（Phil

第8章 人民元問題の政治経済学

English), マンズーロ (Donald A. Manzullo) ら対中法案を提出した議員たちが, 中国の為替操作を批判し, 政権に対中圧力を強めるよう要求した。政権からはテイラー (John Brian Taylor) 財務次官が出席し, 中国はアジアにおける最終製品組立工場にすぎず, 元切り上げは対中貿易赤字問題の解決にはならないと指摘する一方で, 柔軟な為替レートは中国経済には良い政策であり今後も中国の政策変更を促していくと述べた。また, 民間からは全米製造業者境界 (National Association of Manufacturers) のバルゴ (Franklin J. Vargo) 副会長が出席し, アメリカの保護主義を回避しつつ, 中国のドルペッグ制を放棄させる必要があると指摘し, 政権の外交努力を賞賛する一方で, 高関税を賦課する法案には反対の姿勢を表明した。

第2に, 10月30日には上院銀行委員会で, 同日に発表された財務省報告に関する公聴会が開催された[37]。今回の報告でも, 財務省は中国のドルペッグ制や為替市場への政府介入それ自体では為替操作に相当しないとし, 柔軟な為替レート制に向けた対中協力の実績を強調した[38]。しかし, シューマー (Charles E. Schumer) 議員はこの報告書に強く反発した。これに対し, スノウ長官は報告書の趣旨を繰り返したうえで, 中国の銀行部門の脆弱性や投機に利用される可能性を踏まえ, ペッグ制放棄までの短期的なタイムスケジュールの設定には反対だと述べた。

第3に, 10月30日と31日の2日間にわたり, 下院歳入委員会では「米中経済関係と世界経済における中国の役割」をテーマにした公聴会が開催された[39]。政権からは, テイラー財務次官やシャイナー (Josette Sheeran Shiner) USTR副代表らが出席し, 対中貿易赤字問題は東アジアにおける生産ネットワークの形成という文脈で評価すべきであると指摘した。そして, 変動相場制への移行については中国もその必要性は認めており, 今後も協議を継続していくと述べた。また, ホルツイーキン (Douglas Holtz-Eaken) 議会予算局長は, 提出されていたH.R. 3058やS. 1586といった法案を名指しで批判した。ホルツイーキンによれば, そもそも真の為替レートの決定は困難であり, 貿易黒字は適切な指標ではない。また, これらの対中制裁法案は対中貿易赤字を減少させうるが, その

171

分,他国に対する貿易赤字を増やすだけであり,貿易赤字問題への効果は限定的だと述べた。

その後,12月初めに温家宝(Wen Jiabao)首相が訪米したが,貿易問題の懸案はほとんど前進しなかった。温家宝は貿易赤字の削減ではなく,中国へのハイテク製品輸出の拡大で問題を解決すべきだと主張した。[40] 人民元問題については,ブッシュはフロート制への移行が望ましいと繰り返したが,温は将来的な目標だと述べた。そして,米中双方は,来年1月,合同の専門家グループを設立し,フロート制への移行に関する研究を進めさせることで合意した。[41]

政権と議会との認識ギャップ

2004年4月15日,財務省は定例の報告を発表し,対中貿易赤字の背景には東アジア域内貿易の拡大があり,東アジア各国は自国の競争力への配慮から相互に牽制しあい,通貨切り上げを忌避するようになったと指摘した。そして,政権は二国間および地域レベルでの為替レートの柔軟性の拡大を主張してきたと述べた。また,中国に対してはフロート制への移行を支援してきたと強調した。[42]

4月22日,上院対外関係委員会では「中国における改革の現状」をテーマに公聴会が開催された。経済問題については米中経済・安全保障調査委員会のロビンソン(Roger W. Robinson)議長とダマート(Richard D'Amato)副議長が,対中貿易赤字によるアメリカ製造業への悪影響や,世界の通商ルールに対する米中経済関係の影響という観点から対中貿易赤字を問題視し,その主要因は15～40%にも及ぶ人民元の過小評価にあると述べた。また,アメリカ労働総同盟・産業別組合会議の首席エコノミスト,リー(Thea M. Lee)も,中国の為替操作と労働者の権利の抑圧のために,アメリカ国内で数十万もの雇用が失われていると述べた。[43] 同様の認識は,6月10日に発表された米中経済・安全保障調査委員会の報告書でも繰り返され,議会は政権の対中行動を促すための法案を成立させるべきだという提起がなされた。[44]

以上のように,当初,議会は人民元の過小評価が対中貿易赤字の主要因であるとして行政府の直接的な対応——中国の為替操作国指定や人民元切り上げ交

第8章　人民元問題の政治経済学

渉——を求めたのに対し，行政府は人民元切り上げの効果は限定的であり，柔軟な為替レート制の実現に向けた金融協力を続けていくという立場に立っていた。しかし，議会の不満は次第に高まっていった。第1に，100名以上の下院議員が元切り上げを求める書簡を7月に大統領に提出した[45]。第2に，9月末，民主党議員団が過小評価された元は輸出補助金に相当するとして，通商法301条に基づく提訴を行った[46]。

議会の反発に対し，財務省は金融面での関与政策を継続した。第1に，議会の301条提訴に対する声明を発表し，為替レートの柔軟化に向けた二国間交渉とG7やAPECの活用を進め，資本移動の自由化，金融セクター改革，為替市場改革と金融商品のリスク管理手法，金融サービスの自由化などを支援していくと述べた[47]。第2に，10月1日のG7では，中国の政策担当者も招いて為替レートの柔軟性に関する意見交換を行った[48]。第3に，テイラー財務次官が対中経済政策に関する演説を行い，ハイレベルの二国間関与，G7などを活用した多国間主義，技術協力計画に基づく金融自由化支援の3本柱で対応していると述べた[49]。そして，12月の議会報告書でも技術協力計画の進展を強調した[50]。

シューマー・グラム法案と問題の政治化

2005年になると議会の圧力はさらに高まり，政権は本格的な対応を余儀なくされた。2月，上院ではシューマー議員とグラム (Lindsey Graham) 議員が超党派の上院議員10名の署名を得て，対中制裁法案S.295を提出した。同法案は行政府に対し，人民元切り上げ交渉のために180日を与え，交渉に失敗すれば対中報復関税を課すよう要求していた[51]。上院は4月，S.295の棚上げ動議を33対67の大多数で否決し，6月末までに採決を行うと決定した[52]。S.295が成立すれば，ブッシュ政権はそれに基づく強硬な対応を余儀なくされる。政権は，これまでのような事務的対応での争点管理に失敗し，より踏み込んだ発言や姿勢を示すようになった[53]。

第1に，4月以降，政権の高官が相次いで「中国は柔軟な為替制度への移行の準備ができている」と発言するようになった。たとえば，14日の下院歳入委

173

員会の公聴会「米中経済関係と世界経済における中国の役割」において，大統領経済諮問委員会のフォーブス（Kristin Forbes）は，対中貿易が製造業での雇用減少の原因だという議論を批判しつつも，中国は為替政策変更の準備ができていると述べた。(54) また，スノウ財務長官も，16日のG7の後で中国は柔軟な為替制度に向けて速やかに行動すべきだと述べた。(55)

第2に，財務省は定例の報告書と上院外交委員会の公聴会で，中国の固定レート制は世界経済のリスク要因となっているが，柔軟なレート制に向けた準備は整っており，中国は遅滞なく政策変更を進めるべきだと主張した。(56) ただし，財務省は，完全なフロート制へ即座に移行することは求めていないし，人民元の柔軟化がグローバル・インバランスの唯一の解決策ではないとも指摘した。

第3に，6月23日の上院財政委員会の公聴会では穏健派の議員からの発言も目立った。彼らは東アジアのグローバル・サプライチェーンの存在に注目し，人民元切り上げの貿易赤字削減効果に対する疑問を提示した。まず，委員長のグラスリー（Chuck Grassley）は，制裁法案で対中貿易赤字を削減しても，それが他のアジア諸国に移転するだけというのは本当なのかと述べた。また，筆頭委員のボーカス（Max Baucus）は，中国だけではなく他のアジア諸国に対しても通貨介入をやめるよう求めるべきだと述べた。これに対し，連邦準備制度理事会のグリーンスパン（Alan Greenspan）議長は，元切り上げはアジア諸国から中国への中間財価格には影響しないので，中国からの輸入品価格への影響も限定的だろうと述べた。そして，スノウ長官は，議会の準備している懲罰的な法案は逆効果であり，財務省の関与政策こそが有効だと述べた。(57)

結局，6月30日にシューマーは，スノウおよびグリーンスパンとの会合後，中国が通貨改革を前進させる確信が得られたとして，S.295の採決延期に合意した。(58)

5　「通貨バスケット制」への対応

通貨バスケット制と議会の反発

7月21日，中国人民銀行は「人民元レート形成メカニズム改革の改善に関す

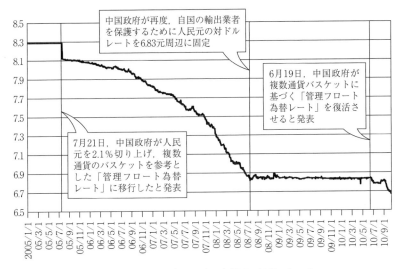

図8-3 2005～10年における人民元の対ドルレート
出所：U.S.-China Economic and Security Review Commission [2010] p. 23

る布告」を発表し，管理フロート制への移行を進めた。(59) 第1に，人民銀行は人民元を2％切り上げ，1ドル＝8.11元とした。第2に，ドルペッグ制に代え，通貨バスケット制を参考にした「管理フロート制」に移行し，人民元の1日の変動幅は上下0.3％以内にとどめるとした。図8-3に示すように，これ以降，人民元の対ドルレートは緩やかに増価し，2008年7月には1ドル＝約6.9元にまで上昇した。しかし，多くの専門家は，管理フロート制の下でも人民元の為替レートは政治的な判断により決められており，アメリカからの政治的圧力に対応した事実上のペッグ制にすぎないと評価していた。(60)

しかし，スノウ，グリーンスパンら政権の高官はこの動きを歓迎した。(61)財務省のアダムス次官も，技術協力計画に基づき柔軟な為替レート制への移行を支援してきた財務省の成果だと自賛した。(62)これに対し，議会の不満はくすぶり続けた。11月に発表された米中経済・安全保障調査委員会の報告書では，「7月の為替レート改革は人民元の対ドル相場のごく穏健な再評価であり，きわめて限定的な第一歩にすぎない」とされた。(63)しかし，議会の多数派は制裁法案の採

決よりも政府間交渉の強化に期待していた。それは，第1に，対中貿易赤字の背後にはグローバル・サプライチェーンが存在しているため，制裁法案の効果は限定的であり，第2に，一方的な制裁関税はWTOのルール違反だとする認識が多くの議員に共有されていたからだった。このため，上院は対中貿易法案の審議を延期した。[64]

こうした動きを受けて，11月の財務省報告ではドルペッグ制の放棄を歓迎する一方で，新しい為替制度の運用はまったく不十分であり，実質的にはドルペッグ制が継続していると評価した。そして，中国に対して二国間・多国間での働きかけを強めるとしていた。[65]

2006年，ブッシュ政権は，2005年9月にゼーリック（Robert Bruce Zoellick）国務副長官が提起した「責任ある利害関係者（responsible stakeholder）」論を対中経済政策にまで拡張する動きを見せた。[66] 第1に，USTRは2月に対中通商政策の全面見直しを発表し，中国のWTOメンバーとしての移行期は終わり，今後は責任のある貿易相手国として，WTOルールの遵守を求めていくとした。[67] 第2に，3月の財政委員会の公聴会でアダムス財務次官が財務省の対中関与政策を説明し，(1)より市場志向で柔軟な為替レート制の採用，(2)消費主導経済への転換，(3)金融部門の改革と開放を中国に求めていくと述べた。[68]

議会穏健派の対応

3月，財政委員会委員長のグラスリーと筆頭委員のボーカスが，シューマー・グラム法案の成立を阻止するため，新たな法案を提出した。シューマーとグラムの両議員は，人民元を切り上げさせるために中国からの輸入品に高関税を賦課する法案を繰り返し採択させようとしていた。しかし，彼らの法案は特定国の製品に対し一方的に高関税を課すという点でWTOのルール違反に問われる恐れがあった。そこで，穏健派のグラスリーとボーカスは，中国を名指しせずWTOルールとの整合性に配慮した法案を作成することで，シューマーやグラムら強硬派の議員をなだめようとしたのである。この法案S. 2467は，[69] 第1に，通商法の実施体制を強化して，ADを過小評価された通貨国からの輸

入品に適用できるようにし,また,USTR の権限の強化や議会と行政府との連携を強化するとしていた。第 2 に,財務省報告の指定要件を,「為替操作」から「基礎的不均衡(fundamental misalignment)」に変更した。基礎的不均衡とは,実効為替レート水準と一般的な経済理論に基づく水準とが著しく不均衡であることを意味し,これまでの報告のように,相手国の「意図」の有無を問題にして指定を回避することができないようにされた。第 3 に,指定後,米国政府は相手国と協議を進め,相手が協議に応じない場合,アメリカおよび多国間金融機関からの融資を禁止・反対し,IMF からの相手国への政策変更要請も要求しなければならない。ボーカスは「この法案は相手国を罰するためのものではない。むしろ,我々の関与を強化し,二国間の問題を,貿易を途絶するのでなく,関与を通じて対処するためのものだ」と述べた。そして,財務省も S. 2467を支持した。他方,以下のような問題も指摘された。第 1 に,S. 2467は為替政策に関する規定を含むため,この問題を所管する銀行委員会での検討が必要になる。第 2 に,複数の委員会での検討が必要な大型の法案であるため,多数の中国関係の修正条項を集めてしまい,審議に時間がかかる可能性があった。

議会での動きが拡がりを見せるなか,5 月に財務省報告が発表された。今回の報告は人民元問題に焦点を合わせており,中国高官の発言集やこれまでの関与政策の成果をまとめた資料が添付されていた。そして,人民元レートの柔軟化はまったく不十分だが不公正な競争上の利益を得るためではないとし,為替操作国の要件を満たしていないと評価していた。さらに,財務省は IMF を通じた取り組みも進めており,IMF のサーベイランスの強化を提起していた。また,スノウ長官は上院銀行委員会の公聴会で,フロート制に向けた中国政府のコミットメントは明確であり,(1)柔軟なレート制の実現,(2)消費の強化,(3)金融システム近代化という目標を財務省とも共有していると述べた。

6 ポールソン新財務長官と米中戦略的経済対話

戦略的経済対話の創設

5月末,スノウ財務長官が辞任し,後任にはウォール街出身のヘンリー・ポールソン(Henry Merritt Paulson)が就任した。ポールソンは,6月27日の上院での指名承認のための公聴会で,近代的な金融システムがなければ競争的な市場で取引される通貨を持てないと述べ,対中政策の重点を通貨問題から金融部門改革へ移すことを示唆した。そして,9月には国際経済に関する初めての演説を行い,中国は,開放的な国際経済システムの「責任ある利害関係者」としての役割を引き受けるべきであり,そのためには経済構造改革を戦略的に進める必要があると指摘した。さらに,米中は経済的相互依存関係にあり,中国の改革はアメリカの利益であり責任でもあると主張した。

9月20日,ポールソンは中国で呉儀(Wu Yi)副首相と会談し,戦略的経済対話(U.S.-China Strategic Economic Dialogue:SED)の設立で合意した。当日発表された共同声明やファクトシートによれば,SEDは年2回開催され,米中が国際経済システムにおける責任ある利害関係者として,経済的挑戦と機会に協力して対処するための協議の場であるとされた。そして,アメリカは長期的な視点から,中国が開放的な消費主導経済に移行するのを支持していくとされた。帰国後,ポールソンはブッシュと共にシューマーとグラムに面会し,S.295の採決を延期してグラスリーとボーカスと協力するよう求め,両議員はこの申し入れを受け入れた。

こうして,12月13日から15日にかけて,ポールソンと呉儀の主宰で第1回のSEDが開催された。ポールソンは開会演説で,SEDの目標は,(1)均衡のある持続可能な成長のため,短期的には通貨の柔軟性,中期的には通貨の自由化について議論し,(2)市場開放や法の支配,透明性を強調し,(3)エネルギーと環境について議論することだと述べた。米中両国から経済関係の閣僚が多数参加し,「中国の発展経路と中国の経済発展戦略」をテーマに,持続可能な成長,都市

と農村の均衡発展，貿易・投資の促進，エネルギー，環境と持続可能な発展という5分野で議論が行われ，次の6カ月間で投資協定の可能性，エネルギーと環境に関する共同研究などについて優先的に作業を進めることが決まった[82]。しかし，人民元問題については具体的な進展は見られなかった[83]。

12月19日，ポールソン新体制の下で初めて発表された財務省報告では，中国を，高い貯蓄率と輸出主導の経済から，柔軟な為替レート制と近代的な金融部門を備えた均衡のとれた経済に転換させることが必要であるとされた。そして，2006年前半に資本の自由化や通貨市場改革，元の柔軟化を前進させたと評価する一方で，為替レート改革は慎重すぎて国内経済の歪みと国際的な不均衡是正の障害となっていると指摘された[84]。ポールソンは，1月31日の上院銀行委員会の公聴会では，SEDにより，通貨改革のような短期的課題と，経済構造改革などの長期的な改革とで協力するための信頼関係を構築できると自賛した。そして，残りの任期中に人民元レートが市場で決定されるように，市場インフラの発展に努めると述べた。具体的には，(1)中銀の外為市場への介入の削減，(2)人民元変動幅の拡大，(3)発展した資本市場の創設，という3段階からなる柔軟な為替レジーム創設に向けた計画を発表した[85]。

このように，ポールソンの対中経済政策は，SEDを設置して米中二国間の長期的・戦略的課題を取り上げ，その中に人民元問題を位置づけ，為替レートの柔軟化に向けた条件整備を段階的に進めて議会の不満に対応していこうというものだった。しかし，議会の対中圧力は下がらなかった。すでにSEDの前日，上院財政委員会は，人民元や知的財産権をはじめとする主要な貿易問題の解決を求める呉儀宛て書簡を送っていた。また，その後，下院歳入委員会も巨額かつ恒常的な介入を批判する書簡を呉儀に送った[86]。

表8-2にも示すように，2007年1月から3月にかけて多数の対中貿易法案が提出され[87]，その後，議会の公聴会でも活発に議論された。3月の上院財政委員会「米中関係における通貨の役割」では，グラスリーとシューマーがWTOルールに合致し為替不均衡に対応できる法案を協力して作成すると主張した[88]。しかし，5月の下院歳入委員会，エネルギー委員会，金融サービス委員会合同

の公聴会では，財務省のソーベル（Mark Sobel）次官補代理がポールソンの3段階のインフラ整備改革論を繰り返した。また，中国の貿易黒字は単に通貨政策のためだけではなく，中国の経済構造に根ざしたものだと反論した。[89]

5月22〜23日に第2回のSEDが開催された。米中両国は，SEDは長期的な構造問題に対処するとともに短期的な結果を追求する場であり，今回は市場アクセスの向上，金融セクターの開放，エネルギー安全保障の強化，環境保護，法の支配の強化で合意した。[90]しかし，人民元問題や対中貿易赤字の削減などについては今回も進展がなかった。ポールソンがこれらの問題の早期解決を求めたのに対し，呉儀は経済問題の政治化に反対し，互いに圧力をかけるべきでないと反論した。[91]ただし，中国が避けていたのは元切り上げの幅や時期の明確化であり，人民元改革を継続する意思は表明していた。[92]

6月に発表された財務省報告は，グローバル・インバランスの解消に焦点が当てられ，その解消は国際的に共有された各国の責任であるとした。そして，中国は巨額の介入をやめ，自国経済の均衡回復と人民元の過小評価への取り組みを開始すべきであり，第2回SEDで中国は経済不均衡の回復を優先課題と認めたと指摘した。しかし，今回も中国の為替操作国指定は，技術的要件を満たしていないとして見送られた。ただし，SEDやG7，G20，IMFなどあらゆる機会を捉えて中国の為替レート問題を追求していくとしていた。[93]

人民元問題関連法案の審議

このように，ポールソンの下でも人民元問題は進展しなかったが，この時期以降，複数の競合する法案が提出されたため，議会の政策形成プロセスは複雑化した。第1に，6月13日に上院財政委員会のボーカスとグラスリー，シューマーとグラムの4議員がS.1607を提出した。S.1607は，「為替操作」ではなく，対ドルレートの「基礎的不均衡」が存在する場合，行政府に相手国との交渉を義務づけた。そして，成果が出ない場合，180日後にはAD，360日後にはWTOへの提訴などのより一層厳しい対抗措置を要求していた。この法案は，上院財政委員会の主要議員2名と，これまで幾度も対中制裁法案を提出してき

第8章　人民元問題の政治経済学

た強硬派の議員2名が共同で作成した大型法案と見なされ，注目を集めた[94]。第2に，6月21日に上院銀行委員会委員長のドッド（Christopher J. Dodd）と筆頭委員のシェルビー（Richard Shelby）がS. 1677を提出した[95]。S. 1677では，相手国の意図に関係なく，巨額の経常黒字と対米貿易黒字を抱え，長期的な為替介入を行っている国を「為替操作国」に指定する。その場合，財務省は当該国およびIMFとの交渉を開始し，270日後にはWTOへ提訴できるとされた。第3に，6月28日，下院のライアン（Tim Ryan）とハンター（Duncan Hunter）がH.R. 2942を提出した。H.R. 2942は，「基礎的かつ提訴対象となる不均衡（fundamental and actionable misalignment）」がある場合，財務省はIMFに協力を要請し，360日後にはWTOに提訴し貿易匡正法で対応しなければならない。基礎的かつ提訴対象となる不均衡とは，実効為替レートと一般的な経済理論に基づくレートとの間に大きな乖離がある状態を指す[96]。

　これら3法案はこれまでの議論を踏まえ，以下のような共通点を持っていた。第1に，為替操作国に指定する基準として「不均衡」や「調整」などの言葉を使っているが，相手国の意思を不問にしていた。第2に，WTOルールに整合的な対抗措置に加え，WTOやIMFといった多国間機関など，合理的かつ多様な政策手段を活用していた。第3に，行政府や相手国に対し，対抗措置を実際に発動するまでに一定の時間的猶予を与えていた。また，S. 1607とH.R. 2942については議会の権限強化，すなわち，議会に為替レート委員会を設置して，議会や財務省に助言することになっていた[97]。

　そして，上院で同じ趣旨の2つの法案が異なる委員会から提出されたことは，財政委員会と銀行委員会との管轄権争いが顕在化したことを意味していた。財政委員会の法案S. 1607は為替レート問題，すなわち銀行委員会の管轄事項に踏み込んだ法案であるため，銀行委員会の法案として作成されるべきだというのが銀行委員会の言い分だった。そこで，上院民主党指導部はこれら2つの法案の一本化を要請した[98]。また，下院でも，既に提出されていた複数の対中制裁法案との一本化作業が開始された。他方，ブッシュ政権は上院に提出された2つの法案に強く反対した。7月30日，財務および商務長官とUSTR代表の3

181

高官は上院民主党指導部に書簡を送り,「法的アプローチは…不生産的で,中国の経済改革のために協力してきた我々の立場を弱める。貿易紛争を激化させる恐れがある」と主張した。また,商務省の高官は,過小評価された為替レート分をダンピングの算定に入れるのはWTOルール違反の恐れがあり,しかも,相手国が輸入した中間財のコストをどのように計算するのか不明確であると批判した。さらに,ポールソンは10月に演説を行い,SEDの意義について改めて説明した。ポールソンによれば,米中間の経済的相互依存の深化によって,米国内では多様な利害が絡んで国内での政治的な合意形成が困難になり,保護主義が台頭している。そこで,こうした複雑性を管理するため,トップダウンで省庁横断的な対抗策を実行し,新たな協力の習慣を生み出すため,SEDを設置した。したがって,議会の対決的な制裁法案よりは,SEDを軸にした対中関与こそが採るべき政策だということになる。

　政権の主張に対し,議会は10月に発表した米中経済・安全保障調査委員会の報告で,中国の対米貿易黒字は通貨政策によるものであり,また,国内消費主導の経済への転換も鈍く,さらに,人民元の過小評価は中国の輸出業者に対する補助金であり貿易障壁でもある,と反論した。しかし,上院での法案の調整作業は行き詰まった。そして,下院でも,対中制裁法案の調整作業に時間がかかるため,審議は来年に延期されることが決まった。

議会での政策プロセスの停滞

　このようななかで,12月12日から13日にかけて第3回SEDが開催された。ポールソンと呉儀は,それぞれが米国の保護主義を問題視する開会演説を行った。呉儀は,アメリカは自国経済の構造的問題を中国に転嫁していると非難し,ポールソンは中国に対し,貿易障壁や人民元,金融サービスでの譲歩を求めた。しかし,共同声明では人民元問題には触れられず,米国単独の声明では,二国間投資協定交渉に向けた議論の開始で合意し,人民元が2005年7月以来12.2%上昇したことを評価していた。

　そして,12月20日に財務省報告が発表された。今回の報告でも,中国につい

第8章　人民元問題の政治経済学

ては通貨の柔軟性を拡大することや消費主導の経済成長への転換が必要だと指摘し，人民元の切り上げについてはSEDやG7，G20，IMFなどあらゆる場で中国に提起するとしていた。しかし，今回も中国を為替操作国に指定しなかった。[107]

2008年1月，下院歳入委員会において人民元切り上げ法案の作成に向けた動きが活発化した。歳入委員会委員長のランゲル（Charles B. Rangel）と貿易小委員会委員長のレビン（Sander M. Levin）を中心に，数多く提出されていた中国関連の法案の一本化が検討された。他方，この頃から住宅バブルの崩壊による景気後退の懸念が，対中経済政策の政策過程にも影響を与えるようになった。対中制裁法案が成立した場合，中国からの輸入品の価格が上昇してアメリカ経済に悪影響を与える可能性がある。このため議会では，国内経済に悪影響を与えないよう慎重な検討が必要だとされた。[108]

しかし，政権は下院での動きを牽制した。財務省のソーベルは3月に演説を行い，対中制裁法案の問題点として，(1)中国からの輸入品価格の上昇，(2)為替レート評価の困難，とりわけ中国への中間財の輸入価格を評価する困難，(3)貿易紛争の激，(4)対中貿易赤字を減少させる保証もないことを指摘し，これまでのようなSEDやG7，IMFなどの二国間および多国間での関与政策外交こそが確実な成果を生み出すと主張した。[109]他方，下院での人民元法案の審議も停滞した。景気に対する影響や国際的な貿易ルールとの整合性にも配慮しつつ，多岐にわたる調整作業を進めることになったためである。[110]3月末には調整作業に見切りをつけ，歳入委員会委員長のランゲルは14名の民主党議員とともに，政権に対してこれまでの「静かな外交」からの転換を求める書簡を送った。書簡によれば，プラザ合意のような多国間アプローチやIMF，WTOでの活動の強化を提起していた。[111]

しかし，5月に発表された財務省報告でも，為替操作国指定はなかった。中国に対しては，経済の均衡回復のため，国内需要の喚起，金融システム改革，人民元の切り上げと柔軟化に取り組むべきであり，人民元は最近また切り上げられつつあるが，この動きは継続されるべきだとしていた。[112]

6月17～18日にかけて，ポールソンと引退した呉儀に代わって王岐山

183

(Wang Qishan) 副首相が第4回の SED を主催した。第4回 SED では, マクロ経済協力と金融サービス, 人的資本と製品・食品の安全性, エネルギー・環境協力, 貿易, 投資の主要5分野で議論が行われ, その具体的成果として, 米中は10年間のエネルギー・環境協力枠組みに署名し, 二国間投資協定に向けた交渉開始で合意した。また, この時期以降, サブプライム危機を背景に中国の立場が強まり, SED では貿易不均衡問題が大きな争点にならなくなった。

そして, ブッシュ政権では最後となった第5回 SED が12月4〜5日に開催された。第5回 SED での議論の焦点は金融危機対策で, 中国はアメリカが金融危機の原因となったことを批判した。(1)マクロ経済協力と金融サービス, (2)エネルギー・環境協力, (3)貿易と投資, (4)食品と製品の安全性, (5)国際経済協力, の5つの分野で協議が行われ, 米中双方が, SED は双方の戦略的信頼の基礎と評価した。

その後, 12月10日に財務省報告が発表され, 中国については巨額の経常黒字, 外貨準備の急激な拡大, 弱い実効為替レートは人民元の過小評価の証拠だと指摘し, 切り上げペースの再加速が必要であるとしていた。しかし, 今回の報告でも為替操作国の指定はなかった。

7 米中の経済的相互依存はどのように管理されたか

これまでの分析に基づき, ブッシュ政権における人民元切り上げ問題の政策過程の特徴を指摘し, ブッシュ政権は米中間の経済的相互依存をどのように管理しようとしたのかをまとめておく。

第1に, アメリカからの度重なる要請にもかかわらず, 中国は人民元の切り上げをほとんど進めなかった。そして, ブッシュ政権も中国に対して強い圧力をかけようとしなかった。つまり米中両国は「不均衡な経済的相互依存」という現状を基本的に放置した。

第2に, アメリカ議会は人民元切り上げのための立法活動を活発に行い, 行政府に圧力をかけた。しかし, 中国に直接進出した大企業と米国内の中小企業,

製造業と金融業や小売業，中国もその一部とする東アジアの生産ネットワークなど，経済的な利害関係の多様性，委員会同士の主導権争い，他の政策課題との競合により，多様な経済的利益をまとめた対中制裁法案として一本化できなかった。つまり，アメリカ議会は個別の経済的利益が散発的に噴出する場にとどまっていた。

第3に，アメリカ議会の対中制裁法案は，IMFやWTOなどの国際ルールに則ったものになるよう配慮して作成されるようになった。そして，こうした配慮によって一方的かつ強硬な法案は次第に提出されなくなった。つまり，IMFやWTOなどの国際レジームが定着したことにより，貿易摩擦の激化に一定の歯止めがかかった。[118]

第4に，ブッシュ政権の主要な対外政策課題はイラクやアフガニスタン対策であり，対中経済政策の優先順位は高くなかった。このため，ゼーリックやポールソンといった「大物」に対中政策を一任しようとした。しかし，2005年9月にゼーリックが「責任ある利害関係者論」を打ち出し，一時期は軍事・外交をも含めた対中政策の体系化が進められたが，2006年7月にゼーリックが副長官を辞任したため，それ以降包括的な対中政策は見失われた。このようななかで，財務省主導の対中経済政策は議会の圧力を受け，スノウ長官の金融自由化支援（技術協力計画）から，ポールソン長官のSEDへ強化された。

第5に，SEDの評価をまとめておく。肯定的な評価としては，省庁横断的かつトップダウンの対話枠組みにより，金融，投資，環境，エネルギーなどの分野で大きな成果をあげ，短期的課題だけではなく長期の課題にも着手できたというものがある。[119] 他方，肝心の人民元や貿易不均衡問題については具体的な成果を上げられなかった。[120] したがって，SEDの実際の機能は，人民元や貿易不均衡問題など，中国にとって妥協の困難な問題「以外」での論点で譲歩を求めるための枠組みであり，広い分野をカバーしたり長期的な課題に取り組むことによって，相互に取引できる論点を拡大することにあったのではないかと思われる。つまり，時間稼ぎのための体系的な枠組みだったということになろう。

第Ⅲ部

オバマ政権期の通商政策

第9章
メガFTA政策の始動
—— アメリカの通商覇権をめぐって ——

1 メガFTA政策への転換

　本章の課題は、オバマ政権の通商政策の対外的側面、すなわち、メガFTA政策への転換とその含意を検討することである。第7章でも触れたように、G.W. ブッシュ政権はWTOドーハ・ラウンドの行き詰まりを打開できず、2006年にはそれまでの競争的自由化戦略の見直しを開始し、2008年にP4交渉への参加を表明してメガFTA交渉への傾斜を強めていた。このように、多角的自由化交渉からメガFTAへの政策転換は前政権の末期から胎動しており、オバマ政権成立後も実務者のレベルではTPPやTTIPに関する協議が続けられていた。ただし、オバマは2009年末にTPPへの参加を公式に発表したが、当初は景気対策や医療保険改革などの国内アジェンダの実現に政策資源を集中し、通商政策を優先的な政治課題とはしていなかった。オバマ政権が自らの通商政策構想を明らかにし、重点的な政策目標に位置づけたのは第2期政権が成立してからの2013年のことだった。その年の一般教書演説で、オバマはTTIP交渉の開始を宣言してTTPとTTIPという2つのメガFTAを柱とする大胆な貿易自由化を進めていく姿勢を明らかにした。第2期オバマ政権による政策転換のポイントは、WTOの多角的自由化交渉の優先順位を引き下げるとともに、二国間のFTAやFTAAのような地域主義的なイニシアティブでもなく、地域を跨いだ多国間のFTAを最優先の政策目標としたことにある。

　以上の議論を踏まえ、本章ではまず、これらのメガFTAに関する論争を整理し、主な論点がメガFTAとWTOとの関係をめぐってのものであることを

示す。次に，オバマ政権が取り組んだメガFTAであるTPPとTTIPをそれぞれ検討し，最後に，オバマ政権のメガFTA戦略を分析し，それがアメリカの経済的利益の拡大という経済の論理ではなく，中国との経済的勢力圏争いという地政学的な論理から提起されていることを示す。

2 メガFTAと国際経済秩序に関する論点整理

WTO2.0論をめぐって

メガFTAとWTOとの関係を理論的に整理した代表的な議論としては，ボールドウィンのWTO2.0論がある。ボールドウィンは，東アジアを中心としたサプライチェーン貿易の発展に注目し，WTOとは別個の貿易秩序が必要であると提起して，その秩序をWTO2.0と名付けた。サプライチェーン貿易とは，1990年代以降の東アジアで顕著に発展した機械やエレクトロニクス分野における中間財貿易のことである。こうした中間財貿易の拡大は国際的な企業活動や工程間分業の発展を背景にしており，その内実は，先進国企業のノウハウと途上国の低賃金との組み合わせだとされる。また，サプライチェーン貿易の広がりは，北米とヨーロッパ，東アジアという地域レベルにとどまっており，アメリカ，日本，ドイツ，中国がその中核に存在しているという。そして，サプライチェーン貿易を円滑に進めるには，知的所有権や投資の保護，競争政策の整備や貿易円滑化の推進といった，現在のWTOではカバーされていない高度な規定が必要となる。しかし，現在のWTOでは，それらの規定がほとんど含まれないドーハ・ラウンドですら停滞しており，サプライチェーン貿易に対応するのは不可能である。そこで，ボールドウィンはサプライチェーン貿易のための新たな貿易秩序，WTO2.0を提起する。ボールドウィンによれば，WTO2.0の具体的な姿はまだ不明確だが，少数の先進国が自国のFTAにこれら新たな規定を取り入れつつあり，当面は，関税削減を中心とした20世紀型貿易はWTOで，21世紀型のサプライチェーン貿易は先進国のFTAで規律されるようになるのではないかという。[2]

第❾章　メガ FTA 政策の始動

　WTO2.0 論以外の代表的な将来シナリオとしては，エステバデオダル（Antoni Estevadeordal）らの統合ブロック形成論がある。エステバデオダルらによれば，今日の FTA は貿易自由化のエンジンであり，新たな貿易ルールの孵化器であり，国家間協力の焦点でもある。そして，いくつかの国家グループは FTA の収斂を進め，広範な統合ブロックである「ラザーニャ皿（lasagne plate）」を形成しつつある。彼らはこうしたボトムアップの多角的自由化を推進するため，FTA を規制するのではなく，むしろ WTO に情報交換フォーラムを設け，FTA の規律やベストプラクティスに関する議論を有志連合で促進すべきであるとした。[3]

　これに対し，メガ FTA に批判的な議論としては，バグワティ（Jagdish Bhagwati）のスパゲティボウル論がある。バグワティは，先進国の FTA には貿易に関係しない規定が数多く含まれており，多角的自由化交渉では認められないようなルールを二国間交渉で押しつけているとして批判的である。そして，先進国は新たな FTA 交渉に際し，WTO での譲許関税率が高ければより強い交渉の梃子を持つことになるため，譲許税率を高いままにしておく誘因を持ってしまう。先進国の企業も FTA を通じて多国の企業に対して優位を得られるため，多角的自由化を望まなくなる。また，各国の FTA は関税率もカバーしている規定も多様であり，これらの収斂も困難であるため，結局，FTA は貿易ルールのスパゲティボウルを生み出してしまうとしている。[4]

　ボールドウィンの WTO2.0 論とエステバデオダルらの統合ブロック論，バグワティのスパゲティボウル論の三者の違いは，サプライチェーン貿易に関わる新たな貿易ルールに対する評価の違いによるものだと思われる。すなわち，ボールドウィンによれば，サプライチェーン貿易に関係する高度な規定の自由化を進める意思や能力を持つ国は先進国に限られる。他方，関税中心の「浅い」自由化に関心を持つ多くの途上国は，国内の法制度に関わる「深い」自由化に関心がない。このため，今後の自由貿易体制では先進国型 FTA と WTO との制度的分業が進むという展望になる。他方，統合ブロック論では，新たな貿易ルールはより無政府的，言いかえれば先進国と途上国という二分法とは関

191

係なしに生み出される。そして，新たな貿易ルールの普及を求める有志連合が臨機応変に形成され，ボトムアップでのルールの統一が進むと考えられている。これらに対し，スパゲティボウル論では新たなルールそのものの意義に懐疑的であり，関税の多角的な撤廃を最優先で進めるべきだとしている。

では，サプライチェーン貿易と新たな貿易ルールとの実際の関係はどのようなものであろうか。サプライチェーン貿易や新たな貿易ルールについては，東アジアでの実証研究が最も進んでいる。これらの研究によれば，東アジアはサプライチェーン貿易の最先進地域であるが，それは各国ごとの一方的な関税引き下げや，輸出促進特区の設立によって促されたものであり，各国の独自の政策に左右される脆弱なものでしかない。また，近年の東アジアではFTAが急増しているが，それらの多くは途上国型のFTAであるため自由化の範囲が狭い。しかも，譲許税率とFTA税率の差が小さいうえに，原産地規制もそれぞれのFTAごとにバラバラで書類手続に手間がかかるため，利用するメリットが小さい。そして，これらの理由によって企業の利用率も低い。つまり，これまでのところ東アジアの経済統合やサプライチェーン貿易の発展において，FTAも新たな貿易ルールも副次的な役割しか果たしていない。その一方で，近年においてはFTAの利用率も向上し，途上国のFTAも自由化率や自由化の対象範囲が深化・拡大しつつある。そうなれば，バラバラの貿易ルールに対応する能力を持たない中小企業がスパゲティボウル問題に直面するかもしれない。

メガFTAと国際経済秩序

以上の整理に基づき，メガFTAに関する論争の含意をまとめておこう。第1に，新たな貿易ルールやWTO2.0といった問題提起は貿易の実態を若干先取りして提起されており，その正否は今後の実証研究に委ねられている。第2に，先進国は既に関税撤廃の余地が少なく，むしろサプライチェーン貿易を規律する21世紀型の貿易ルールの設定に関心がある。これに対し，途上国の関心は輸出拡大のための他国の関税削減，つまり20世紀型の貿易問題に関心が偏っ

ている。このため，先進国と途上国の参加するメガFTA交渉の場合，これらの異なる政策課題の間でどのようにバランスを取るのかということも問題になる。G.W.ブッシュ政権の締結したFTAの場合，交渉相手国が小国ばかりであり，アメリカは一方的に自国の要求を押しつけることができた。しかし，メガFTA交渉には日本やEUなどの大国も含まれ，また，アメリカに対して共通の要求を持つ国々が共同戦線を組むことで，アメリカが譲歩を迫られることもあろう。つまり，ブッシュ政権のFTA政策はアイケンベリーの提起した「関係を通じた支配」に相当し，オバマ政権の推進するメガFTAは「ルールを通じた支配」の論理が当てはまる。

第3に，メガFTAが実現し多数の国が参加して共通の貿易ルールを採用した場合，不参加国に対する大きな参加圧力を生み出す可能性がある。G.W.ブッシュ政権の競争的自由化戦略の場合，小国との二国間FTAが中心で大きな国際的圧力を生み出しえなかった。これに対し，オバマ政権が進めるメガFTA交渉にはEUや日本といった経済規模の大きな先進国が含まれており，これらの国や地域とのメガFTAが成立すれば，先進国主導での新たな多国間秩序の形成を意味する。米欧の主導するメガFTAの参加圧力に対し，その枠外にいる中国やインド，ブラジルなどの有力な新興国は強く反発するかもしれないし，逆に，参加を余儀なくされるかもしれない。つまり，メガFTAは，大国が競合大国を排除して議題を支配し，自国主導で都合の良い貿易ルールを成立させ，次に，競合国を相対的に不利な地位を押しつけるためのツールでもある。

第4に，メガFTAとWTOとの関係については，相互促進的だとする議論はほとんどなく，多くは中立的ないしは対立的だと評価している。この点については，WTO2.0論を提起したボールドウィンも，最近の研究ではWTO2.0，とりわけ先進国主導のメガFTAがWTOに対して否定的な影響を与えうると述べている。すなわち，長年にわたるWTO交渉の停滞によりWTOの貿易ルールが陳腐化する一方で，時代の要請に即した新たな貿易ルールがメガFTAで決められるようになれば，多角的自由化への期待が弱体化して「WTOなき世

界」が実現するかもしれない。メガFTA中心の「WTOなき世界」は，1930年代の貿易ブロックの復活とはならないだろうが，貿易ルールのスパゲティボウルとルールをめぐるむき出しのパワーポリティクスの世界になる可能性がある。[12]

では，大国間でのメガFTA競争を乗り越え，WTOでの自由化を再活性化する道筋はあるのか。一つの可能性としては，それぞれのメガFTAで実現した新たな議題や貿易ルールを多角的自由化の議題とし，メガFTAを主導する諸大国のコミットメントを強化することであろう。[13]

3　TPP——貿易協定の新モデル

TPP交渉参加の経緯

就任当初のオバマは，景気対策や医療保険改革などの国内アジェンダを優先し，通商政策についてはNAFTAの再交渉を提起するなど保護主義的姿勢がめだっていた。前ブッシュ政権が参加を申し入れていたP4についても，まだ政権内で参加方針を検討中であるとして2009年2月に加盟交渉の延期を要請していた。[14] その後，11月14日にオバマが東京で行った演説の中でTPP交渉への参加を改めて表明した。オバマは，「広範にわたる締約国が参加し，21世紀の貿易合意にふさわしい高い基準を備えた地域合意を形成する」と述べ，議会と密接に協力してアジア太平洋地域での巻き返しを進めると強調した。[15] 同じ日にUSTR代表のカーク（Ron Kirk）も，TPP加盟諸国とともにアジア太平洋経済を統合するための範囲や対象，基準となるプラットフォームを形成するつもりであると述べた。[16]

以上のように，オバマ政権はこれまでのFTAのテンプレートを見直してTPPに新たな規定を盛り込み，アジア太平洋におけるサプライチェーン貿易を規律する新たな貿易ルールの構築をリードする姿勢を示した。

こうして，2009年の年末より，USTRと議会指導部や関連委員会，産業や地域の利害関係者との間で，TPPのアメリカ提案の作成に向けた協議が始まった。協議に際し，マランティス（Demetrios Marantis）USTR副代表はTPPに

対する超党派の支持を構築し,「米国の雇用を創造かつ維持し,米国企業をアジア太平洋の生産・供給チェーンに統合し,新技術や新たな経済セクターを促進する」と述べた。オバマ政権は,グローバルなサプライチェーンへの参加や中小企業の輸出機会の創出といった政策目標に対応した新たなFTAのモデルを構築しようとしていた。

では,関連する利害団体からはどのような要求が出されていたのだろうか。ここでは,自由貿易論の立場に立つ代表的な財界団体であるTPPビジネス連合(U.S. Business Coalition for TPP)の提案と,公正貿易論を代表する立場として,AFL-CIO(The American Federation of Labor & Congress of Industrial Organizations)の提案を検討しよう。まず,TPPビジネス連合は「TPP協定に関する諸原則」として,第1に,全ての関税・非関税障壁の期限付きでの撤廃,第2に,中小企業の市場アクセス改善のための貿易円滑化,生産・供給ネットワークの強化,規制の整合性,国家企業に対する規律などの新たな論点への対応,第3に,知的所有権,投資の促進と保護,政府調達の透明性,環境・労働基準などの強化を求めた。

これに対し,AFL-CIOは,「良い雇用の創出を促し,労働者の権利や利益を守り,健康的な環境を促進するバランスのとれたものでなければ支持できない」とし,労働者の能力開発も含めた積極的な労働市場戦略や輸出促進戦略などを補完的に組み合わせた国家的な経済戦略が必要であるとした。さらに,為替の急激な変動や為替操作対策,民主主義条項,労働規定の抜本的強化と民間交流による参加国の労働法改革までも提案した。

その後,TPP交渉は,原加盟国であるシンガポール,ニュージーランド,チリ,ブルネイに加え,アメリカ,オーストラリア,ペルー,ベトナムの4カ国を加えて2010年3月に開始された。では,アメリカ国内での諸提案は,TPP交渉でのアメリカ政府の提案にどのように反映されたのであろうか。

TPPの特徴

第5章でも検討したように,アメリカはこれまでも自国のFTAを高水準か

つ他国が見習うべきゴールド・スタンダードだと称してきた。しかし，TPPの場合，これまでのFTAと比べても，さらにハイレベルかつ広範囲の規定を含んでいる。第1に，財およびサービスに関する貿易障壁を撤廃し，第2に，労働や環境，投資，競争政策，国有企業に関する貿易ルールを設定し，第3に，分野横断的な規制政策に関する規律を発展させることを目指している[20]。2011年11月のAPECホノルル首脳会談の際，TPPに関する首脳声明と大枠が発表された。これらの発表によれば，包括的かつ次世代の貿易協定を目指すことで参加各国が合意し，(1)関税，物品およびサービス貿易，投資に対する障壁の撤廃などの包括的な市場アクセス，(2)生産・供給チェーンの発展，単一の関税撤廃スケジュール，共通の原産地規制などの地域協定，(3)分野横断的課題，(4)デジタル経済やグリーンテクノロジーに関する革新的製品・サービスの貿易・投資の促進などの新たな貿易課題，(5)参加国の拡大と協定の適切な更新を進める「生きている協定」を目指すとされている[21]。

　以下では，これまでのアメリカのFTAの諸規定との相違点に留意しつつ，市場アクセス，国有企業に対する規制，労働・環境問題，分野横断的事項について，TPP交渉におけるアメリカの主張を概観する[22]。TPP交渉は21もの交渉分野に分かれて進められているが，これらはそれぞれ，物品市場アクセス，競争政策，環境，労働，分野横断的事項で議論されている問題である[23]。

　まず，市場アクセス交渉の特徴を概観しよう。参加各国は高水準の市場アクセスを目指すことで合意しているが，関税交渉の進め方をめぐって2つのアプローチが併存している。すなわち，オーストラリアやニュージーランドなどの国々は，全ての参加国と関税交渉を進め，単一の関税表の作成を目指すマルチのアプローチを主張しているのに対し，アメリカは国内の輸入産業に配慮して，既にFTAを締結した国との再交渉は行わず，まだFTAを締結してない国々との交渉のみを進めて単一の関税表を目指さない立場である。交渉では当初，どちらのアプローチを採用するのかで対立があったが，その後，国ごとにいずれかのアプローチを採用すればよいという合意が成立し，2つのアプローチが併存することになった。

第❾章　メガFTA政策の始動

　2つのアプローチの違いは再交渉の有無にとどまらない。全ての国との再交渉を行って共通関税表の作成を目指す場合，ある1国に対して関税削減を認めれば，全ての参加国に対してもその削減を認めなければならなくなる。したがって，関税交渉はより困難になるが，実現できれば自由貿易地域の実現となり，経済的なメリットもそれだけ大きくなる。他方，再交渉を認めず，FTA 未締結の国との二国間交渉のみ進める場合，当該国にとって機微な品目であっても，相手国の輸出品でなければ当該品目を除外する必要がない。このため，自国産業の「守り」に適したアプローチであるが，少なくとも関税障壁については二国間協定の束にすぎないものとなってしまう。したがって，アメリカのアプローチは多角主義原則からの一層の後退を示すものだと言える。[24]

　次に，国有企業に対する規制について検討する。国有企業の問題は競争政策の作業部会で議論されている。TPP は，将来的には中国も含めた FTAAP 構想を実現するための雛形としても位置づけられている。アメリカはこれまでも，数多くの巨大な国有企業が特権的な地位を占める中国に対し，アメリカ企業との対等な競争条件を保障するために，様々な経済改革を求めてきた。したがって，TPP は国家資本主義とも特徴づけられる中国の経済体制を牽制し，その改革を迫る戦略的なツールともなりうる。他方，途上国だけではなく，先進国も含めた世界の多くの国々では国有企業が重要な経済的役割を果たしており，これらを一律に禁止したり統制したりすることは現実的ではない。そこで，TPP 交渉において，アメリカは国有企業の民営化を求めるのではなく，私企業との「競争上の中立性（competitive neutrality）」を保障する観点から，国有企業に対する補助金や営業許可など財政上あるいは規制上の優遇措置を明確化し，それらを規制からの例外として認めるかどうかをひとつひとつ検討するアプローチを提案している。

　第3に，労働・環境問題でのアメリカの立場を検討する。これらについては，ブッシュ政権と議会民主党による2007年5月の合意が反映されるのかどうかが問題となる。この合意では FTA 交渉の相手国に対し，労働問題においては ILO の中核的労働基準の遵守を求め，環境問題では多国間環境協定の遵守をそ[25]

れぞれ求めることとされていた。では、TPPの規定ではどうか。アメリカ提案では、これらの問題について締約国の主権的権利を認めつつ、労働問題については中核的な労働基準の遵守を義務づけ、また、環境問題については多国間環境協定の遵守を求めるものだとされている。したがって、NAFTAの補完協定やUJFTAの労働・環境基準をベースにしたかつてのFTAよりは強化された提案になっていると言えよう。

最後に、分野横断的事項について概観しておこう。分野横断的事項では、複数の交渉分野にまたがって横断的にその内容を検討し、特定の政策目標を実現するために必要な規制を設定することを目指している。具体的には、規制の整合性（regulatory coherence）や競争力とビジネス円滑化、中小企業の利用促進、開発といった政策目標が取り上げられている。これらのうち、ビジネス円滑化とはサプライチェーン貿易を促進するための物流システムの効率化に関する問題を取り扱い、中小企業の利用促進では、中小企業に対する情報提供や協定運用上の問題のレビュー、開発では途上国がTPPを遵守する際に直面する問題への対処方法が議論されている。

また、規制の整合性については、アメリカは、締約各国の規制の透明性や予測可能性を向上させるために、あらゆる規制に対する審査と調整を実行する政府機関の設置を提案した。アメリカでは1981年に情報・規制問題局（Office of Information and Regulatory Affairs：OIRA）が創設され、制度や規制の間の矛盾や重複に対処してきた。アメリカはこうした提案によって、規制の透明性や科学的評価に基づく「良い規制」の普及とその実行、参加国間の協力を前進させようとした。[26]

以上の議論をまとめておこう。第1に、TPPは包括的かつ高度な市場アクセスを求める協定であり、関税撤廃の例外を原則的に禁止している。その一方で、アメリカは既存FTAの再交渉を拒否して単一の関税表作成も放棄し、WTOの多角主義原則には反する立場を一層強めている。第2に、分野横断的事項という新たな論点が付け加えられ、サプライチェーン貿易に関わる諸規定までもが議論されるようになっている。[27] その一方で、アメリカ政府は厳格な為

替操作規制や民主主義条項など公正貿易論に基づく主張を基本的に棄却し，自由貿易論に基づく提案を推進しようとしている．

TPPと日本の参加問題

2011年のTPPに関する首脳声明と大枠では，TPPは参加国の拡大と協定の更新を進める生きている協定だとされている．参加国の拡大については，2010年3月の交渉開始以降，10月にマレーシアが参加し，2012年11月にはカナダとメキシコが，そして2013年11月からは日本が交渉に加わっている．こうした一連の参加拡大の動きの中でも最も影響力が大きかったのは日本の参加問題である．

日本は2010年10月に当時の民主党・菅政権がTPP交渉への参加を検討することを表明していたが，結局，党内の意見をまとめられず，混乱した対応を続けていた．そして，2011年11月のAPEC首脳会談の際，民主党・野田政権が交渉参加に向けた協議を開始すると発表した．この日本の対応を一つの契機として，カナダやメキシコが交渉への参加を表明し，さらに，RCEPや日中韓FTAなど一連のメガFTA交渉の進展が促された．

東アジアでは，中国が2005年に提起した東アジアFTA（East Asia FTA）と2007年に日本の提案した東アジア包括的経済連携（Comprehensive Economic Partnership in East Asia）の2つの経済統合構想が対立していた．しかし，日本がTPPに関心を示したことで，東アジア経済統合の主導権をアメリカのTPPに奪われることを警戒した中国が日本に歩みより，2011年8月，これら2つのFTAに関する作業部会の設置を日中が共同で提案した．この提案を受けて，11月にASEANがRCEPを提案した．(28)

日中韓FTAについては2003年以来民間での共同研究が続けられていたが，公式の研究会への格上げを望む中国に対して日本には慎重論が根強かった．しかし，日本がTPPへの参加検討を表明したことで，当時難航していた日中韓投資協定交渉について，中国が早期妥結への理解を示したため，日本はその見返りとして，日中韓FTAの開始に同意した．(29)

しかし，日本のTPP交渉への参加について，民主党政権は曖昧な態度に終始したまま2012年12月の選挙で政権の座を追われたが，2013年3月に自民党・安倍政権が交渉への参加を表明し，2013年7月から交渉会合に参加した[30]。以上のように，日本のTPP交渉への参加問題は，アジア太平洋におけるFTA交渉をより一層促進する契機となった。

TPP交渉の妥結

2015年10月5日，難航していたTPP交渉が妥結した。発表された「環太平洋パートナーシップ協定の概要」によれば，TPPは21世紀型の画期的な協定であり，(1)物品とサービスを含む高水準の市場アクセス，(2)サプライチェーン貿易への対応，(3)デジタル技術など新たな課題への対応，(4)あらゆる発展段階の経済とあらゆる規模の企業に対応した包括性，(5)新たな参加国に開かれた地域経済統合のプラットフォーム，の5つの特徴があるとされる[31]。さらに，翌11月5日に交渉参加国のマクロ経済政策当局から「環太平洋パートナーシップ参加国のマクロ経済政策当局間の共同宣言」が発表され，各国当局は競争力確保のための為替レート誘導を回避し，マクロ経済政策の透明性と多国間対話を強化することとされた[32]。さらにアメリカ財務省はこの共同宣言に関するファクトシートを発表し，共同宣言は6月に議会で成立したTPAの交渉目的に対応しており，TPP参加国は自国の通貨政策に関する報告と定期的な協議によって不公正な通貨政策を回避する義務を負うと述べた[33]。

以上のように，合意されたTPP協定は高水準の市場アクセスやサプライチェーン貿易に関わる規定が含まれ，また，協定とは別に為替問題に関する政府間合意までが準備されていた。これらのことから，WTO2.0にふさわしい広範囲かつ高水準の自由貿易協定であるとする評価がある[34]。他方で，サプライチェーン貿易に関わる規制の整合性や中小企業，ビジネス円滑化などの規定はいずれも法的拘束力のない努力規定にとどまっており，既存のアメリカのFTAを12カ国に拡大したにすぎないという指摘もあり[35]，WTO2.0にふさわしい合意であるかどうかについては議論が分かれている。ただし，市場アクセスにつ

いては全加盟国共通の撤廃スケジュールと，日本やアメリカ，カナダなど一部の国での機微な品目での国別撤廃スケジュールに分かれている。後者については特定の相手国や製品に関する差別的待遇が認められており，多角主義的自由化の理念からは後退している。(36)

4　TTIP——難航する交渉

2008年以降，財政負担の少ない経済活性化策として，米欧の政治・経済的エリートの間で米欧FTAへの関心が高まり，財界や民間シンクタンクによる検討が行われた。これらの報告書によれば，米欧FTAの意義として，第1に，新興国を開放的な国際経済システムに組み込むための米欧によるリーダーシップ，第2に，投資やサービス貿易，サプライチェーンのグローバル化などの高度な貿易課題への対応，第3に，WTOとの相互補完性を意識し，最終的には多角的貿易システムを前進させることなどが強調された。(37)

これらの提言を受け，2011年11月の首脳会談で「雇用と成長に関する米欧ハイレベル作業部会」(38)が創設され，米欧間の貿易と投資を拡大して経済問題を解決する方法を見出すこととされた。HLWGは2013年2月11日に最終報告を発表し，二国・地域間の貿易・投資問題に対処し，グローバルなルールの整備に寄与する包括的な協定を締結し，(1)市場アクセス，(2)規制問題および非関税障壁，(3)グローバルなルールや原則，協力の3つの分野で野心的な成果を達成すべきであると提案した。(39)翌日の一般教書演説で，オバマはTTIP交渉の開始を宣言し，(40)3月20日，議会に交渉の開始を通知した。(41)

2014年7月，第1回のTTIP交渉が開始され，2014年3月に第4回会合が開催された。双方の主要な関心分野は第1に市場アクセスであり，双方が乳製品や砂糖などの一部の農産物で例外扱いを求めているほか，映像・音楽サービスではアメリカが保護の削減を求めているのに対し，欧州は交渉対象からの除外を求めている。第2の分野は規制であり，双方が原則的には相互承認に賛成しているが，規制に対する基本的な考え方の違い——アメリカは価額や費用計算

第Ⅲ部　オバマ政権期の通商政策

に基づくイノベーション促進的な規制を，欧州はリスクを抑制する予防的な規制を選好――から，遺伝子組み換え作物に対する規制など，交渉が難航する問題も存在している。第3に，投資や労働・環境，知的財産権などのルールに関する分野であり，双方は，食品の地理的表示の保護や紛争処理メカニズムの権限や適用範囲をめぐって意見が対立しているとされる[42]。紛糾している論点の多くは国内法や規制に踏み込む問題であり，利害関係者が多く経済的な影響が不明確でありながら，理念や思想が関わる妥協の困難な論点であり，それらの問題を回避できなければ交渉の妥結は困難であろう[43]。

5　オバマ政権の通商戦略とWTO2.0論

「貿易の戦略的論理」と一帯一路

2014年6月，その前年にUSTR代表に就任したフロマン（Michael Froman）は，2014年6月に「貿易の戦略的論理」と題する演説を行い，今日の世界では貿易を通じたリーダーシップそのものが国力を示す基準であり，通商交渉は新たな貿易ルールによって国家間の対立を平和的に解決し，アメリカの価値観に合致した国際秩序を促進する取り組みであると強調した。そして，こうした貿易の戦略的論理を実現するための手段としては交渉中のTPPやTTIPなどがあるが，貿易を支える国内合意の再構築が必要であると述べた（Froman [2014]）。

フロマンの提起した「貿易の戦略的論理」は2015年2月に発表された国家安全保障戦略（The White House [2015]）にも取り込まれた。国家安全保障戦略では「繁栄」と題する章で通商政策が議論されており，アメリカの主導するルールに基づく国際経済システムは中国の主導する閉鎖的なシステムとの競争に直面しているとされる。グローバリゼーションがアメリカの企業や労働者の利益となるためには環境・労働保護をはじめとする高い水準のルールを設定し，公正な競争を実現することが必要であり，アメリカはそのためにTPPとTTIPを活用し，自国を巨大な自由貿易ゾーンの中心に位置づけたとされた。

このように，オバマ政権が通商政策の地政学的意義を強調するようになった

背景には，米中間での地域秩序構想の競合の進展がある。オバマ政権は当初，中国と対決するのではなく，アメリカの主導する国際経済秩序への参加を促そうとしていた。2011年11月に発表されたアジア基軸戦略においても，中国をルールに基づく地域秩序に組み込むことが強調されていた。TPPについても，中国が国有企業改革を含む大胆な経済改革を進めることを前提に，その参加を歓迎する立場だった。(44) そして，中国もTPPへの参加に関心を示し，協定の実際の内容がどのようなものとなるのかを注視しつつ，参加のハードルを見極めようとしていた。

しかし，2013年9月以降，習近平（Xi Jinping）は周辺国との外交関係を強化するために，中国とヨーロッパとを経済的に結び付ける一帯一路構想，そのための国際金融機関であるアジアインフラ銀行（Asian Infrastructure Investment Bank：AIIB）などの野心的な構想を次々に明らかにした。また，APECの場ではRCEPやFTAAPの前進を強調するなど，自国主導での地域秩序構想の実現を優先するようになった。(45) このように，オバマ政権のアジア基軸戦略が中国独自の地域秩序構想の展開を促し，それが今度は貿易ルールの地政学的対立を強調するオバマ政権の「貿易の戦略的論理」を生み出したのである。

「貿易の戦略的論理」の評価

「貿易の戦略的論理」を強調するオバマ政権の通商戦略に対しては，アメリカ国内でも賛否が鋭く分かれている。この論理の支持者によれば，TPPは中国の主導する重商主義的な貿易システムを牽制し，ルールに基づく貿易システムを前進させる戦略的ツールである。(46) TPPによって参加国の経済改革が進み，各国の経済成長や各国間での貿易が促進されれば，アジア太平洋における勢力バランスを変化させる可能性がある。ゆえに，アメリカは封じ込めと関与というこれまでの対中政策の選択肢に「中国よりも速い制度改革（Let's Run Faster）」戦略を追加すべきであるとされる。(47)

これに対し，オバマ政権の通商戦略への反対論では，そもそも経済分野では米中間に互恵的な関係が存在しており，中国の構想はアメリカを締め出すもの

でもなければ，脅威となるものでもないため，封じ込めのレトリックを使って中国の警戒心を高め，アジア諸国に対し，アメリカか中国かという二者択一を迫るのは望ましくないとされる。[48]

第1節で検討したように，メガFTAに関する有力な議論としてはサプライチェーン貿易を規律するルールを設定する場だとするWTO2.0論があるが，オバマ政権は貿易システム間での競争を勝ち抜くための地政学的ツールであることを強調した。成立したTPPについてはサプライチェーン貿易に関する幅広い規定も含まれており，WTO2.0に向けた新しい協定だと評価することも可能である。その一方で，TTIPについては交渉の難航が伝えられている。TTIP交渉では米欧主導での開放的な国際貿易システムの強化という地政学的意義が強調される一方で，サービスや投資の自由化に関わって，国内の規制や制度の根幹に関わる思想や理念の違いが争点化してEU諸国の強い反発を招き，かえって米欧間の関係を悪化させているという指摘すらある。[49]

オバマ政権のメガFTA政策では関税障壁の多角主義的な削減ではなく，アメリカ市場への特恵的なアクセスと引き替えに，高度な貿易ルールの受け入れを交渉相手国に求めることに重点が置かれている。これらの特徴は，党派対立によって多様な対外要求が提起される一方で，国内市場の自由化の余地が小さくなってしまったアメリカの国内政治とも合致している。メガFTAはより多くの国々を制度的合意の枠組に巻き込むことで，アメリカにとって望ましい国際経済秩序を構築するための取り組みだと評価できよう。

以上のような経緯を踏まえれば，オバマ政権の通商戦略は状況対応的に形成された性格が強く，EUとのTTIP交渉や，中国のTPP参加問題などの大きな課題を残している。その一方で，オバマ政権はTPPの妥結によって，日本のような先進国からベトナムのような途上国を含む多様な国々を「ルールに基づく経済秩序」の枠組みに引き込むことに成功した。したがって，今後もアメリカは，メガFTAによってルールに基づく国際経済秩序の再構築に向けた取り組みを進めていくが，その実現にはまだまだ多くの紆余曲折を経ることになろう。

第10章
貿易自由化合意の再構築に向けて
—— 党派政治の深刻化 ——

1 オバマ政権下における党派政治の激化

　本章では，オバマ政権期における通商政策の国内政治のプロセスを検討する。オバマ政権期における通商政策の政策形成プロセスは，共和党の自由貿易論者と民主党の公正貿易論者がそれぞれの体系的な主張を正面からぶつけ合う厳しいものとなった。2006年から2012年までの間，上下両院で多数党となった民主党では公正貿易論者が影響力を強めた。そして，労働・環境問題だけではなく既存のFTAの再検討や再交渉，為替操作規定など貿易自由化の前提として，公正な国際競争の実現を求め数多くの提起を行った。このため，オバマ政権の最初の3年間は貿易自由化に向けた政策課題が何一つ進まない事態に陥った。その後，2008年と2012年の選挙で民主党が敗北し，上下両院で議会多数党の座は共和党に移った。共和党多数派議会の成立を受け，オバマ政権も共和党指導部と連携してFTAの審議やTPAの成立などの課題に政治資源を投じるようになったが，それらの法案の採決に際しては党派的な採決を繰り返すことになった。

2 通商政策の一時的休止と3つの自由貿易協定

通商政策の一時的休止
　2008年の大統領選においても，通商政策は党派的な論争の対象となった。共和党の候補は全てのFTAに賛成し，貿易拡大は雇用・賃金・生活水準を向上

させると主張したが，民主党の候補は，現行の貿易は「底辺に向けた競争」になっているため，雇用を改善するための政策対応とFTAの見直しが必要だと主張した。オバマにいたってはNAFTAの再交渉まで提起していた。当選直後，オバマは政権移行期における計画（The Obama-Biden Plan）を発表し，公正な貿易のための戦いや，アメリカ人のための「良い雇用」，海外への良い労働・環境基準の拡大，NAFTAの再交渉，TAAの拡大などを提起した。これらの項目は，基本的に民主党の公正貿易論者の主張と合致したものである。また，2009年2月，アメリカ景気回復・再投資法の一部として，貿易とグローバリゼーション調整支援法が議会で成立した。TGAAAは，2010年末までTAAの適格性をサービス労働者や企業，地域社会に拡大するものだった。

2008年議会選挙でも勝利した民主党では，公正貿易論者の動きが活発化した。彼らは新公正貿易改革派（new fair-trade reformers）を名乗り，6月に下院で2009年貿易法を提出した。H.R. 2013は「貿易協定の新たなパラダイム」が必要であるとし，第1に，2年に一度，GAOがFTAの経済，環境，国家安全保障，厚生，安全その他の効果に関する報告書を提出し，FTAの再評価を行うよう求めた。第2に，今後のFTAには，制裁措置を含めた中核的労働基準の保護，人権・環境保護・食品の安全性に関する規定を含むことを義務づけた。第3に，以上の規定のないFTAについては再交渉を求めた。H.R. 2013は審議プロセスには乗せられなかったが，下院民主党の半数の支持を得た。

これに対し，政権は医療改革法などの優先課題に集中し，棚上げFTAなどの通商課題を放置した。民主党リベラル系の政策専門家であるフォウ（Jeff Faux）は，公正貿易を実現するための政策革新が実現するまでは，「通商政策の戦略的休止」を実行すべきだと主張していた。しかし，そのような戦略的な取り組みはまったく行われず，2010年1月の一般教書演説で発表された国家輸出イニシアティブ（National Export Initiative：NEI）に手がつけられるにとどまった。NEIでは，今後5年間での輸出倍増を訴え，通商政策を雇用戦略として位置づけた。その年のUSTRの年次報告では，2010年の課題としてルールに基づく貿易システムの強化や批准待ちFTAの審議，海外市場の開放と輸出

促進などが挙げられていた。しかし，その後も議会との調整が必要な課題についてはほとんど放置された。

3つのFTAの批准

　このような通商政策の休止状態は11月の中間選挙での民主党の敗北によって終わった。共和党が下院で多数派を占め，オバマ政権が目指したリベラルな政策課題の実現が困難になった。こうして，オバマ政権は共和党多数派議会と取り組める政策として，通商政策に旋回していった。12月に米韓FTAの再交渉が両国政府間で妥結し，アメリカの自動車関税削減スケジュールや韓国の安全・環境基準の見直し，自動車セーフガードなどの新たな規定が加えられた。一方，次の会期からは下院での多数党の座を失うことが決まった議会民主党は，12月29日に2010年包括的通商法（Omnibus Trade Act of 2010）を成立させ，その一部として，共和党からの批判の強いTGAAAを2012年2月まで延長した。

　2011年のUSTRの年次報告では，NEIの実行と，その実現のための3つのFTAの批准が強調された。政権は経済的利益の大きな米韓FTAの採決を優先し，反対論の強い残りの2協定をその後に回すアプローチを議会に提案した。これを受けて，3月から5月にかけて，上下両院では3つのFTAに関する公聴会が相次いで開かれ，TAAの延長問題と絡めて活発な議論が交わされた。共和党は，TGAAAは景気刺激策の一環でありFTA採決の前提条件にはできないと主張し，TGAAAの縮小と3協定の一括審議を要求した。これに対し，民主党はFTA採決の前提としてTGAAAレベルの強固（robust）なTAAの更新を要求した。そして，オバマ政権は3カ国との再交渉の結果，それぞれの国との懸案は対処ずみであるとしてFTAとTAAを一括した採決を要求した。

　7月7日，上院財政委員会と下院歳入委員会で3つのFTA法案が成立した。上院の米韓FTA法案にはTAAが含まれていたが，ベイナー（John Andrew Boehner）下院議長は米韓FTAとTAAは別々に採決すべきだと主張した。他方，民主党は，TAAの更新がFTA採決の前提だとの主張を繰り返した。膠着状態に陥りかけた議論を前進させたのは上院共和党だった。7月19日，ポー

トマンら12名の共和党上院議員がTAAの単独法案を支持する書簡を提出し,「FTAとTAAを別個にし,3つのFTAを即座に提出するよう要求」した。[15]

こうして,9月22日に上院で一般特恵関税制度の更新法案とTAAとをパッケージ化した法案が70対27で成立した。その際,上院民主党指導部と政権はTGAAAの縮小に応じ,2013年12月までの延長で共和党と合意した。[16]その後,審議の舞台は下院に移った。ベイナー下院議長と政権との間で,TAAと3つのFTAの4法案を順番に採決し,4法案全てに修正を禁じる閉鎖ルール(closed rule)を適用する妥協が成立した。[17]この妥協に基づき,10月12日,GSPとTAAのパッケージ法案(H.R. 2832),米韓FTA(H.R. 3080),コロンビアFTA(H.R. 3078),パナマFTA(H.R. 3079)が下院で成立した。表序-4で示したように,共和党議員の多くがFTAには賛成する一方で,TAAには反対票を投じ,民主党議員の多くはFTAに反対する一方,TAAには賛成票を投じた。

3 貿易促進権限をめぐる党派政治

第113議会における審議

メガFTA交渉の進展に伴い,アメリカ議会でもTPAの更新が必要であるという認識が強まった。議会指導部では,TPA更新が2013年の主要な課題だという共通認識が生まれ,ボーカス(Max Baucus)上院財政委員長,ハッチ(Orrin Hatch)財政筆頭委員,キャンプ(Dave Camp)下院歳入委員長,レビン(Sander Levin)歳入筆頭委員ら4名の貿易関連委員会の指導者たちを中心にTPA法案の作成作業が始まった。[18]

政権は議会指導部を側面から支援するアプローチを取った。政権は4月の予算案の発表の際に,全失業者を対象とした支援プログラムにTAAを組み入れる提案を行った。この提案は,貿易による失業者だけを特別扱いすべきでないとしてTAAには反対してきた共和党のアイディアを受け入れたものであるが,逆に,民主党や労働組合は給付の範囲や水準が縮小される可能性があること,また,TAAはTPAの交換条件としても必要であるとして反対した。[19]7月,

オバマはミドルクラスの基盤強化を訴える演説で議会に TPA を要請したが，政権からの直接の働きかけは避けた。しかし，共和党は民主党の賛成票を得るには政権の働きかけが必要だと主張した。[20]

当初，6月には超党派で TPA 法案を提出する予定だったが，作業は遅延した。[21] まず，下院ではレビンが為替操作に関する規定を組み込み，1988年競争力法をモデルとした広範囲にわたる競争力法の作成を要求した。[22] また，上院ではハッチが TPA と TAA のリンクや2007年5月の合意に反対した。[23] TAA とのリンクにはキャンプも反対だったが，結局，法案の作成はボーカスとキャンプの共同作業で続けられることになった。[24]

TPA 法案の作成が進むと，議会では反対の声が出始めた。11月，下院民主党議員の3/4に相当する151名の議員が，議会の役割をより強化すべきだとして TPA に反対する書簡を発表した。[25] また，22名の下院共和党のティーパーティ系議員も反対する書簡を発表した。[26] さらに，2014年1月1日に民主党多数派議会の下で成立した拡大 TAA が失効し，サービス労働者や FTA を締結していない国々との貿易で失業した労働者が対象外となった。これに伴い，TAA プログラムは2002年に成立したものと同じレベルに縮小したが，それも2014年末に失効する見込みとなった。[27]

1月9日，ボーカスとハッチ，キャンプの3名により TPA 法案（Bipartisan Congressional Trade Priorities Act of 2014）が提出された。この法案の特徴は，第1に，議会による監視や協議が強化され，第2に，為替問題や国有企業への規制，現地化障壁への対処が主要な交渉目的とされたことである。[28] 16日には財政委員会で公聴会が開催されたが，ハッチやボーカスは最新の情勢に対応した法案だと自賛した。[29] しかし，その後に法案の審議は暗礁に乗り上げた。上院で法案の成立をリードしたボーカスが中国大使に転出し，ワイデン（Ron Wyden）が財政委員長に就任した。さらに，29日に上院議長のリード（Harry Reid）は当面は法案を上院本会議に提出しないと明言した。リードは，TPA 法案に対する意見が民主党内で割れており，また，支持基盤である労働・環境団体が反対していることから中間選挙の年にこの法案の審議を進めるべきでないと考え

たのである。こうして，TPA法案の採決は，事実上，中間選挙後に持ち越されることになった。

TPA法案とTAA法案のリンケージ

2014年の中間選挙では共和党が大勝し，上下両院で多数党となった。共和党は多くの政策分野でオバマ政権への敵対姿勢を強めたが，通商政策に限っては政権と共和党指導部との連携が自然と成立した。まず，共和党にも原理的保守派のティーパーティを中心に通商政策に反対する勢力が存在した。彼らは大統領にいかなる権限を付与することにも反対し，TPAも移民政策の隠れ蓑にすぎないとして反対していた。そして，大統領は民主党内の公正貿易論者に対応しなければならなかった。下院共和党議員244名のうちTPAの賛成票は180名から200名と見込まれていた。他方，これまで下院でTPAに賛成してきた民主党議員は20名以下にすぎず，これらを単純に足しても下院の過半数217にぎりぎりとどくかどうかという見通しだった。そして，上院ではフィリバスターを防ぐために60票が必要であるが，共和党議員54名全員が賛成したとしても6票足りないという厳しい状況だった。

2015年1月20日，オバマは一般教書演説で議会両党に対し，TPAの更新を求めた。現在交渉中のアジア太平洋諸国やヨーロッパとのFTAの推進を訴え，アメリカはTPPを通じてアジア太平洋地域のルールを構築していかなければならず，さもなくば中国がルールを作ってしまうだろうとその必要性を強調した。さらに，5月にもTPAとTPPへの支持を求める演説を行った。オバマによれば，TPPとNAFTAは異なっている。TPPには強力で実効性のある労働・環境規定が備わっており，アメリカの価値観を反映した進歩的でスマートなFTAである。また，低賃金を求める企業は既に海外進出をすすませてしまっており，近年では逆に，製造業の国内回帰が始まっている。TPPはこうした高賃金の国内雇用と輸出のために海外市場を開放するFTAである。したがって，アメリカ企業や中間層が公平な条件で国際競争するためにこそTPPが必要であり，スマートな貿易協定によってアメリカ主導で貿易ルールを決めなけ

れば，中国が都合良くルールを決めてしまうだろうと訴えた。そして，議会に対して活発なロビー活動を展開した。

　議会では，30日にハッチ財政委員長がTPAに関する演説を行い，以下の諸点を強調した。第1に，TPAの適用される規定は貿易協定を実行するのに「厳格に必要かつ適切（strictly necessary or appropriate）」な規定のみに限定される。TAAはTPA法案から排除される。第2に，政府間の秘密合意は禁止する。第3に，米韓FTAのように，TPAの期限切れ後に重大な変更や再交渉が行うことも禁止する。第4に，今後のFTAには(1)強力な知財規定，(2)サービス市場の開放と強力なISDSメカニズム，(3)米国製品・サービスに対する包括的かつ真の市場アクセスを要求する。

　そして，2月4日にライアン（Paul Davis Ryan Jr.）歳入委員長は，下院のTPA法案はTAAなどを含まない「クリーンな」法案とするが，TPAとは別の法案として審議する可能性は認めた。ライアンの目的は，下院共和党がTAAの審議で分裂するのを回避することにあった。これに対し，民主党は2月25日に上下両院で同一のTAA拡張法案を提出（S. 568およびH.R. 1088）した。これらのTAA法案は，サービス労働者や公共部門の労働者，アメリカとFTAを締結していない国からの輸入による失業者までをも対象者とする非常に広範な支援策だった。

　このように，共和党はTAAへの反対を強める一方で，民主党はTAAの一層の拡大を強く求めていた。多くの議員にとってTPAとTAAは取引材料ですらないほどに両党間での政策選好は隔たっていたが，事実上の取引材料としてどのような手法でこれら2つの法案を結び付けるのかが問題となりつつあった。

第114議会における審議

　4月16日，ハッチ，ワイデン財政筆頭委員，ライアンが上下両院にTPA法案を提出した。この法案には新協議メカニズムとして，「協議と遵守に関する決議（consultation and compliance resolution：CCR）」が新たに設置されていた。

これまでの TPA 法案では財政および歳入委員長にのみ認められる手続不承認決議（procedural disapproval resolution：PRD）が存在していたが，CCR の場合，上院では委員会の投票で貿易協定から一括交渉権を剥奪することが認められた。さらに，適切な秘密取り扱い許可に基づき交渉書類への議員のアクセスを許可した。このように，新法案はこれまでの TPA 法案と比べ，通商交渉に対する監視と透明性，協議を強化していた。他方，為替操作に関する規定はなかった。また，ワイデンとコリンズ（Susan Margaret Collins）共和党上院議員は2011年版 TAA を6年間延長する法案を提出（The Trade Adjustment Assistance Enhancement Act of 2015）した。[38]

4月22日，財政委員会で6年間の TPA 法案が成立した。[39] TPA に対する修正条項のうち，ポートマンやシューマーらの提出した為替操作に対する強力な実行ルール規定は棄却された。そして，ハッチ委員長は4つの通商法案，すなわち TPA，TAA 延長法案，特恵プログラム更新法案，関税法案を本会議に別々に提出し全てを成立させると述べた。

23日，歳入委員会でも TPA 法案（H.R. 1890）が成立した。[40] 歳入委員会では，レビン筆頭委員が為替操作や人権などの重要問題が TPP で対応されなければ一括交渉規定を適用しないという修正規定を提出し，否決された。ライアン委員長は特定の目立つ問題にのみ議会の関心を集中させ，審議を困難にすることを懸念し，この規定に反対した。

5月12日，上院が TPA 法案の審議打ち切り動議を52対45で否決した。上院ではフィリバスターを防ぐために60票の賛成が必要であるため，民主党議員の支持を拡大する必要があった。民主党では，4月22日の財政委員会で成立した他の3つの法案とのパッケージ化や，為替操作規定を求める声が強かった。[41] こうして，上院では共和・民主両党が TPA 法案と TAA 法案を一括審議することで13日に合意した。また，為替問題については，ハッチとワイデンがポートマンの提案の代替案となる新たな修正条項を提出した。ポートマンの修正条項では，日本やアメリカなどの量的緩和政策を実行している国や，巨額の貿易黒字や外貨準備を持つ国を除外できない可能性があり，国際交渉を混乱させるだ

けだという批判があった。これに対し，ハッチとワイデンの修正条項では，為替問題をTPAの主要な交渉目的とするが，実効性あるルールではなく透明性や情報開示，報告，監査，協調的メカニズムで対応するとされた。ハッチによれば，新提案のメリットはTPP交渉でのアメリカの主張と一貫しており，また，FRBの通貨政策の独立性への脅威にならないことにあった。

5月22日，上院はTPA法案とTAA法案を一括で採決し，62対37で成立させた。TPAの期間は3年プラス追加3年で，ハッチとワイデンの為替操作規定も70対29で成立した。これに対し，ポートマンの為替操作規定は48対51で否決された。この法案には交渉相手国の宗教の自由を調査する規定も追加されたが，2011年レベルのTAAを求める規定は否決された。

しかし，下院では逆に，上院で成立した2015年貿易法案（Trade Act of 2015, H.R. 1314）を，(1) TPA法案，(2) TAA法案，(3) メディケア予算からTAAの財源を捻出する規定，の3つに分割して審議する「問題の分割（division of the question）」アプローチが採用された。下院共和党指導部は，TPAとTAAの財源部分は共和党の支持で，TAAは民主党の支持でそれぞれ成立させようとした。このアプローチの利点は，共和党はTAAに賛成する必要がなく，民主党はTPAとメディケア削減に荷担せずにTAAを更新できることにある。ただし，法案の成立には全ての分割部分が成立する必要があった。しかし，民主党はTPAをつぶすためにTAAに反対するという奇策を採用し，下院院内総務のペロシが両法案への反対を表明した。6月12日，下院は219対211でTPAを可決したが，TAAは126対302の大差で否決した。この結果，法案全体が不成立となった。

この結果を受けて共和党指導部は17日に声明を発表し，上下両院でTPAとTAAを別々に成立させる方針に切り替えた。オバマもTAAの成立にかかわらずTPA法案には署名すると明言した。まず，18日に下院でTPA単独の法案が218対208で可決された。そして，6月24日に上院でも60対38でTPA法案を可決した。他方，TAAは特恵プログラムの更新法案H.R. 1295にパッケージ化され，上院では24日に発声投票で可決し，下院では25日に286対138で可決

した。H.R. 1295では，6年間，サービス部門も含めた貿易による失業者を支援するが，公的部門は対象としないこととされていた。こうして，オバマの署名によって29日に両法案が成立した。

4　TPP批准問題と自由化合意の解体

民主党のTPP反対論

　2015年10月にTPP交渉が妥結した結果，TPPの批准はオバマ政権の最大の課題の一つになった。オバマは11月5日にTPPに署名する意思があることを議会に通知した。下院民主党はTPPの諸規定を詳細に検討し，公正貿易論の立場から体系的な反論を行った。その後，アメリカ国内政治の主要な関心は大統領選挙に向かい，TPPのような論争的な法案の審議は進められなくなった。

　議会では，下院歳入委員会の民主党議員が2015年11月から翌年2月の間に6回の討論会を開催した。それぞれの討論会のテーマには，環境，投資，医薬品のアクセス，為替操作，自動車のサプライチェーン貿易，労働者の権利という公正貿易論者が強く関心を持つ論点が選ばれた。これらのうち，環境に関する規定では2007年5月の合意で列挙された全ての多国間環境協定を実行することになっていないことが問題視された。また，自動車のサプライチェーン貿易では日本の自動車市場の閉鎖性が取り上げられ，日本との二国間合意にもかかわらず，アメリカ自動車産業の日本市場へのアクセスが顕著に改善されるかどうか分からないと指摘されている。

　為替操作については「環太平洋パートナーシップ参加国のマクロ経済政策当局間の共同宣言」に紛争処理メカニズムの規定がなく，実効性を欠いている点が問題視された。この点については討論会に呼ばれたバーグステン（C. Fred Bergsten）の反論がある。バーグステンは，第1に，2014年以降にアメリカ経済の良好なパフォーマンスなどの要因によってドル高が進んだために為替操作はほぼ姿を消しており，第2に，共同宣言と議会が2月に成立させたベネット・ハッチ・カーパー修正条項により，財務省は厳格な基準に基づいて為替操

作国指定を行わなければならなくなったため，今後は諸外国の為替操作に対応しうると述べた。(50)

　労働問題については2007年5月の合意を満たしていることは認められたが，ベトナムやマレーシア，ブルネイといった途上国が自国の労働法を実行する能力や資源，政治的意志を持つのかどうか疑わしいとされた。(51) アメリカ政府はこれら3国の労働問題に対応するためにTPP交渉と並行して二国間協議を行い，TPPでの義務を遵守するための法制度改革で合意している。これらのことから政策専門家の多くは，アメリカのFTAは各国労働法の実行義務だけではなく，ILOの中核的労働基準を国内法に組み込むことを求めるものに進化したと評価した。(52) しかし，民主党歳入委員会は二国間合意でも労働法の実行は保証されないと反論している。

　以上のように，行政府は公正貿易論の側からの多様な要求に対し，交渉相手国との調整や妥協が可能な範囲で対応しようとしていた。しかし，公正貿易論者は輸出拡大や雇用の増加，相手国での労働条件の改善など，目に見える成果に結び付く保証がなければ対応が不十分であるとして貿易自由化への反対を継続した。すなわち，公正貿易論は自由貿易主義の建前を装いつつ，通商合意のハードルを非現実的にまで高めることで貿易自由化に反対する事実上の保護貿易主義となっていると言えよう。(53)

2016年大統領選挙とTPP

　また，2016年の大統領選挙では，共和党候補者のトランプと民主党の候補者であるヒラリー・クリントン（Hillary Rodham Clinton）の双方がTPP反対の姿勢を打ち出し，法案の審議はきわめて困難な状況に陥った。このため，オバマ政権は大統領選挙後に任期が切れるまでのレームダック会期にTPPを批准しようとしていた。(54)

　トランプは共和党の候補者でありながら，白人労働者階級の支持を得るために貿易自由化に反対し，アメリカ国内に雇用を取り戻すと主張した。具体的にはTPPからの脱退，NAFTAの再交渉，中国の為替操作国指定など，これま

で進められてきた経済グローバル化政策を転換し，アメリカの経済的独立のための政策を進めると述べた。とりわけ TPP については「アメリカ国民が拒否権を持たない国際委員会を創設する」協定であると批判し，これに代わって二国間での通商交渉が必要だと主張した。[55] このように，トランプは貿易自由化だけではなく，これまでアメリカが進めてきた多国間主義的な通商政策をも放棄し，個別に相手国と対応する二国間主義的なアプローチを採用すると述べた。

他方，当初は最有力候補とみられていたクリントンは，民主党の予備選で「民主社会主義者」を主張するバーニー・サンダース（Bernie Sanders）に苦戦し，自らの主張をリベラル寄りに修正して対応せざるをえなくなった。2016年2月に発表した通商政策に関するコラムでは，中国などの不公正な慣行を活用する国々に対してアメリカ企業や労働者が公正な条件で競争できるようにし，高賃金の雇用を生み出す貿易協定でなければ支持しないと主張した。そして，TPP はこれらのハードルを満たさないので支持できず，他国の違法行為や為替操作の取り締まり，高賃金の雇用回帰策を強化すると述べた。[56]

こうした厳しい状況の中，オバマ政権は 8 月に批准手続を開始するための行政措置声明を提出し，大統領選挙後の短い会期に法案を成立させようとした。[57] オバマは 9 月にアジア諸国を歴訪した際，政権のアジア政策を総括する演説の中で，TPP はアメリカのアジア政策の柱であり，その批准に失敗すればアジア地域におけるリーダーシップに疑問符がつくとして，議会に対して自らの任期中に批准するよう強く働きかけると述べた。[58] しかし，2016年の大統領選を制したのはトランプだった。早速，トランプは TPP からの離脱を宣言し，大統領就任後の優先課題にすると宣言した。こうして，オバマは任期中の TPP 批准を断念した。

終　章
アメリカの通商覇権のゆくえ

　本書では，ポスト冷戦期アメリカの通商政策を，多国間主義に基づく新たな国際合意と貿易自由化に向けた国内合意との相互作用のプロセスとして分析した。この終章では，ここまでの分析の結果得られた知見をまとめ，それに基づきアメリカの通商覇権についての展望を述べる。

党派対立と通商覇権

　まず，国内政治の側面を検討する。1990年代半ば以降のアメリカ政治においては保守主義とリベラリズムへの政治的分極化が激化しているが，通商政策においてもこれと軌を一にして，自由貿易論と公正貿易論との理念的対立による政策形成プロセスの停滞が断続的に生じている。自由貿易論と公正貿易論との理念的対立の背景には，あるべき社会像をめぐる保守主義とリベラリズムとの党派的対立がある。過去20～30年にわたり，アメリカでは製造業の雇用が失われ，平均的な労働者の賃金も停滞した。これらの問題の主要因は貿易ではなく，むしろ技術革新や生産性の向上などアメリカ経済そのものの変化にあり，本来ならば全ての失業者に対する再教育や訓練の提供，社会的セーフティネットの強化によって対応されるべきだった。(1)しかし，保守主義勢力は市場への介入や財政支出の拡大には原理的に反対し，リベラル勢力も支持基盤である製造業労働者以外の産業分野への対応には及び腰だった。(2)

　アメリカの産業構造や雇用の大きな変化への政策的対応が政治的に行き詰まるなか，通商政策が「生け贄の山羊」にされた。雇用不安や労働条件の悪化に対応し貿易自由化への支持を強化するためには，教育や再訓練，失業対策など

の社会政策,新規の雇用を生み出すための税制や規制の見直し,産業・地域振興策といった国内政策の拡充が求められることになろう。しかし,これらの新たな政策プログラムは,とりわけ新規の予算措置が求められる場合,保守派の強硬な反発に直面する。こうしてリベラル派は本来ならば国内対策として対応すべき問題までも貿易自由化合意の「人質」として,通商政策の政策プロセスに持ち込もうとする。近年における通商政策の停滞の背景には,こうした政策割り当ての不整合ともいうべき問題が存在している(3)。

とりわけ,保守主義とリベラリズムの理念的対立の焦点となったのが TPA や TPP などの貿易自由化法案だった。これらの法案の審議にはグローバル化のあるべき姿をめぐって様々な問題が持ち込まれ,アメリカ政府の交渉ハードルを際限なく高くしている(4)。自由貿易論者からはサプライチェーン貿易に関わる高度な規定が求められる一方で,公正貿易論者からは為替操作対策や積極的な労働政策,交渉相手国の労働法の抜本的強化など,本来の通商政策の対象外の論点までもが持ち込まれるようになった。公正貿易論者の多様な要求のうち,法的拘束力のある為替操作規制や民主主義条項など,諸外国との交渉で受け入れ不可能と見られるものは行政府によって排除されているが,公正貿易論者はそれを理由に貿易自由化法案に反対し,通商政策は停滞しやすくなった。

こうして,通商政策の政策形成プロセスは具体的な経済的利益が調整される場から,自由貿易論と公正貿易論との理念的対立の場に変貌した。これら2つの政策パラダイムは,個々の法案とは直接関係のないものも含めた多様な利害や関心を収斂させる準拠点であるが,原理的に妥協や調整の困難な対立関係にある(5)。政策対立が理念の違いに基づくようになると,経済的利害の小さい法案の方が党派政治を激化させやすくなる。第6章で検討した CAFTA-DR のように,貿易額や経済的影響の面では取るに足りない FTA であっても,「雇用を殺す FTA」「底辺へのグローバリゼーション」といった訴求力のあるキャッチフレーズによって政策パラダイムの根幹に関わる問題であると位置づけられると法案の成立が難しくなる(6)。逆に,中国の WTO 加盟問題や人民元切り上げ問題のように経済的利害が大きく錯綜している場合,議会における利害の表出

は細分化し,多元主義的な調整が進められた。

　以上で検討したように,民主・共和両党間での党派対立の一層の激化によって,貿易自由化に向けた合意は事実上解体した。G.W.ブッシュ政権期においてはTPA法案にTAAなど多数の修正条項を付け加え,取引に応じる議員を増やすことで法案に賛成する多数派形成が進められた。しかし,オバマ政権期においては,一括交渉権限などの貿易自由化法案とTAAなどの保護主義的法案とを一つの法案とすることすら認められなくなっていた。しかし,自由化法案と保護法案との取引という実態は残された。その結果,TPAとTAAの採決は形式的に切り離され,法案成立のためのより微妙な協議や調整が必要となった。

　アメリカの分権的な政治システムを前提すれば,今後,アメリカが新たな貿易自由化政策を実行していくためには,議会における超党派の合意を構築する必要がある。しかし,そのためには政策形成プロセスにおける妥協や譲歩を許容して政策を漸進的に前進させつつ,あるべき社会像やグローバル化をめぐる自由貿易論と公正貿易論との認識ギャップを収斂させなければならない。

多国間主義と通商覇権

　以上のように,アメリカ国内政治における政策パラダイム対立の意義は両義的である。一方で,パラダイムの対立は原理的なものであるため,今日のアメリカでは貿易自由化に向けた合意の形成はきわめて困難になっている。G.W.ブッシュ政権からオバマ政権に至る政策形成プロセスの展開は,事実上,共和党多数派議会の数の力によって公正貿易論者を圧殺することが「合意」形成の前提となっていることを示している。したがって,アメリカの通商政策は選挙結果に極端に左右されて不安定あるいは断続的にしか実行できなくなっている。他方,パラダイム間での活発な政策論争や豊富な政治的インフラストラクチャーの存在により,新たな政策アイディアや政策手段が次々と生み出されるようになっている。政策手段の創出的パワーの優位性は,一面ではアメリカの提起する政策アイディアの普遍性や説得性に帰結するが,他面ではアメリカ

と諸外国との認識のギャップを生み，かえってアメリカの覇権を弱める結果をも生み出しうる。

　次に，国際的合意の側面を検討する。ポスト冷戦期，アメリカ国内における党派対立や，サプライチェーン貿易をはじめとする企業行動や貿易構造の変化の結果，数多くの革新的な政策アイディアが提起されるようになった。当初，アメリカ政府はこれらのアイディアを小国との二国間FTA，すなわち「関係を通じた支配」によって広めようとした。しかし，対外的にはアメリカの革新的な政策アイディアをそれらの小国以外に広められず，国内的にはFTAへの合意形成を繰り返した結果，かえって公正貿易論者からの反発を強めてしまった[9]。こうしてオバマ政権に至り，アメリカは新たな貿易ルールについての国際的合意を主導するためのツールとしてメガFTAを選択した。

　では，アメリカはメガFTAによる通商覇権を展望できるのだろうか。本書では，多国間秩序論に従い，覇権を，広範な国際的合意の構想力と調達力であると定義した。他方，非対称な合意論に基づき，覇権の具体的な内容や条件は冷戦後に大きく変化したものと考えた。すなわち，アメリカをはじめとする先進諸国にとって，通商交渉の焦点は関税の削減ではなく，サプライチェーン貿易を促進するための貿易ルールの設定となった。しかし，新興国の台頭によって世界経済の多極化が進行する一方で，先進諸国の関税障壁は既に低いため，新興国に対する強い交渉力を持てなくなっている。そして，アメリカのメガFTAは，新たな貿易ルールをめぐる国際合意を形成するためのツールであるとともに，中国などの新興国に対するアメリカの優位を再確立するための武器ともなっている。したがって，交渉参加国間でのハイレベルの合意が形成できるのかどうか，次いで，その合意が参加国の経済活動を活性化し，また，参加国間での国際協調を促すものとなれば，域外国に対して強力な参加圧力を生むものとなろう。通商覇権の回復は，そのような合意をアメリカが構想できるのかどうかという点にかかっている。

終章　アメリカの通商覇権のゆくえ

トランプ新政権の通商政策

　しかし，2016年大統領選挙の結果，保護主義的な通商政策を公然と掲げるトランプが勝利した。トランプは最優先の公約の一つとして TPP からの脱退を宣言し，NAFTA の再交渉や中国，日本との二国間交渉を重視している。トランプの主張が文字通りに実行されれば，短期的には諸外国との間で深刻な貿易戦争が，中長期的には輸入品価格の上昇や貿易の縮小によってアメリカ経済にも深刻な損害が発生しうる。(10) さらに，第2次大戦後に構築されてきたアメリカ主導の多国間主義的通商秩序からの撤退をも意味する。トランプ新政権が多国間秩序からの撤退を確信的に進めていくのであれば，それはアメリカの通商覇権の終わりであり，「普通の大国」への道を選択したということになろう。

　トランプ新政権による通商政策の転換とその意義については今後の検討が必要であるが，最後に，現時点で提起されているトランプの選挙公約から検討すべき論点を提起しておきたい。第1に，これほどの政策転換を含む選挙公約を本当に実行できるのかという問題である。候補者としてのトランプは，しばしば，虚偽の発言や議論の一貫性のなさ，政策についての知識の不足を指摘されてきた。一般に，選挙戦においては政策の実現性よりも有権者受けするスローガンが優先されがちだが，トランプの場合はそうした傾向が突出していた。しかし，今後は自らの政権チームを組織して実現性のある政策をデザインしていかなければならない。このようなプロセスを経るうちに，選挙公約のうちのいくつかは見直されることになろう。

　第2に，トランプの勝利がアメリカ政治における政党間対立の構図にどのような影響を与えるのかという問題である。クリントン政権期以降，アメリカにおける政党間対立の構図は，経済的自由主義によって保守的な価値観を追求する共和党と，政府による市場介入によってリベラルな価値観を実現しようとする民主党との激しいイデオロギー対立によって特徴づけられる。しかし，トランプは共和党の大統領候補でありながら，保護主義的な通商政策や移民・イスラム教徒などに対する排外主義的な主張を掲げて白人労働者階級をはじめとする多くの有権者を引きつけて当選した。トランプの公約の多くは，議会共和党

の政治理念とは大きく異なっており，今後，両者の間でどのようにして協調関係が構築されていくのかは未知数である。

その一方で，トランプは新たな支持層を開拓することで，政治対立の基本構造を転換する政党再編成の引き金を引いたとする議論がある。すなわち，ニューディール期以来，民主党は労働組合や多様なマイノリティ集団，リベラルな知識人による既得権益の連合体であり，共和党は民主党の既得権を打破するために，社会保守や財政保守，外交的タカ派などの勢力が糾合した勢力だった。しかし，トランプは排外主義的な言辞と保護主義政策とを結び付けることで，自らをグローバル化の敗者だと考える白人労働者の多くを引きつけた。こうして，政治対立の軸は自由貿易と移民の拡大，リベラルな価値観を求めるグローバリストと，保護貿易と移民制限，保守的な価値観を求めるナショナリストとの対立に変化した。(11) 近年の世論調査によれば，民主党支持者の75％，共和党支持者の62％が経済的グローバル化を肯定的に評価していることも，こうした議論を裏付けている。(12) つまり，民主・共和両党の議員レベルと一般的な支持者レベルとの間で，政策選好にねじれが生じており，むしろトランプの方が，議会よりも早くアメリカ国民の政治意識の変化に対応しているということになる。ただし，政治エリートと一般有権者とのねじれがどのように解消されていくのか，という問題については今後の検討が必要である。

第3に，トランプの提起する二国間主義的な通商政策の含意について述べる。トランプにとって，貿易とは関係国全てに利益を均霑させるものではなく，相手国との巧みな交渉によって一方的に利益を勝ち取るべきゼロサムゲームである。したがって，WTOやメガFTAなどの多国間秩序もアメリカの主権を制限する障害物でしかない。こうしたトランプの世界観は，アメリカが利他的な動機でWTOやメガFTAの実現に取り組んだという誤解に基づくものであるが，他方で，あらゆる制約を逃れて行動の自由を確保しようとする単独行動主義外交の伝統に棹さすものである。たしかに，短期的には二国間の通商交渉によってより大きな譲歩を相手国から勝ち取ることができるかもしれないが，多国間の通商秩序によってこそ，より多くの国々にアメリカの利益となる貿易

終章　アメリカの通商覇権のゆくえ

ルールを受け入れさせ，その対外的影響力を強化することができた。かつて，アメリカは日本や西ヨーロッパ諸国を相手に二国間交渉によって自国の短期的利益を押しつけようとしたが，思うに任せなかった。そして，WTO を創設し，ルールによって貿易摩擦を解決する道を選択した。トランプ政権の通商政策が多国間主義からの離別を意味するのか，それとも一時的な揺り戻しにすぎないのか，アメリカの通商覇権のゆくえは，流動化するアメリカ政治，そして，その中での新政権の選択にかかっている。

注

序章　アメリカの覇権と通商政策をめぐる論争

（1）　メガFTAとは，世界貿易で大きな割合を占める主要国や地域を含む複数の国々が参加して深い統合を構築するFTAのことで，具体的にはTPP，TTIP，RCEP（Regional Comprehensive Economic Partnership）などを指す。Global Agenda Council on Trade & Foreign Direct Investment［2014］なお，深い統合とは，関税などの国境措置の削減にとどまらず，知的所有権や競争法，投資保証など国内の規制や法制度の改革による共通の貿易ルールを構築することである。これに対し，関税削減を中心にした経済統合を浅い統合と呼ぶ。

（2）　一般に，冷戦終結のメルクマールは，ベルリンの壁が崩壊した1989年からソ連が解体した1991年の時期に置かれるが，本章では，通商政策上の時期区分として，GATTウルグアイ・ラウンドが妥結してWTOが成立した1995年を画期とする。

（3）　アメリカ国際政治学の立場からは，対外経済政策を，(1)国際システムにおけるアメリカの地位の反映だと考える国際システム中心のアプローチ，(2)アメリカ社会の支配的グループの選好や，多様な利益集団間での勢力争いの結果だとみなす社会中心のアプローチ，(3)国内制度や官僚機構によって制約されるとみなす国家中心のアプローチ，の3つのアプローチがあるとされる。この分類は本書で言う覇権理論，経済学的アプローチ，政策過程論におおむね対応している。Ikenberry, Lake and Mastanduno［1988］。

（4）　代表的な研究として，立石［2004］，萩原［2003］など。

（5）　中本［2005］，中本・平野・藤井・萩野［2006］。また，以下の分析も参照した。Williams and Donnelly［2012］。

（6）　山縣［2016］によれば，アメリカのグローバル企業は2008年の世界金融危機後も海外での事業活動を一層強めている。

（7）　サプライチェーン貿易については，Baldwin［2011］，Baldwin［2012-a］，Gereffi and Lee［2012］，Nanto［2010］などを参照されたい。

（8）　木村［2012］。

（9）　Baldwin［2012-b］。ブラウンとスターンも，近年の貿易自由化交渉における関税削減の重要性は低下しており，既存の貿易ルールはWTO，新たな貿易ルールはFTAその他の個別協定で規律されるようになると提起している。Brown and Stern［2011］。

（10）　木村［2012］，中富［2013］。

(11) ただし，それらの研究の多くは財貿易の自由化に焦点が絞られている。椋 [2006]，Baldwin [2008]。国際政治学の研究を整理した文献としては，Fawcett and Hurrell ed. [1995] 包括的な研究の整理として，WTO [2011]．
(12) Meléndez [2014]，Baldwin [2014-a]．
(13) たとえば，中富 [2013]，Baldwin and Low [2008]；Baldwin, Kawai and Wignaraja eds. [2013]．
(14) Baldwin [2006]．
(15) 貿易転換効果とは，FTA 締結の結果，域内国からの輸入品価格が低下し，域外国からの輸入が域内国からの輸入に転換される効果のことである。
(16) Mansfield and Reinhardt [2003]．
(17) 大矢根 [2011]，大矢根 [2012]。
(18) FTA とは協定参加国間での貿易自由化を規定した協定である。GATT24条ではFTAの要件として，①構成国間の実質上全ての貿易（substantially all trade）について貿易障壁を廃止すること，②域外国に対する貿易障壁を引き上げないこと，をあげている。しかし，途上国同士のFTAには24条ではなく授権条項が適用される。授権条項の規定は24条よりも緩く，構成国間の貿易をより容易にし，かつ他国との貿易の障害にならないようにすることのみが求められる。実際のFTAの規定の場合，とりわけ先進国のFTAには関税撤廃に加え，高度で多様な規定が数多く含まれる。藤木 [2003]。
(19) Solis, Stallings and Katada eds. [2009]，Ravenhill [2010]。寺田 [2013]
(20) Yamada [2003]．
(21) Bergsten [1996]．アメリカは主要な地域主義全てに影響力を行使できる立場を活用し，個々の地域主義と地域主義相互を結び付ける「スーパー地域主義」の双方を活用して交渉力を強化したという指摘もある。菊池 [1998]。
(22) Baldwin, Evenett and Low [2008]．
(23) Dupont [2013]．
(24) ハーシュマンはこのような影響力を貿易の影響力効果と呼んだ。Hirschman [1980]．
(25) Cohen [1994]．
(26) Cooper [1972]，Cooper [1987]．デスラー（I. M Destler）も，安全保障政策と対外経済政策とはそれぞれ別々の官庁が担当しているため，とりわけ冷戦後，2つの政策の関係はしばしば混乱してアメリカの国益を損なってきたと指摘している。Destler [1994]．
(27) Gilpin [1981]，Gilpin [1987]．また，覇権安定論の理論枠組で冷戦期アメリカの通商政策の展開を包括的に分析した研究として佐々木 [1997]，ポスト冷戦期の分

析としては飯田［2013］をそれぞれ主に参照した。
(28) 覇権安定論に対する主な批判は，覇権概念の曖昧さや，覇権国の恣意的な政策に大きく左右されるGATT体制を国際公共財と見なすことができるのかどうかという問題（国際公共財の私的財化）である。以上の点を含め，覇権安定論に関する論点については，坂井［1998］。
(29) 飯田［2013］によれば，アメリカの世界貿易における経済規模は第2次大戦直後で56％，最近では25％を下回っているが，第2位の中国の2倍以上の規模である。これに対し，貿易のシェアは最近では11％を下回っている。
(30) 中川［2014-a］。
(31) Ikenberry［2006］, Ikenberry［2011-a］。
(32) Goldstein and Gowa［2002］。
(33) Ruggie［1982］, Ruggie［1992］, Ruggie［1996］また，多国間主義論の簡潔な整理として，竹田［2003］。
(34) 一般に，GATTの基本原則とされる多角主義とは，ラウンド形式，すなわち全ての加盟国の参加によって自由化交渉を進めることを指す。これに対し，ラギーの言う多国間主義は3カ国以上が共通のルールに従っている国際関係のことであり，地域貿易協定や，複数国による個別分野の協定を指すプルリラテラル（plurilateral）合意も含まれる。英語ではこの両方がmultilateralismであるが，本書では，GATTやWTO全加盟国での交渉枠組みを指す場合は多角主義，3カ国以上が共通のルールに従う協力枠組みを指す場合は多国間主義と表記する。
(35) アイケンベリーやラギーの国際政治学上の位置づけについては曖昧さが伴う。一方で，両者の議論は国家のパワーを相対化し，パワーの衰退を国際制度によって補完しうると主張する点でリベラリズムの議論と合致する。その一方で，国際関係における規範やルールの形成や発展を重要視する点では，構成主義の主張とも合致する。アイケンベリーの議論を覇権安定論と構成主義理論との統合だとする評価については，以下を参照されたい。WTO［2007］。
(36) かつて，コヘイン（Robert O. Keohane）は国際政治における制度やルールの役割を強調するリベラリズムの立場から，アメリカの覇権が衰退しても国家間協力によってGATTなどの既存の国際制度は維持されうると主張した。Keohane［1984］。
(37) Layne［2012］。
(38) Ikenberry［2011-b］。
(39) GATTは多角主義，すなわち二国間での貿易自由化に関する取り決めの利益が第三国に対しても自動的に適用される最恵国待遇を主要な理念としつつも，実際の制度において多角主義に反する様々な例外を含む緩やかな合意であり，イギリスの特

恵関税制度を温存し，西ヨーロッパでの関税同盟の形成を容認した。このようなプラグマティズムにより，GATT は加盟国の逸脱的な行動や「例外」的なルールを認めつつ，加盟国の関税削減や参加国，さらには対象領域の拡大を進めてきた。GATT 創設に際してのアメリカとイギリスの利害調整については，山本［1999］，山本［2012］で詳細に分析されている。また，当初は西側先進国のクラブ財としてスタートした GATT 体制は，メンバーや問題領域を拡大することで変容し，グローバル・ガバナンス化したという評価もある。山本［2008］。

(40)　たとえば，金子・吉崎・佐藤・岡垣［2004］。覇権安定論の立場に立つ飯田［2013］でも，WTO 創設は日米欧の妥協の産物であり，アメリカの覇権の衰退とむしろ整合的であると評価している。そしてこれ以降，国際貿易におけるアメリカの覇権は，中国など新興国に対する米欧の共同覇権に変化したと述べている。

(41)　スワン［2001］，シーライト［2002］。

(42)　Stein［1984］。

(43)　Mastanduno［2009］。

(44)　マスタンデュノによれば，アメリカのアジア地域における覇権はアジア諸国間での紛争を防止する一方で，紛争の原因を解決するものではない。ゆえに，各国の敵対的行動を抑制する「不完全な覇権（Imcomplete Hegemony）」でしかない。Mastanduno［2003］。

(45)　この経済的不均衡の包括的な分析として，菅原［2008］。世界金融危機後の基軸通貨ドルをめぐる論点整理として，Bergsten［2009］。バーグステンはドルを中心とした国際調整ではなく，ユーロや人民元などとの役割分担を提起している。

(46)　Mastanduno［2014］。また，Mastanduno［2015］では，通商政策が党派政治の犠牲となって停滞し，通商覇権を支える国内合意が解体したと述べている。国内合意の問題については次節で検討する。

(47)　ジェイクス（Martin Jacques）は，途上国，とりわけ中国から見た場合，アメリカ主導の多国間秩序は国内での民主主義を要求する一方で，国際的にはアメリカの特権を認める階層的で権威主義的なものであり，今後，中国は自国を中心に途上国を主要な参加メンバーとする新たな秩序を構築していくだろうと指摘している。Jacques［2009］。

(48)　Baracuhy［2015］，Jonquières［2011］，Tellis［2015］。

(49)　河音［2008］，藤木・河音［2012］。

(50)　代表的な研究として，草野［1991］，宮里［1989］，Destler［2005］など。

(51)　議会で通商政策を担当しているのは上院財政委員会と下院歳入委員会である。通常の場合，通商法案は両委員会での審議と採決の後，本会議に提出され，本会議で

も審議と採決が行われる。上院案と下院案の内容が異なる場合は両院協議会で調整され,再度両院での採決にかけられる。

(52) 政策形成プロセスにおける合意形成の困難さを,貿易自由化と保護主義の「トレード・オフ」問題と捉え,合意を調達するための多様な政策手段を分析した研究として,中本［1999］。

(53) 最近の世論調査によれば,アメリカ国民一般の貿易自由化に対する態度は,2008年の世界金融危機後の時期でも一貫して支持が不支持を上回っている。経済的グローバル化の是非を支持党派別にまとめた2014年の調査では,民主党支持者の75％,共和党支持者の62％,無党派の59％がグローバル化を肯定的に評価している。Smeltz, Daalder and Kafura ［2014］。

(54) Hughes ［2003］。

(55) クリントン政権まではファスト・トラック権限と呼ばれていた。本書では,両者をまとめる場合には一括交渉権限と記述し,適宜使い分けることとする。

(56) アメリカにおける党派政治の特徴や起源については,藤木［2017］。

(57) 非貿易的関心事項については,Destlar and Balint ［1999］が体系的に検討している。

(58) Mayer ［1998］。

(59) 公正貿易論とは,各国ごとに異なる国内の法制度の不均等をできる限り平準化し,平等・公正な条件で国際競争が行われるように政府に積極的な役割を求める政策パラダイムである。よって,国内産業を外国産業との競争から保護すべきだとする伝統的な保護主義とは一線を画している。これに対し,各国の貿易障壁をできる限り削減することが経済厚生的に望ましいとする政策パラダイムが自由貿易論である。

(60) 多元主義的政策形成プロセスと「アイディアの政治」による政策形成プロセスについての理論的整理については,秋吉［2007］を主に参照した。

(61) Hall ［1993］。

(62) Goldstein and Keohane ［1993］。

(63) Blyth ［2002］。

(64) Goldstein ［1993］。

(65) 藤木［2017］。

(66) 政治的インフラストラクチャーとは,中長期的かつ一般的な政治的影響力の増進を目的として,特定の政治勢力や特定の政策専門家集団が構築・利用する団体や組織,制度のことである。久保編［2010］また,アメリカの民間シンクタンクについては以下を参照した。Smith ［1991］。

(67) 大矢根［2009］によれば,政策アイディアの創出的パワーとは,強制力ではなく,

他のアクターの認識を間接的に形成することによってその行動に影響を及ぼすパワーのことである。アメリカの創出的パワーの優位性は，政策アイディアの豊かな源泉としての政治的インフラストラクチャーと，アメリカ発の政策アイディアを積極的に受容する多国間秩序に支えられている。

(68) こうした対中政策論争の断片化を指摘した議論として，Halper［2010］。
(69) 国際交渉と国内政治の相互作用を分析する代表的な理論枠組としては，パットナム（Robert Putnum）の2レベルゲームがある。しかし，2レベルゲームは主に個別の通商交渉や，その交渉に関係する特定の利益集団に適用されるのに対し，本書での分析対象はより長期的かつ社会的な合理の形成プロセスである。Putnum［1988］．
(70) アメリカの経済政策形成プロセスにおける理念やアイディアの役割については，藤木［2017］においてより包括的に検討している。

第1章 一括交渉権限の政治経済学

（1） 本章執筆に先立ち，以下の方々に対してヒアリングを実施し，貴重なご意見を伺うことができた。記して謝意を表する。なお，肩書きは2004年当時のものである。眞銅竜日郎氏，中島丈雄氏，佐竹佳典氏（以上，JETRO New York），I.M. Destler 氏（University of Maryland），Brink Lindsey 氏，Daniel T. Griswold 氏（以上，Cato Institute）。
（2） 久保［1996］。
（3） クリントン政権が権限の獲得に失敗した理由として，議会での党派政治や労働・環境問題の登場を問題視する分析としては，松原［1998］，Destler［1997］，Kerremans［1999］，Van Grassteck［1998］。
（4） グローバル化に対する懸念の強まりを指摘した分析としては，Baldwin and Magee［2000］，Elliott［2000］労働組合の強硬な反対運動が民主党議員の投票行動に影響したことを強調する分析としては，Shoch［2000］。
（5） トライアンギュレーション戦略については，吉原編［2000］27-29頁，砂田［2000-a］，砂田［2000-b］を参照されたい。
（6） Destler and Balint［1999］，Yamada［2002］。
（7） クリントン陣営の通商政策に関する政策文書として，ハモンズ［1993］。
（8） センシティブ産業に対する救済策も含めた懐柔策の全体像については日本貿易振興機構海外調査部［2003］。
（9） 補完協定については主に次の文献を参照した。福島編［1995］183-221頁。
（10） メキシコ側の抵抗により，団結権や団体交渉権，ストライキ権などの不履行に対

する制裁金は課されないこととなった。Bolle [2001-a].
(11) Destler and Balint [1999] p. 20.
(12) Economic Policy Institute, Institute for Policy Studies, International Labor Rights Fund, Public Citizen's Global Trade Watch, Sierra Club, U.S. Business and Industrial Council Educational Foundation [1997].
(13) TAAについては主に以下の文献を参照した。中本 [1999] 57-76頁，日本貿易振興機構海外調査部 [2003] 49-54頁，経済産業省 [2002] 97-102頁。
(14) "TEXT: Administration Fast Track Proposal", *Inside US Trade*, June 21, 1994.
(15) Destler [1997] pp. 17-18.
(16) クリントン政権はGATTやWTOの場で労働者の権利の改善をさかんに訴えていた。しかし，その具体的な目標はまだ明確になっていなかった。さらにこの提起には途上国からの反発が強く，WTOでこれらの議題を取り上げることになるのかどうかすら，まだ決まっていなかった。Elliott [2000] p. 108.
(17) ただし，当時のUSTR代表であるカンター（Michael Kantor）は，貿易制裁措置の採用を強硬に主張しており，共和党からの反発を招いていた。Devereaux [2002] pp. 11.
(18) "Republican Letter on Fast-Track", *Inside US Trade*, June 24, 1994.
(19) "Rules Committee to Change Administration Proposal for Fast Track", *Inside US Trade*, July 22, 1994.
(20) "Moynihan Blasts Fast-Track Authority in Uruguay Round Bill", *Inside US Trade*, August 5, 1994.
(21) "Administration Offers New Fast-Track Concessions to Business, GOP", *Inside US Trade*, August 12, 1994.
(22) "House Ways & Means Approves New Fast-Track Negotiating Authority", *Inside US Trade*, August 19, 1994.
(23) "Pro-Labor, Environment Democrats Seek to Exclude Fast Track", *Inside US Trade*, September 2, 1994.
(24) "Officials Acknowledge Fast Track May Be Dropped from GATT Bill", *Inside US Trade*, September 9, 1994.
(25) この歴史的な選挙の背景に存在するアメリカ政治の変化については，さしあたり以下の研究を参照されたい。久保 [1996]，吉原編 [2000]。
(26) "Kantor to Defer to Congressional Committees on Fast Track", *Inside US Trade*, February 3, 1995.
(27) "Kantor Still Backs Inclusion of Environment, Labor Goals in FTAs", *Inside US*

Trade, May 19, 1995.
(28) "TEXT: Draft House GOP Fast-Track Bill", *Inside US Trade,* August 4, 1995.
(29) "Fast-Track Talks Between Administration, House Republicans Falter", *Inside US Trade,* September 22, 1995. 同時に共和党はTAAの大幅な削減も狙っていたため、両党間の合意形成はより困難となっていた。
(30) "Republicans, Administration Make Some Progress on Fast Track Bill", *Inside US Trade,* October 13, 1995. 共和党は、労働・環境問題の議題化を検討することには賛成したが、実行措置として貿易制裁措置を用いることに反対した。しかし政権側は、あくまで制裁措置の採用を主張した。政権が妥協しなかった理由は、翌年の大統領選挙に備えて労働組合からの支持を確保するためだったとされる。Destler [1997] p. 21.
(31) "Dole Opposition Spells Death for Fast Track Bill, Senate Aide Says", *Inside US Trade,* November 10, 1995.
(32) Clinton [1997].
(33) "Gingrich Suggests Softer Republican Stance on Fast-Track Authority", *Inside US Trade,* February 7, 1997.
(34) "TEXT: Administration Memorandum on Fast Track", *Inside US Trade,* March 28, 1997.
(35) "Republicans Reject Informal Administration Ideas on Fast-Track", *Inside US Trade,* May 2, 1997.
(36) "Administration Decides to Delay Fast Track Until September", *Inside US Trade,* May 23, 1997.
(37) "Administration Considering New Policies to Win Passage of Fast Track", *Inside US Trade,* August 1, 1997.
(38) 同提案のフルテキストは、"Text of Clinton Administration's Fast-Track Proposal", *Inside US Trade,* September 17, 1997.
(39) 本来は10日に発表する予定だったが、調整を延長した結果、共和党サイドに配慮した法案が作成される結果となった。Van Grassteck [1998].
(40) "House Republicans Preparing New Version of Fast-Track Legislation", *Inside US Trade,* September 19, 1997.
(41) "House, Senate Committees Prepare for Quick Action on Fast-Track Bills", *Inside US Trade,* September 26, 1997.
(42) この大統領提案でも「国際的に認知された労働者の権利の促進」は、主要な交渉目的の一つとされていた。しかし、この「権利」が具体的に何を意味するのか明ら

かにされていなかった。Kerremans［1999］によれば，ILOの中核的労働基準（core labor standard）でもありえたし，ILO協定で認められた全ての権利でもありえた。しかし，アメリカはILO協定を一部しか批准していないため，後者の場合，アメリカの労働法の変更が必要となる恐れがあった。なお，中核的労働基準とは，(1)結社の自由および団体交渉権，(2)強制労働の禁止，(3)児童労働の実効的な廃止，(4)雇用および職業における差別の撤廃，の4つを指す。OECD［2000］。

(43) "Senate Finance Poised to Pass Fast Track without Labor, Environment", *Inside US Trade*, October 1, 1997.

(44) 議会民主党は大統領が予算法案の作成に際し共和党との調整しかしなかったことを批判し，その報復としてファスト・トラック交渉権限法案では反対の立場に回ったとされる。Devereaux［2002］pp. 34-35.

(45) Kerremans［1999］pp. 56-58.

(46) "TEXT: Gephardt Letter on Fast Track", *Inside US Trade*, October 10, 1997.

(47) "TEXT: Archer Letter on Fast Track", *Inside US Trade*, October 24, 1997.

(48) "Archer Presses for Democratic Fast Track Support before Setting Vote", *Inside US Trade*, October 24, 1997.

(49) "TEXT: Clinton Statement on Fast Track", *Inside US Trade*, November 11, 1997.

(50) "Barshefsky Floats Possibility of Fast Track for Sectoral Deals Only", *Inside US Trade*, December 5, 1997.

(51) "House Republicans Speak Out against Sectoral Fast-Track Bill", *Inside US Trade*, December 19, 1997.

(52) ただしこれ以後，クリントン政権はアメリカが競争力を持つ情報通信や金融サービスなどの分野で，アメリカ並み，すなわちアメリカ国内法の改正を必要としないレベルの自由化を諸外国に求める分野別交渉への傾斜を強めた。Gresser［2001］。

(53) Clinton［1998］。

(54) "Clinton WTO Speech Does Not Signal New Push for Fast-Track Bill", *Inside US Trade*, June 19, 1998.

(55) "Gingrich Promises to Hold Vote on Fast-Track Authority in Fall", *Inside US Trade*, June 26, 1998.

(56) "Clinton Douses Hopes for Administration Effort to Pass Fast Track", *Inside US Trade*, July 10, 1998.

(57) "Senate Finance Okays Bill with All Outstanding Trade Legislation", *Inside US Trade*, July 24, 1998.

(58) "Republican Whip Count Comes up Short on Votes for Fast Track", *Inside US Trade*, September 28, 1998.
(59) "Matsui Urges Delay of Fast-Track, As Leadership Vows to Press on", *Inside US Trade*, September 28, 1998.
(60) "Bipartisan Opposition Leads to 180-243 House Defeat of Fast Track", *Inside US Trade*, September 28, 1998.
(61) ブリンク・リンゼイ（Brink Lindsey）へのヒアリング，2004年8月31日。
(62) Devereaux［2002］．
(63) 近年のアメリカ政治では，大統領自身が党派的な政治プレーヤーとして認識され，かえって政治の分極化を推し進めてしまうことが多い。以下の研究では，分極化した議会では，大統領が立場表明を行った法案は議員の党派的行動を促す傾向があることが示されている。松本［2009］および松本［2010］。

第2章　一括交渉権限をめぐる政策論争

（1）APECにおけるアメリカの積極的なリーダーシップとその挫折については，藤木［2003］を参照されたい。
（2）この時期に米国がFTA交渉を進めた相手は，チリ，ヨルダン，シンガポールの3カ国である。Gresser［2001］．
（3）Van Grasstek［1997］．
（4）OTCA1988のファスト・トラック権限に関する分析として，通商摩擦問題研究会編［1989］。Destler［1997］，Hughes［2003］，Shapiro and Brainard［2003］．
（5）(1)紛争解決手続，(2)GATTおよび多国間通商交渉協定の改善，(3)透明性，(4)発展途上国，(5)経常収支の黒字，(6)貿易と通貨協力，(7)農業，(8)不公正貿易慣行，(9)サービス貿易，(10)知的所有権，(11)海外直接投資，(12)セーフガード，(13)分野別貿易障壁，(14)労働者の権利，(15)先端技術の確保，(16)国境税。
（6）Hughes［2003］pp. 3-8.
（7）Destler［1997］pp. 10-13.
（8）Van Grasstek［1997］pp. 113-116.
（9）Destler［1997］pp. 33-35; Gresser［2001］．
（10）Shapiro and Brainard［2003］p. 17.
（11）これまで最も多用されてきた批准手続は行政協定であり，この場合，行政府は議会から，一定の範囲で関税率を削減できる権限を委譲される。しかし行政協定が対象としているのは関税障壁のみであり，非関税障壁の削減には適用できない。このため，ここでの考察からは除外される。また，実際に活用されたことのない交渉前

注（第2章）

(12) Shapiro and Brainard［2003］pp. 37-41.
(13) Van Grasstek［1997］pp. 113-116.
(14) FTAA 交渉が正式に開始されたのは1998年4月であり，その間に進められたFTA 交渉の相手国はチリのみだった。
(15) Brainard and Shapiro［2001］.
(16) Destler［1997］pp. 41-43.
(17) Schott［1998］.
(18) 2000年の大統領選挙に際し，民主党のブレーンは分野別交渉方式の採用を提起している。この提案では，農業などの困難な分野を避けて，合意形成が容易な分野に限定した自由化交渉を進めるべきだとされた。実際に，クリントン政権が成立させた多国間協定の多くは，アメリカが競争力を持つ情報通信や金融サービスなどの分野に限定した自由化を求めるものだった。Cutter, Spero, Tyson［2000］.
(19) Brainard and Shapiro［2001］pp. 5-6.
(20) 同様の提案は以下の報告書にも列挙されている。Geithner et al.［2001］p. 13.
(21) Destler［1997］pp. 47-48.
(22) Stokes ed.［1998］pp. 23-24.
(23) Bergsten［1998］pp. 26-37.
(24) 貿易匡正法とは，外国企業や外国政府の不公正な行動や政策により，アメリカの国内産業が損害を被る場合に，その損害を除去して公正かつ自由な貿易環境を作り出したり，あるいは輸入急増によって損害を被った企業や労働者を救済するために，一時的に輸入を制限するための諸政策のことを指す。中本［1999］13頁。
(25) Lindsey［1998］，Lindsey［1999］.
(26) Stokes ed.［1998］p. 16, Geithner et al.［2001］pp. 16-17.「途上国の経済発展のための自由化」という論理は2001年9月11日の同時多発テロ事件後，さらに強調されるようになった。たとえば，2003年版のアメリカ経済白書では，一括交渉権限を途上国の経済成長を促す政策ツールの一つとして位置づけている。Council of Economic Advisers［2003］pp. 231-255.
(27) Geithner et al.［2001］pp. 12-13. 適当な協定としては，(1)ヨルダン FTA，(2)ベトナムとの最恵国待遇協定，(3)一般特恵関税システム（General System of Tariff Preferences）の更新，(4)アンデス特恵貿易法（Andean Trade Preference Act）の更新，が挙げられている。
(28) Faux［1997］，Faux［1998］，Faux［2001］.
(29) 1996年の WTO 閣僚会議において，国際的な労働基準の問題については ILO でこ

そ議論されるべきだという合意が成立し、これを受けて、1998年のILO総会で「労働における基本的原則及び権利に関するILO宣言」が採択された。このILO宣言は、(1)結社の自由と団体交渉、(2)強制労働の廃止、(3)児童労働の廃止、(4)雇用・職業の差別待遇の廃止、の4分野に関する8つのILO条約（＝中核的8条約）について、全てのILO加盟国は、この原則・権利に関する条約を批准していない場合でも、これらの尊重・促進・実現の責務を負い、そのために行った努力について、ILO理事会の検討を毎年受けるという画期的なものである。ILOの中核的労働基準（core labor standards）や国際的労働基準とは、これら8条約を指す。ただしこれらの基準には、賃金水準に関する規定は含まれていない。花見編［1997］。野寺・鈴木・伊藤他［1998］。日本ILO協会［1999］。

(30) Sierra Club and National Wildlife Federation［1999］.
(31) Griswold［1997］.
(32) Lindsey, Brink［1999］.
(33) Destler and Balint［1999］pp. 45-48.
(34) 主な提案としては、Audley［2001］、Charnovitz［1998］、Destler and Balint［1999］、Geithner et al.［2001］.
(35) Elliott［2001］、Griswold［2001］、Wells［2001］。1997年の時点では労働・環境問題を通商政策で取り扱うことに反対していたグリズウォルドも、2001年の論文の中では自由化に対する国内合意を調達するための次善の策として、制裁金の採用のみを認めている（グリズウォルドへのヒアリング、2004年9月2日）。保守系シンクタンクも含めて、この点については幅広い合意が形成されていたと考えられる。
(36) Audley［2001］、Charnovitz［1998］、Elliott［2002］.
(37) 著名な自由貿易論者のバグワティも、労働問題などの社会的課題については、ILOによる外部評価やCNNによる報道、NGOからの圧力などの「非貿易制裁的アプローチ」で対応すべきだと論じている。Bhagwati［2002］.
(38) Litan［1998］、Kletzer and Litan［2001］.
(39) UJFTA締結の経緯についてはRuebner［2001］、櫻井［2003］を参照した。
(40) Barshefsky［2000］.
(41) Ruebner［2001］p. 8.
(42) "U.S., Jordan Move to Narrow Differences on Free Trade Agreement", *Inside US Trade*, August 4, 2000.
(43) ヨルダンFTAの要約および分析として、以下の文献も参考にした。日本貿易振興会経済情報部［2001］.
(44) Bolle［2001-b］.

(45) ただし4点目の「中核的労働基準の促進」は，それ自体が論争的な問題だった。既に述べたように，クリントン政権の説明によれば，ヨルダン基準は単に自国の労働・環境基準を遵守し，その引き下げを認めないとするものだった。デスラーによれば，「ヨルダン基準では ILO の中核的労働基準を守らせることになっていない (I.M. デスラーへのヒアリング，2004年9月1日)」。しかし多くの民主党議員は，途上国の中には労働・環境法が未整備な国もあり，それらの国々に対しては，中核的労働基準の遵守を求めていくべきである，という立場をとった。他方，共和党側は，中核的労働基準の遵守を厳格に求めた場合，途上国との交渉が極めて困難になるうえに，そもそも，アメリカですら ILO の中核的8条約全てには調印していないため，逆に，交渉相手国から米国内法の変更を求められる可能性があるとして強く反対していた。

(46) Goldstein [1993].

第3章 アメリカの通商政策と中国の WTO 加盟

(1) 代表的な抑止論としては，Bernstein and Munro [1997]，Rachman [1995]，Segal [1996]，Waldron [1995]，Waldron [1997]。
(2) 代表的な関与論として，Lieberthal [1995]，Ross [1997]，Shambaugh [1996]。
(3) 長尾・吉崎・佐藤・岡垣 [1998]。条件付き関与論の具体例としては，Khalilzad [1999]，Shinn ed. [1996]，Zoellick [1996]。
(4) 議会を中心とした対中政策の政治過程については，Sutter [1998]，Sutter [2001]。
(5) 湯浅 [2004]，湯浅 [2005]。ただし，こうした政策の前提は米中相互に安全保障上の大きな利害対立のないことが前提だとされる。
(6) MFN という呼称は中国に対し特別の利益を与えているかのように見られるので望ましくないとして，1998年から「通常の通商関係 (NTR)」と呼称されるようになった。
(7) 中国の WTO 加盟交渉の全体像や交渉結果については，さしあたり，中国 WTO 加盟に関する日本交渉チーム [2002]。
(8) 二重貿易制度については，Groombridge and Barfield [1999]，Naughton [1998]，大橋 [2003]。
(9) 対中経過措置とは，中国の WTO 加盟後一定の期間において，中国製品にのみ特別に適用されるセーフガードやアンチダンピング措置を指す。一般に，WTO ルール上，これらの保護主義的措置を特定国産品に対して発動することは認められていない。こうした譲歩を中国が受けいれたのは，アメリカがジャクソン・バニク条項

の放棄という交渉カードを持っていたためだとされる。中国 WTO 加盟に関する日本交渉チーム［2002］204-230頁。
(10) Bhala［2000］, Devereaux, Lawrence and Watkins［2006］.
(11) 中逵［2011］も，アメリカと中国との交渉が人権，台湾，核不拡散などの様々な問題との入り組んだ関係に置かれ，その結果，加盟交渉が引き延ばされたと主張している。
(12) Garrison［2005］, Tucker［2001］.
(13) 軽部［1999］，軽部［2000-a］，軽部［2000-b］，軽部［2000-c］。
(14) 以下の研究によれば，クリントン政権の対外政策は，日米貿易摩擦などの対外経済政策を重視した第1期と，安全保障政策と対外経済政策とのバランスを配慮するようになった第2期とで大きな違いがあるとされる。Destler［1998］.
(15) 鹿野［2004］，萩原［2003］。
(16) Morrison［2001］.
(17) 菱田［1995-a］，菱田［1995-b］。
(18) GATT 加盟に際し，途上国に対しては貿易障壁の削減義務の免除など，先進国とは異なる様々な優遇措置が認められていた。
(19) GAO［1995］および "Barshefsky Says China Undecided on Continuing WTO Talks", *Inside U.S. Trade*, March 3, 1995.
(20) 久富［1997］, Morrison［1995］.
(21) "U.S. Insists Position Remains Unchanged on China Entry into WTO", *Inside U.S. Trade*, March 17, 1995.
(22) "Barshefsky Calls on China to Take Next Step on WTO Accession", *Inside U.S. Trade*, November 17, 1995.
(23) "China Offers to Speed up Tariff Cuts, Change Trading Rights Proposal", *Inside U.S. Trade*, December 8, 1995. "Chinese Negotiators Fail to Offer Response to U.S. WTO Roadmap", *Inside U.S. Trade*, December 15, 1995.
(24) "Barshefsky Says New Policies Push China away from WTO Threshold", *Inside U.S. Trade*, December 22, 1995.
(25) U.S. House, Subcommittee on Trade of the Committee on Ways and Means［1996-b］.
(26) 1992年の大統領選挙に際し，クリントンは当時の G.H.W. ブッシュ政権の天安門事件後の対中政策を弱腰だと批判し，MFN 更新の条件として人権状況の改善を求めるべきだと主張した。大統領就任後の5月，クリントンは MFN 更新に条件をつける大統領令に署名したが，結局，中国から人権問題で目立った譲歩を引き出せず，

リンケージ政策の転換に追い込まれた。この政策転換の背景については，Lampton [1994]。

(27) U.S. Senate, Asia and Pacific Subcommittee of the Foreign Relations Committee [1995]．ただし，以下のロードの証言によれば包括的関与政策を策定した時期は1993年夏にまで遡る。Lord [1995]．このように，クリントン政権内部においては非常に早い時期に包括的関与政策への転換を進めていたが，他方で，同時期に市場経済と民主主義の拡大を新たな国家戦略として発表してしまった（Lake [1993]）。このため，人権や民主主義，経済的自由化をめぐる外交政策の混乱は1994年の春まで長引いてしまった。こうした混乱を指摘した研究として，高木 [2001]。クリントン政権の対中政策の枠組が一貫したものとなるのは1994年春以降のことである。

(28) U.S. House, Subcommittee on Trade of the Committee on Ways and Means [1995]．

(29) Kornberg [1996]．

(30) 長尾・吉崎・佐藤・岡垣 [1998] 32頁。

(31) 1995年5月の李登輝訪米以降の中国は台湾の外交的自立志向に対する反発を強め，台湾近海でのミサイル演習や軍事演習を繰り返し，翌年にも演習計画を発表して中台間の緊張を高めた。しかし，クリントン政権は航空母艦2隻を中心とする艦隊を台湾海峡に派遣して対応し，中国は演習の縮小に追い込まれた。

(32) U.S. House, Subcommittee on Trade of the Committee on Ways and Means [1995]．

(33) ビジネス団体からの証言者としては，Electronic Industries Association の John P. Palafoutas と，U.S.-China Business Council の Robert A. Kapp が発言している。Electronic Industries Association は約1300社からなるエレクトロニクス産業の業界団体であり，U.S.-China Business Council（USCBC）は中国での事業活動を行っている大企業300社からなる団体である。U.S. House, Subcommittee on Trade of the Committee on Ways and Means [1995]．

(34) Fashion Accessories Shippers Association の Joel K. Simon による証言。U.S. House, Subcommittee on Trade of the Committee on Ways and Means [1995]．

(35) Jeffrey L. Fielder による証言。U.S. House, Subcommittee on Trade of the Committee on Ways and Means [1995]．

(36) Dumbaugh [1998] および "House Passes Bill Criticizing China; Disapproval Resolution Tabled", *Inside U.S. Trade,* July 21, 1995. その後，H.R. 2058は上院では取り上げられなかった。

(37) "Dole Announces Support for China MFN, Sanctions in IPR Fight", *Inside U.S.*

　　　　Trade, May 10, 1996. ただし, 批判の具体的内容は1994年5月に放棄されたリンケージ政策に対するものとなっている。
(38) "Clinton to Propose China MFN as House Leadership Expresses Support," *Inside U.S. Trade*, May 17, 1996.
(39) Christopher [1996].
(40) U.S. House, Subcommittee on Trade of the Committee on Ways and Means [1996-a].
(41) "Republican Opponents of China MFN Press Leadership to Delay Vote," *Inside U.S. Trade*, June 21, 1996.
(42) "House Rejects China MFN Repeal, Approves Non-Binding Resolution," *Inside U.S. Trade*, June 28, 1996.
(43) U.S. House, Subcommittee on Trade of the Committee on Ways and Means [1996-a].
(44) National Retail Federation の Robert Hall は中国の WTO 加盟を支持する一方で, American Textile Manufacturers Institute の Charles V. Bremer は加盟に反対する証言を行った。U.S. House, Subcommittee on Trade of the Committee on Ways and Means [1996-b]。
(45) Garrison [2005] p. 149.
(46) Clinton [1997]. 1997年以降の施政方針演説では毎年中国に言及している。なお, 1994年の演説では人権状況の改善を強く求めると述べていた。Clinton [1994]。
(47) "Lord Says Permanent China MFN Depends on Improved Market Access", *Inside U.S. Trade*, January 24, 1997.
(48) "New Textile Deal Lays out Terms of China's Trade upon WTO Entry", *Inside U.S. Trade*, February 7, 1997. WTO 成立後の繊維貿易は繊維および繊維製品に関する協定 (Agreement on Textiles and Clothing: ATC) によって規定され, 欧米諸国はそれまでの数量割当を2005年までに撤廃していくことが決まっていた。中国がWTO に加盟すれば, 自国の繊維輸出に対する数量制限も漸次撤廃されていくことになる。
(49) "Berger Gives China New Document Outlining Key WTO Accession Issues", *Inside U.S. Trade*, October 10, 1997.
(50) ITA とは1997年の WTO 閣僚会議で合意された協定で, 情報関連機器・部品の関税を原則として撤廃することを定めている。
(51) "Joint US-China Statement", October 29, 1997. 〈http://www.nti.org/db/china/engdocs/uschst97.htm〉 2009年11月27日アクセス。

(52) The White House, "Achievements of U.S.-China Summit", June 27, 1998.
(53) "Chinese Market Access Offers Fail to Push Ahead WTO Negotiations", *Inside U.S. Trade,* July 3, 1998.
(54) "Barshefsky Sees Possible New China Strategy If WTO Talks Stall", *Inside U.S. Trade,* July 10, 1998. ただし，中国はAPECの貿易自由化交渉やWTO加盟交渉を通じて，関税については比較的順調に削減を進めていた。たとえば，1996年から1997年にかけて約4900品目の関税を引き下げた結果，全体の単純平均関税率は35.9％から17％にまで低下している。問題視されたのは，非関税障壁，とりわけサービス部門の自由化だった。大橋［2003］106頁および193-195頁。
(55) Berger［1997］．
(56) "Republican Efforts to Link China MFN to Hong Kong Takeover Falter", *Inside U.S. Trade,* May 16, 1997.
(57) Dumbaugh［1998］．
(58) U.S. House, Subcommittee on Trade of the Committee on Ways and Means［1997-a］．
(59) U.S. House, Subcommittee on Trade of the Committee on Ways and Means［1997-b］．
(60) American Electronics Association と China WTO High-Tech Coalition を代表して，James F. Whittaker が証言している。U.S. House, Subcommittee on Trade of the Committee on Ways and Means［1997-b］．
(61) "House Leadership to Decide Fate of Porter-Dreier Bill in September", *Inside U.S. Trade,* August 15, 1997.
(62) コックス・パッケージには，宗教弾圧に関わった中国政府関係者への査証の発行を禁止するH.R. 967，強制労働で作られた製品輸入を禁止するH.R. 2195，自由アジア放送へ資金を提供するH.R. 2232，中国の人権状況の監視を強化するH.R. 2358，ミサイル防衛システムの台湾配備を準備するH.R. 2386，強制避妊に関わった中国政府関係者への査証の発行を禁止するH.R. 2570，中国への国際機関からの無償融資に反対するH.R. 2605，米国内における人民解放軍関係企業の活動を規制するH.R. 2647，巡航ミサイルのイランへの輸出に対する制裁を求めるH. Res. 188が含まれる。"China Critics Lose on Trade Vote"; "Other China Bills Wait in Wings", *1997 CQ Almanac,* pp. 8.37-8.40. およびDumbaugh［1998］p. 36.
(63) スパイ疑惑問題については，さしあたり以下の分析を参照されたい。Kan［2001］．
(64) "Text: Congressional Letter on U.S.-China Summit", *Inside U.S. Trade,* May 22, 1998.

(65) "Text: House Leadership Letter on China MFN", *Inside U.S. Trade,* June 5, 1998.
(66) U.S. House, Subcommittee on Trade of the Committee on Ways and Means [1997-a].
(67) "House Panel Backs China's Favored Trade Status: June 27", *1998 CQ Almanac,* pp. 16-34.
(68) Fewsmith [1999].
(69) コックス報告書によれば、中国は、アメリカの軍事技術分野における優位を崩すために1970年代末からスパイ活動を継続しており、その結果、最新の核ミサイル技術をアメリカから不正に獲得し、最先端のミサイルを配備できるようになった。Graffenreid ed. [1999].
(70) "Congress Presses China on Human Rights as Gephardt Focuses on WTO", *Inside U.S. Trade,* February 26, 1999.
(71) "Text: Helms, Hollings Letter on China", *Inside U.S. Trade,* March 12, 1999.
(72) "Senior Officials Downplay Possibility of WTO Deal at Zhu Visit", *Inside U.S. Trade,* April 2, 1999.
(73) Clinton [1999].
(74) とくに、金融や情報通信、小売などのサービス分野において、中国側が初めて大きな譲歩を提示した点が評価された。Groombridge and Barfield [1999] p. 85.
(75) 朱鎔基の訪米については主に以下の文献を参考にした。朱 [1999]、大橋 [1999]、Suettinger [2003] pp. 363-369.
(76) Joint U.S.-China Statement: Status of Negotiations on China's Accession to the World Trade Organization, April 8, 1999. 〈http://www.state.gov/www/regions/eap/990408_us-china_jtstmt.html〉2009年11月27日アクセス。USTR関係者によれば、5000品目以上の関税削減スケジュール、小売、貿易権、補助金、技術移転などの論点では合意に達したが、特別セーフガードの継続期間については合意できなかった。"U.S., China Announce Market Access Deal, Progress on WTO Rules", *Inside U.S. Trade,* April 9, 1999. また、ロス (Stanley O. Roth) アジア太平洋担当国務次官補も4月21日の下院国際関係委員会貿易小委員会の公聴会で、懸案となっていた情報通信、金融、農産物の各分野での交渉の進展があったと述べている。Roth [1999].
(77) Joint Statement by President Bill Clinton and Premier Zhu Rongji, April 10, 1999 〈http://www.state.gov/www/regions/eap/990410_us-china_jtstmt.html〉2009年11月27日アクセス。

注（第3章）

(78) Joint U.S.- China Statement, April 13, 1999. 〈http://www.state.gov/www/regions/eap/990410_us-china_jtstmt.html〉 2009年11月27日アクセス。
(79) "Text: Letter on China WTO Accession", *Inside U.S. Trade,* May 28, 1999.
(80) "Archer, Fisher Say One-Vote Strategy on China MFN Still Possible", *Inside U.S. Trade,* May 14, 1999.
(81) U.S. House, Subcommittee on Trade of the Committee on Ways and Means [1999].
(82) 龍永図（中島俊輔訳）「交渉はこうして完結した」〈http://www.rieti.go.jp/users/china-tr/jp/011217world.htm〉 2015年9月21日アクセス（「龍永図──談判是這様完成的」『財経』2001年11月5日号）。
(83) The White House, "U.S.-China Bilateral WTO Agreement", *Inside U.S. Trade,* November 16, 1999.
(84) "China, U.S. Differ on Permanent MFN, Opponents Seek Annual Renewal", *Inside U.S. Trade,* December 17, 1999.
(85) Clinton [2000].
(86) The White House [2000].
(87) Berger [2000].
(88) "Clinton Submits China MFN Bill without Additional Enforcement", *Inside U.S. Trade,* March 10, 2000.
(89) U.S. House, Subcommittee on Trade of the Committee on Ways and Means [2000].
(90) たとえば、5月3日の歳入委員会の公聴会ではサマーズ（Lawrence H. Summers）財務長官がレビンの提案を肯定的に取り上げている。U.S. House, Committee on Ways and Means [2000].
(91) "Narrative of Draft Legislation for China/PNTR Framework", May 8, 2000 〈http://usinfo.org/wf-archive/2000/000509/epf209.htm〉. 2009年11月27日アクセス。
(92) U.S. House, Committee on International Relations [2000].
(93) "Lott to Explore Amendment Options for China PNTR, Strategy for Thompson Bill", *Inside U.S. Trade,* June 13, 2000.
(94) "Despite Decisive House Passage, Smooth Road Ahead Not Assured", *2000 CQ Almanac,* pp. 20:11-20:15.
(95) "Amendments Crash during First Day of PNTR Action in Senate", *Inside U.S. Trade,* September 8, 2000.
(96) "Text: Clinton Letter to Senators on PNTR", *Inside U.S. Trade,* September 15,

2000.
(97) これに伴い,当時のブッシュ(George W. Bush)大統領が議会に,中国が米中二国間合意以上の条件でWTOに加盟したと通告し,2002年1月からPNTRが中国に適用されることになった。
(98) 中国WTO加盟に関する日本交渉チーム[2002] 233-244頁。

第4章 一括交渉権限の成立

(1) Business Roundtable [2001]。ビジネスラウンドテーブルの態度変更がきっかけとなって,共和党指導部が労働・環境問題で譲歩するようになったという指摘がある。この「譲歩」については後述する。Bolle [2001-b], Destler [2002]。
(2) Destler [2002]。
(3) ブッシュ政権期におけるTPAの審議の分析としては,木内[2001],木内[2002], Shapiro and Brainard [2003], Destler [2002], Hughes [2003], Kerremans [2003], Schott [2002], Sek [2003]。
(4) "Zoellick Lays Out Deliberate Approach to Jordan, Vietnam", *Inside US Trade,* February 2, 2001.
(5) "Zoellick: Problems with Environment, Labor in U.S.-Jordan FTA", *Inside US Trade,* March 9, 2001.
(6) "TEXT: Democrats Letter Opposing Package Trade Approach", *Inside US Trade,* March 9, 2001.
(7) "White House Meeting Offers Few Insights into Bush Trade Plans", *Inside US Trade,* April 6, 2001。ショットによれば,ブッシュ政権の優先課題は11月の中間選挙に向けた議会共和党の強化にあり,この間,そのための保護主義政策が多用された。Schott [2002]。
(8) 貿易制裁とは,労働・環境規定に対する違反があった場合,違反国からの輸入品に対し数量制限や高関税を賦課することである。
(9) "Thomas Seeks to Break Jordan Deadlock with Monetary Fines Plan", *Inside US Trade,* April 6, 2001.
(10) "Jordan Opposes Reopening FTA, But Would Accept Side Letter", *Inside US Trade,* April 13, 2001.
(11) "Internal USTR Paper Discusses Fines as Enforcement Tool", *Inside US Trade,* April 27, 2001.
(12) USTR [2001-a]。
(13) USTR [2001-b]。

(14) NDCをはじめとする民主党中道派の動向については，久保［2002］を参照されたい。
(15) "TEXT: New Democrat Trade Principles", *Inside US Trade*, May 25, 2001.
(16) "TEXT: U.S.-Jordan Letter on FTA Implementation", *Inside US Trade*, July 27, 2001.
(17) "Jordan Free Trade Agreement Approved by Finance and Ways & Means", *Inside US Trade*, July 27, 2001.
(18) "Jordan Free Trade Agreement Passes House; Senate Waits Until After Recess", *Inside US Trade*, August 3, 2001.
(19) "Senate Passes U.S.- Jordan FTA After Gramm Drops Objections", *Inside US Trade*, September 28, 2001.
(20) Sek［2003］p. 5.
(21) "House Leaders Press Quick Action on Clean Fast-Track Bill", *Inside US Trade*, June 15, 2001.
(22) "TEXT: House Democrats Letter on Fast Track", *Inside US Trade*, June 29, 2001.
(23) "Fast Track Put Off Until September As GOP Leaders Fail to Secure Votes", *Inside US Trade*, August 3, 2001.
(24) "Compromise Fast-Track Work to Resume before Recess Ends", *Inside US Trade*, August 17, 2001. 作業に加わったNDC議員は，ドーリー（Cal Dooley），ジェファーソン（William Jefferson），タナー（John S. Tanner）の3名。
(25) "TEXT: Outline of House Fast-Track Compromise", *Inside US Trade*, September 28, 2001.
(26) "Fast-Track Outline Shows Enforcement Parity for Labor, Environment", *Inside US Trade*, September 28, 2001.
(27) "Thomas' "Bipartisan Compromise" Is Neither", *Inside US Trade*, September 28, 2001.
(28) "New Fast-Track Proposal Mired in Political Controversy", *Inside US Trade*, September 28, 2001.
(29) Zoellick［2001］.
(30) Bolle［2001-b］.
(31) "Ways & Means Passes Fast-Track Bill on Largely Partisan Vote", *Inside US Trade*, October 12, 2001.
(32) "Fast-Track Boosters Offer Deals, Bill Changes to Boost Votes", *Inside US*

　　　　　Trade, November 30, 2001. Kerremans によれば，とりわけ，採決直前での繊維議員の票が，法案の通過に際して決定的な役割を果たした。繊維議員はTPAに賛成する代価として，途上国から輸入アパレル製品について，それらが米国製の布を材料としている場合にのみ，米国市場への特恵的なアクセスを認めるとの言質を共和党指導部から得たとされる。Kerremans [2003] pp. 539-540.
(33) "House Passes Fast-Track by One Vote on Largely GOP Support", *Inside US Trade,* December 7, 2001.
(34) Destler [2002].
(35) たとえば，10月11日，ボーカスは「TAAは通商に関する政治的取引の重要な部分である」との発言を行った。"Baucus Highlights Importance of TAA Changes in Trade Policy", *Inside US Trade,* October 12, 2001.
(36) 二次的労働者とは，従来のTAA適用企業の上流および下流企業の労働者のことである。
(37) "Modest Bush TAA Proposal May Hurt Senate Fast-Track Chances", *Inside US Trade,* December 14, 2001.
(38) "Senate Finance Approves Modified House Fast-Track Bill by 18-3 Vote", *Inside US Trade,* December 14, 2001.
(39) Baucus [2002].
(40) "Baucus, Daschle Letter on Labor, Environment", *Inside US Trade,* March 22, 2002.
(41) USTR [2002] pp. 1-2.
(42) "Daschle Faces Fast-Track Heat as Administration Talks Tough on TAA", *Inside US Trade,* March 22, 2002.
(43) "TAA Gap Remains as Democrats, White House Profess Flexibility", *Inside US Trade,* April 12, 2002.
(44) 2002年農業法については以下を参照した。柴田 [2002]，農林水産省 [2003]。
(45) ショットによれば，これらの措置は中間選挙での共和党の勝利を目的としたもので，TPAの獲得や，今後の通商交渉におけるアメリカの立場を配慮したものではなかった。たとえば，2002年農業法とWTO農業交渉でのアメリカ提案は相互に矛盾する内容を含んでおり，2002年農業法はWTOのルール違反となる恐れすらあった。Schott [2003].
(46) "Senate Democrats Move on Trade without TAA Health Care Deal", *Inside US Trade,* May 3, 2002.
(47) 一般特恵関税法は，発展途上国の経済発展を支援するために，特定の途上国から

の輸入品を原則的に免税扱いとする法案である。アンデス特恵貿易法は，アンデス諸国（ボリビア，コロンビア，エクアドル，ペルー）で製造された一部の製品に対し，特恵関税を認める法案である。GAO［2007-a］．

(48) "Senate Breaks Deadlock over Trade Package with TAA Deal", *Inside US Trade,* May 10, 2002.

(49) パッケージ法案の利点は，数多くの法案をまとめることで，一部の法案に反対の議員であっても，法案全体には反対しづらくなることである。他方，パッケージ法案には，趣旨の異なる多数の修正法案が含まれることになり，かえって議論が混乱することもある。日本貿易振興機構海外調査部［2003］59～60頁．

(50) 2001年11月のWTOドーハ・ラウンドで，ゼーリックが諸外国の求めに応じ，貿易匡正法を弱体化してもよいという姿勢を示したため，議会からの強い反発を受けていた。Kerremans［2003］p. 542．貿易匡正法とは，反ダンピング法や相殺関税法などの一時的な輸入制限措置のことを指す。貿易匡正法については中本［1999］に詳しい。

(51) "TEXT: Cabinet Members Warn of Veto over Dayton-Craig", *Inside US Trade,* May 17, 2002.

(52) "More Than One Hundred House Democrats Support Dayton-Craig", *Inside US Trade,* May 24, 2002.

(53) "House Delays Conference as Questions Arise over Support", *Inside US Trade,* June 14, 2002 また，H.Res.450の趣旨については，"TEXT: Thomas Letter on House Rule", *Inside US Trade,* June 28, 2002.

(54) "Thomas to Chair Fast-Track Conference as Business Seeks Fast Action", *Inside US Trade,* July 19, 2002.

(55) "Hoping for Friday Vote, Conferees Make Last-Ditch Trade Bill Effort", *Inside US Trade,* July 26, 2002.

(56) "Final Fast-Track Deal Weakens Dayton-Craig Trade Remedy Provisions", *Inside US Trade,* August 2, 2002.

(57) Destler［2005］，Destler and Balint［1999］．

(58) CBO［2002］．

(59) Bergsten［2002］．

(60) Gresser［2002］，Lindsey and Ikenson［2002］．

(61) Schott［2002］．

(62) ブリンク・リンゼイへのヒアリング，2004年8月31日。

(63) Destler［2005］．

第5章 アメリカのFTA政策

（1） Zoellick [2003].
（2） Destler [1998].
（3） 繊維製品に対する関税を免除する条件として，アメリカ国内で製造された糸の使用を義務づけるルール。
（4） 今日における繊維産業や繊維貿易の概観についてはGereffi and Memedovic [2003] やNordås [2004] を，また，アメリカを中心とした繊維貿易の実態を描いたドキュメンタリーとして，Rivoli [2005] を参照されたい。
（5） 斉藤 [2005]。
（6） 山根 [2007]。
（7） これに対し，日本の経済連携協定の場合はサービス貿易や知的所有権の規定は存在しても，相手国に現状の変更を求めるものとはなっておらず，ごく抽象的な協力義務が規定されているのみである（日本機械輸出組合 [2004-a]）。このような違いは日米の交渉力の格差だけではなく，FTAによって民主主義と市場経済を途上国に拡大しようとするアメリカと，多国籍企業の投資環境整備を優先する日本との政策目標の違いにも起因している。日本機械輸出組合 [2004-b] 所収の小寺彰氏と木村福成氏の論文を参照されたい。
（8） TIFAとは，締結国間で貿易や投資に関わる問題を協議する貿易投資委員会を設立し，FTA締結の準備を進めるための協定である。
（9） Bergsten [1996].
（10） Yamada [2003], 荻田 [2004], 菊池 [1998]。
（11） Zoellick [2003].
（12） The White House [2002].
（13） Zoellick [2002].
（14） 当初，交渉は中米5カ国（エルサルバドル，コスタリカ，ホンジュラス，ニカラグア，グアテマラ）との間で進められたが2004年にドミニカ共和国とのFTAとドッキングされ，The United States-Central America-Dominican Republic Free Trade Agreementと呼ばれた。以下ではCAFTA-DRと略記する。
（15） 当初はボリビア，コロンビア，エクアドル，ペルーのアンデス4カ国と交渉を進めようとしたが，ボリビアは交渉に加わらず，またエクアドルは途中で交渉を打ち切った。Villarreal [2006]。
（16） クリントンは中南米諸国に対して2005年までにFTAAを実現することを提案し，1998年の第2回米州サミットにおいて交渉開始が宣言された。しかし，アメリカがファスト・トラック権限を持たないこともあって，具体的な進展は見られなかった。

(17) GAO [2004]．この報告書は，政権がFTAの交渉相手国を選ぶ基準が明確でないとした民主党議員の要請によって作成された。13の要因とは，(1)議会の指導，(2)企業および農業利益，(3)特定製品（繊維や砂糖など）の機微性，(4)相手国の通商改革への真剣な取り組み，(5)その他の経済改革を実行する意欲，(6)WTOその他の貿易協定へのコミットメント，(7)地域統合への貢献，(8)市民社会グループの支持，(9)安全保障・外交政策における協力，(10)米国の商業的利益に不利益を及ぼすFTAに対抗する必要性，(11)世界の主要地域ごとにFTAを進める必要性，(12)先進国と途上国の双方と交渉する必要性，(13)USTRの人的資源，である。また，2003年半ば以降は(1)相手国の準備状況，(2)経済・商業的利益，(3)貿易自由化戦略への利益，(4)アメリカの利益との適合性，(5)議会および私的部門からの支持，(6)アメリカ政府の資源制約という6つの要因に再編された。
(18) GAO [2005]．
(19) Hornbeck [2007]．
(20) GAO [2007-a]．
(21) Bolle [2006]．
(22) ヨルダンは1996年，エジプトは2004年に締結した。内田 [2005]，土屋 [2006]。
(23) 藤木・河崎 [2006]。
(24) 室屋 [2005]。
(25) シンガポール，ブルネイ，NZ，チリの太平洋4カ国（P4）は2006年11月に太平洋間戦略経済連携（Trans-Pacific Strategic Economic Partnership）協定を発効して関税の9割を撤廃している。2010年3月，これらの原加盟国にアメリカ，オーストラリア，ペルー，ベトナムを加えた8カ国で協定を発展させた環太平洋パートナーシップ（Trans-Pacific Partnership）協定の交渉が開始された。本書では，原加盟国のみの協定を指す場合はP4，アメリカ参加以降の協定を指す場合と，とくに区別することなく両者をまとめる場合にはTPPと記述する。
(26) 尾池・馬場 [2007]，奥田 [2007]。
(27) Langton [2007]．
(28) GAO [2004]．
(29) Baucus [2004]．
(30) Hornbeck [2006]．
(31) Ikenberry [2011-a]．
(32) Evenett and Meier [2007]，GAO [2007-b]．
(33) Feinberg [2003]．
(34) Schott ed. [2004]．

（35） 菊池［2004］．
（36） Barfield［2006］．
（37） Hassett and Glassman［2002］，Higgott［2003］，Schott［2006］．
（38） 日本貿易振興機構［2006］．
（39） 2007年1月現在，GSPは137の発展途上国に適用されている。さらにこれらの国々のうち，CBIは20カ国，ATPAは4カ国，AGOAは39カ国に適用されている。貿易特恵の対象となる品目数はGSPのみの場合約3400，地域特恵協定を締結している場合，これに1600～1900以上の品目が加わる。さらに地域協定において特恵が付与される製品には繊維製品や履物などの労働集約的な工業製品が多く含まれる（GAO［2007-a］）。
（40） Arnold［2003］．
（41） Barfield［2006］．
（42） 韓国とのFTAが妥結にまで進んだのは，アジア太平洋でのFTA締結競争に出遅れたアメリカと，世界の各地域との間で同時多発的なFTA交渉を進めて韓国を「北東アジアの経済的ハブ」にするという盧武鉉政権の政策構想とが合致したためだとされる（尾池・馬場［2007］，奥田［2007］）。

第6章 ブッシュ政権の通商戦略と中米自由貿易協定

（1） The United States-Central America-Dominican Republic Free Trade Agreement. 当初，交渉は中米5カ国との間で進められたが，最終的にはドミニカ共和国とのFTAが付加された。以下，前者を指す場合はCAFTA，後者を指す場合はCAFTA-DRと略記する。
（2） IMF, *Direction of Trade Statistics, 2004 Yearbook.*
（3） Zoellick［2003］．
（4） これら2つの目的のうち，通商政策上の目的を強調する研究として，山田［2003］，荻田［2004］。安全保障政策上の目的を強調する研究として，Higgott［2003］，Schott［2006］．
（5） USTR［2003］．FTAAを中心としたアメリカの対中南米通商政策については，さしあたり，Feinberg［1997］，Estevadeordal, Rodrik, Taylor, and Velasco eds.［2004］を参照されたい。ただし，これらの研究は地域レベルの通商政策を対象としており，中南米政策におけるCAFTA-DRの位置づけについては検討されていない。
（6） アメリカの締結した特恵貿易協定については，GAO［2007-a］．
（7） CBIについては主に以下の文献を参照した。USTR［2005-b］，GAO［2007-a］．

注（第6章）

(8) Rivoli [2005].
(9) 近年の繊維産業の動向については以下の研究を参照されたい。Gereffi and Memedovic [2003], Nordås [2004].
(10) 中核的労働基準とは，1998年の ILO 総会で採択された「労働における基本的原則および権利に関する ILO 宣言」で全ての加盟国がその実現に取り組むべきとされた8つの ILO 条約を指す。
(11) "Central Americans, U.S. Set Two-Year Goal for FTA Completion", *Inside U.S. Trade*, March 8, 2002.
(12) Salazar-Xirinachs and Granados [2004].
(13) Condo, Colburn and Rivera [2005].
(14) 実際には，中米諸国の関税の約30％は共通化されておらず，各国ごとの数量規制や関税割当も存在しているため，二国間交渉の方が容易であることが判明した。"CAFTA Market Access Talks Set for Shift, Textile Picture Clearer", *Inside U.S. Trade*, June 27, 2003.
(15) "U.S., Costa Rica Settle Insurance, Textile Issues in FTA Talks", *Inside U.S. Trade*, January 30, 2004.
(16) "USTR Sees 'Docking' Dominican Republic to CAFTA as Sensible Strategy", *Inside U.S. Trade*, May 9, 2003.
(17) "USTR Zoellick Statement at Signing of U.S.- D.R.- Central America FTA", CAFTA-DR Press Releases, August 5, 2004.
(18) "U.S. Tables CAFTA Text on Origin Rules, Lags on Labor and Agriculture", *Inside U.S. Trade*, March 7, 2003.
(19) "U.S. Tables CAFTA Agriculture, Industrial Market Access Proposals", *Inside U.S. Trade*, May 30, 2003.
(20) "CAFTA Market Access Talks Set for Shift, Textile Picture Clearer", *Inside U.S. Trade*, June 27, 2003.
(21) "CAFTA Negotiators Likely to Meet on Agriculture Problems This Month", *Inside U.S. Trade*, August 8, 2003.
(22) "Major CAFTA Issues Unresolved as U.S., Others Announce Conclusion", *Inside U.S. Trade*, December 19, 2003.
(23) "U.S. Tables CAFTA Agriculture", *Inside U.S. Trade*, May 30, 2003.
(24) "House Democrats Criticize U.S. Labor Proposal in CAFTA as Inadequate", *Inside U.S. Trade*, May 16, 2003. 厳しい採決が予想されたため，民主党指導部は労働・環境問題で強い立場に出て政権から譲歩を勝ち取ろうとしたとする指摘もある。

Barfield [2006].
(25) "Allgeier Defends U.S. Labor Approach in CAFTA Negotiations", *Inside U.S. Trade*, June 13, 2003.
(26) "Baucus Proposes New CAFTA Environment Rules to Bolster U.S. Position", *Inside U.S. Trade*, October 17, 2003.
(27) "CAFTA Negotiators", *Inside U.S. Trade*, August 8, 2003.
(28) Baucus [2004].
(29) "Former USTR Yeutter, Kerry Advisor Square off on CAFTA, Trade Issues", *Inside U.S. Trade*, September 17, 2004.
(30) USTR [2005-a].
(31) Zoellick [2005].
(32) "China Trade Legislation Could Be Key to CAFTA Passage in House", *Inside U.S. Trade*, April 8, 2005.
(33) Portman [2005].
(34) Bush [2005].
(35) "Bush, GOP Leaders Move toward DR-CAFTA Vote despite Uncertainty", *Inside U.S. Trade*, June 10, 2005.
(36) "No Sugar Solution at Initial Meeting after DR-CAFTA Finance Vote", *Inside U.S. Trade*, June 17, 2005.
(37) 中本 [1999] 57-76頁。
(38) "Cardin Presses USTR to Exempt Maryland from CAFTA Procurement Rules", *Inside U.S. Trade*, June 17, 2005.
(39) "House Leadership Sets DR-CAFTA Vote for Mid-Week, Still Seeks Votes", *Inside U.S. Trade*, July 22, 2005.
(40) この時期以降、政権が対中通商政策の見直し作業を開始し、議会に「様子見」の空気が出てきたためであろう。安井 [2005]。
(41) "U.S. Considers Self-Initiated China Cases to Win Industry CAFTA Support", *Inside U.S. Trade*, March 25, 2005.
(42) "NCTO CAFTA Endorsement Based on Three Promises to Help U.S. Industry", *Inside U.S. Trade*, May 13, 2005.
(43) "Textile Group Support for CAFTA Shows No Immediate Vote Surge", *Inside U.S. Trade*, May 13, 2005. ただし、NCTOの理事会では意見が2つに割れ、織物業者は協定に反対する一方で、製糸業者や繊維機械業者、綿花生産者は協定に賛成した。

注(第6章〜第7章)

(44) "Bush Secures CAFTA Vote in Last Hours with Renewed Textile Pledge", *Inside U.S. Trade*, July 29, 2005.
(45) "Bush Officials Win Hayes, Aderholt Votes with Assurances on Textiles", *Inside U.S. Trade*, July 29, 2005.
(46) "CAFTA Countries to Unveil Labor Initiative to Thwart Congressional Critics", *Inside U.S. Trade*, December 17, 2004.
(47) "CAFTA Countries Lay Out Labor Enforcement Plan, Seek More Funding", *Inside U.S. Trade*, April 8, 2005.
(48) "Portman Offers to Seek Funds, Benchmarks for CAFTA Labor Enforcement", *Inside U.S. Trade*, June 10, 2005.
(49) "Bingaman Demands Millions to Back Up Labor Commitments on DR-CAFTA", *Inside U.S. Trade*, June 24, 2005.
(50) "Facing Possible Late July Vote, DR-CAFTA Supporters Actively Seek Deals", *Inside U.S. Trade*, July 15, 2005.
(51) CAFTA-DRのテキストは, CAFTA-DR Final Text.〈http://www.ustr.gov/Trade_Agreements/Bilateral/CAFTA/CAFTA-DR_Final_Texts/Section_Index.html〉また, 協定の主な内容については以下の文献を参照した。Hornbeck [2006], Jaramillo and Lederman eds. [2005]
(52) 日本貿易振興機構 [2006]。
(53) GAO [2005-a], Hornbeck [2007]。
(54) Bergsten [1996]。
(55) 山田 [2003], 荻田 [2004]。
(56) 菊池 [2004]。
(57) メルコスールはアンデス共同体やメキシコとのFTAを妥結させ, 域内12カ国との統合(南米共同体)やEUとのFTA交渉も進めつつあった。Hornbeck [2007]
(58) The White House [2002]。
(59) Zoellick [2002]。
(60) Schott [2004]。2007年4月2日, アメリカと韓国はFTA締結に合意したが, 韓国からの輸出拡大に反発する連邦議会に対応するための再交渉の結果, 議会での批准は2011年10月になった。
(61) Evenett and Meier [2007]。

第7章 民主党多数派議会のもとでの通商政策論争
(1) USTR [2005-a], USTR [2006-b]。

253

（2） Dorgan and Brown［2006］また，代表的な市民団体であるパブリック・シティ
ズンも，この選挙により公正貿易論が世論の支持を得たとして，NAFTA型の
FTAやWTO，TPAの更新に反対していくと主張している。Slevin and Tucker
［2007］．
（3） Evenett and Meier［2006］．
（4） "Ways And Means Democrats Demand Environmental Changes To FTAs", *Inside U.S. Trade,* January 19, 2007.
（5） これらの4協定はTPAの失効前に相手国との交渉が妥結しているため，2007年
7月1日以降も2002年のTPAが適用される。
（6） Destler［2007］，佐々木［2007］。
（7） ゼーリックの退任後，2005年4月から2006年4月まではロバート・ポートマン
（Robert J. Portman）がUSTR代表を務めていた。
（8） U.S. House Committee on Ways and Means［2007］．
（9） Bush［2007］．
（10） Boll［2007］．
（11） Hornbeck and Cooper［2007］．
（12） USTR［2007］．
（13） Press Releases, "Pelosi, Hoyer, Rangel, and Levin Statement on Trade", June 29, 2007.
（14） "U.S., Peru Reach Labor Deal, Administration Vows To Fight For All FTAs", *Inside U.S. Trade,* August 10, 2007.
（15） "House Passes TAA Largely On Partisan Lines Despite Veto Threat", *Inside U.S. Trade,* November 2, 2007.
（16） 大統領の拒否権を覆すためには上下両院で3分の2以上の支持が必要となる。
（17） Villarreal［2012］．
（18） Barfield［2008］，Bergsten［2008］．
（19） 滝井［2008］．
（20） 主要な大統領候補者の通商政策についてはBrainard［2008］およびCouncil on Foreign Relations［2008］，Democratic Party［2008］，Republican Party［2008］
を参照した。
（21） Scheve and Slaughter［2007］．
（22） Faux［2007］．
（23） Drezner［2006］．
（24） Destler［2005］．

(25) Antholis and Talbott［2007］.
(26) 立石［2006］では，1930年代以来の伝統的な労使関係が解体した結果，新たな利害調整の場として通商問題が位置づけられ，国内では自由化合意が困難になり，対外的にはアメリカの譲歩の余地が狭まったと指摘している。

第8章　人民元問題の政治経済学

（1）「経済的相互確証破壊」については，第2期ブッシュ政権で国務副長官を務めたロバート・ゼーリック（Robert B. Zoellick）や，アジア太平洋次官補代理だったランダール・シュライバー（Randall G. Schriver）の発言がある。"Schriver Warns of the US Losing sway over China", *Taipei Times*, October 25, 2005.「チャイメリカ」についてはFerguson［2008］，矢吹［2012］を参照されたい。
（2）　第1の論点について，ファーガソンは判断を保留しているのに対し，矢吹は，武力衝突は不可能になったという議論を展開している。アカデミックな議論では一般に，政治指導者が戦争よりも貿易の方がより大きな利益をもたらすと判断する場合に限り，経済的相互依存は平和を促進するとされる。Copeland［1996］，藤原［2011］。
（3）　この点について，ドレズナー（Daniel W. Drezner）は，債権国＝中国の交渉力は限定的であるとし，ナイ（Joseph S. Nye Jr.）は，経済的相互依存に基づく交渉力そのものが限定的なものであると評価している。Drezner［2009］，Nye［2010］。
（4）　こうした経済学的・規範的な議論としては，黒田［2004］関，中国社会科学院世界経済政治研究所編［2004］白井［2004］など。法的・政治的アプローチも含んだ研究としては，Bhala［2008］，Goldstein and Lardy eds.［2008］，Evenett ed.［2010］など。
（5）　Mastanduno［2009］によれば，冷戦期におけるアメリカと日本や西ヨーロッパ諸国の間の経済的相互依存の場合，もっぱら日本や西ヨーロッパ諸国側が通貨を切り上げるなどして経済的不均衡の調整コストを引き受けてきた。しかし，ポスト冷戦期の米中関係の場合，中国は安全保障や通貨，貿易における対米依存が相対的に低いため，かつての日本や西ヨーロッパ諸国のような調整コストを押しつけられずにすんだとされる。本章ではマスタンデュノの指摘している問題について，アメリカの政策形成プロセスを分析することによってアプローチする。
（6）　Morrison［2009］。
（7）　大橋［2007］。
（8）　米中経済・安全保障委員会とは2000年に創設された議会の諮問機関で，米中経済関係がアメリカの安全保障に与える影響を調査し議会に年次報告書を提出すること

を任務としている。
（9）U.S.-China Economic and Security Review Commission［2012］なお，グローバル・サプライチェーンを，アメリカと中国に日本，韓国などその他の東アジア諸国を含めた「三角貿易」と捉え，その全体像を詳細に分析した研究として，大森［2014］
（10）大西［2005］，岩城［2005］。
（11）1988年包括通商法の第3編「国際金融政策」のサブタイトルAが「為替レートおよび国際経済政策調整法」である。同法では，資本移動が貿易額を遙かに超えるようになり，変動相場制の自律的調整機能が失われた結果，主要先進国間での政策協調が必要であり，そのために，大統領は諸外国との交渉，財務長官には諸外国の為替政策の分析と為替操作国との交渉を義務づけている。通商摩擦問題研究会編［1989］110-113頁。
（12）GAO［2005-b］。
（13）Henning［2007］。
（14）主に以下の分析に基づき整理した。U.S.-China Economic and Security Review Commission［2005-a］，Bhala［2008］，Morrison and Labonte［2008］，Levy［2010］。
（15）Bhala［2008］。
（16）Levy［2010］。
（17）U.S.-China Economic and Security Review Commission［2005-a］。
（18）陳［2011］28-29頁。議会の圧力を受け，2007年3月以降，商務省は非市場経済国からの輸入品に対してもCVDの発動を認めるようになった。
（19）中国からの輸入品に対するダンピング・マージンの算定に際しては，インドでの生産コストを中国の生産コストに代替して算出されていた。陳［2011］34-36頁。
（20）「国際通貨基金協定の第二次改正」。第4条第1項は「加盟国の一般的義務」。日本語訳は外務省のホームページ。〈http://www3.mofa.go.jp/mofaj/gaiko/treaty/pdf/B-S53-0049_1.pdf〉
（21）Goldstein［2006］。
（22）Sanford［2006］。
（23）Goldstein and Lardy［2008］。
（24）Mattoo and Subramanian［2008］，Staiger and Sykes［2008］。
（25）関税及び貿易に関する一般協定。日本語訳は経済産業省のホームページ。〈http://www.meti.go.jp/policy/trade_policy/wto_agreements/custom_duty/html/02.html#15〉
（26）Staiger and Sykes［2008］，Ahn［2010］。

(27) 日本語訳は経済産業省のホームページ。〈http://www.meti.go.jp/policy/trade_policy/wto_agreements/marrakech/html/wto13.html〉
(28) Staiger and Sykes [2008].
(29) Mattoo and Subramanian [2008].
(30) Levy [2010], Sanford [2011].
(31) U.S. Department of Treasury [2003-a].
(32) Snow [2003].
(33) Glaser [2003].
(34) United States Treasury and the People's Bank of China Announce Agreement on Technical Cooperation, October 14, 2003.
(35) Statement of G7 Finance Ministers and Central Bank Governors, Dubai, 20 September 2003.
(36) U.S. House, Subcommittee on Domestic and International Monetary Policy, Trade and Technology of the Committee on Financial Services [2003].
(37) U.S. Department of Treasury [2003-b].
(38) U.S. Senate, Committee on Banking, Housing, and Urban Affairs [2003].
(39) U.S. House Committee on Ways and Means [2003].
(40) "Wen Says Trade Deficit Can Be Solved with U.S. Exports, Not Less Chinese Imports", *Inside US-China Trade*, December 10, 2003.
(41) Glaser [2004].
(42) U.S. Department of Treasury [2004-a].
(43) U.S. Senate, Subcommittee on East Asian and Pacific Affairs of the Committee on Foreign Relations [2004].
(44) U.S.-China Economic and Security Review Commission [2004].
(45) "Congress, Industry Growing Impatient with U.S. on China Currency Efforts", *Inside US-China Trade*, July 28, 2004.
(46) "Democrats Considering Re-filing China Currency 301 Petition", *Inside US-China Trade*, September 29, 2004; "USTR Delays China Currency 301 Decision until Meeting with Congress", *Inside U.S. Trade,* October 1, 2004; "Snow Hints Bush Administration Will Reject China Currency Petition", *Inside US-China Trade*, October 6, 2004.
(47) Statement of Treasury Assistant Secretary for Public Affairs Rob Nichols on China Currency Petition, September 9, 2003; "Fact Sheet: Treasury Efforts Yielding Results on China Currency".

(48) Statement of G-7 Finance Ministers and Central Bank Governors with Chinese Counterparts, Washington, D.C., October 1, 2004.
(49) Taylor [2004].
(50) U.S. Department of Treasury [2004-b].
(51) "Graham, Schumer Vow To Press China Currency Tariff This Year", *ChinaTradeExtra.com*, February 3, 2005.
(52) "China Trade Legislation Could Be Key to CAFTA Passage in House", *Inside U.S. Trade*, April 8, 2005.
(53) 鷲尾 [2006]。
(54) U.S. House, Committee on Ways and Means [2005].
(55) "Administration Says Time Ripe for China to Change Currency Policy", *Inside US-China Trade*, April 20, 2005.
(56) U.S. Department of Treasury [2005-a], U.S. Senate, Committee on Banking, Housing and Urban Affairs [2005].
(57) U.S. Senate, Finance Committee [2005].
(58) "Schumer Delays Consideration Of China Currency Tariff Bill After Meeting With Snow, Greenspan", *ChinaTradeExtra.com*, June 30, 2005. 安井 [2005]。
(59) 岩城 [2005]。
(60) 伊藤 [2006]。
(61) Glaser [2005].
(62) Adams [2005-a].
(63) U.S.-China Economic and Security Review Commission [2005-b].
(64) "Finance Not Likely to Tackle China Bill; TO Hold Hearings on Doha Round", *Inside U.S. Trade*, September 2, 2005; "Some Seek Alternative to Schumer-Graham Bill in Light of New Delay", *Inside US-China Trade*, November 23, 2005.
(65) U.S. Department of Treasury [2005-b], Adams [2005-b].
(66) Glaser [2006-a]。しかし、ゼーリックが7月に国務副長官を辞任したためこの動きも停滞し、結局、ブッシュ政権は体系的な対中政策を持つに至らなかった。
(67) USTR [2006-a].
(68) U.S. Senate, Finance Committee [2006].
(69) 安井 [2006]。"Grassley, Baucus Bill Would Overhaul U.S. FOREX Monitoring", *Inside US-China Trade*, March 29, 2006.
(70) Baucus [2006].
(71) "Treasury Indicates Support for Grassley-Baucus Currency Bill", *Inside US-Chi-*

注（第8章）

na Trade, April 5, 2006.
(72) "Grassley Currency Bill Likely to Face Hurdles in Senate", *Inside US-China Trade*, May 17, 2006.
(73) U.S. Department of Treasury [2006-a].
(74) Adams [2006].
(75) U.S. Senate, Committee on Banking, Housing and Urban Affairs [2006].
(76) スノウは減税や年金改革などの国内経済政策についての指導力不足を指摘されており，政権の支持率回復のための事実上の更迭だと言われている。
(77) Glaser [2006-b].
(78) Paulson [2006-a].
(79) "The Joint Statement between the United States of America and The People's Republic of China on the Inauguration of the U.S.-China Strategic Economic Dialogue", September 20, 2006; Fact Sheet Creation of the U.S.-China Strategic Economic Dialogue, September 20, 2006.
(80) "Bush Intervention Prompts China Tariff Vote Delay, Work On New Bill", *ChinaTradeExtra.com*, September 28, 2006.
(81) Paulson [2006-b].
(82) Fact Sheet: The First U.S.-China Strategic Economic Dialogue, December 15, 2006.
(83) 竹中 [2006]。
(84) U.S. Department of Treasury [2006-b].
(85) U.S. Senate, Committee on Banking, Housing, and Urban Affairs [2007], "Paulson Cites Less Chinese Intervention As Goal In Currency Talks", *Inside US-China Trade*, February 7, 2007.
(86) Glaser [2007-b].
(87) "Levin Predicts CVD-NME Bill, Second Bill On Other Issues", *Inside US-China Trade*, January 31, 2007; Glaser [2007-a].
(88) U.S. Senate Finance Committee [2007].
(89) U.S. House, Subcommittee on Trade of the Committee on Ways and Means Joint with the Subcommittee on Commerce, Trade, and Consumer Protection of the Committee on Energy and Commerce and the Subcommittee on Domestic and International Monetary Policy, Trade, and Technology of the Committee on Financial Services [2007].
(90) Fact Sheet: Second Meeting of the U.S.-China Strategic Economic Dialogue, May

23, 2007.
(91) "SED Statements Reveal Split Over Approach To Economic Issues", *China-TradeExtra.com*, May 22, 2007.
(92) "China Agrees To Currency Reform With General Pledge At SED", *Inside US-China Trade*, May 30, 2007.
(93) U.S. Department of Treasury [2007-a].
(94) "Baucus, Grassley Currency Bill Could Trigger AD Changes, WTO Cases", *ChinaTradeExtra.com*, June 13, 2007; 安井 [2007]。
(95) "Separate Senate Bills Likely To Complicate China Currency Debate", *Inside U.S. Trade*, June 15, 2007.
(96) "New Ryan-Hunter Bill Combines AD, CVD Action For Misaligned Currencies", *Inside US-China Trade*, July 4, 2007.
(97) Hufbauer and Brunel [2007].
(98) "Senate Leadership Signals Need To Avoid China Floor Fight", *Inside US-China Trade*, June 27, 2007.
(99) "Administration States Strong Opposition To Senate Currency Bills", *Inside US-China Trade*, August 1, 2007.
(100) "Commerce Official, Senate Aides, Dispute 'Problems' With China Bills", *Inside US-China Trade*, October 3, 2007.
(101) Paulson [2007].
(102) U.S.-China Economic and Security Review Commission [2007].
(103) "Senate Committees Wrestle Over China Bill's Jurisdiction", *Inside US-China Trade*, October 3, 2007; "Ways & Means' Rangel, Pelosi Confirm No China Trade Bill In House In 2007", *Inside US-China Trade*, November 7, 2007.
(104) "Three-Part House China Bill Likely To Be Delayed Until 2008", *Inside US-China Trade*, October 31, 2007.
(105) "Wu Warns Against Bills; Paulson Says Concessions Vital To Stop Them", *Inside US-China Trade*, December 19, 2007.
(106) Joint Fact Sheet: The Third U.S.-China Strategic Economic Dialogue, December 13, 2007; U.S. Fact Sheet: The Third Cabinet-Level Meeting of the U.S.-China Strategic Economic Dialogue, December 13, 2007.
(107) U.S. Department of Treasury [2007-b]. また，今回の報告書では，6月に発表されたIMFサーベイランスの強化を歓迎している。
(108) "Ways And Means Democrats Deliberate On Possible China Legislation At Ran-

gel Invitation", *ChinaTradeExtra.com,* January 17, 2008; "Ways And Means Democrats Back Go-Slow Approach To China Bill", *Inside US-China Trade,* January 23, 2008.
(109) Sobel [2008].
(110) "As Clock Ticks, Congress Continues Wrestling Over China Trade Bill", *Inside US-China Trade,* February 27, 2008.
(111) Letter to the President from Charles B. Rangel, Chairman of Committee on Ways and Means, March 26, 2008.
(112) U.S. Department of Treasury [2008-a].
(113) U.S. Treasury Department Office of Public Affairs, "Joint U.S.-China Fact Sheet: Fourth U.S.-China Strategic Economic Dialogue", June 18, 2008.
(114) 佐野 [2011], Glaser [2008]。
(115) Glaser [2009]。
(116) Joint U.S.—China Fact Sheet: The Fifth U.S.—China Strategic Economic Dialogue, December 5, 2008.
(117) U.S. Department of Treasury [2008-b]。
(118) 日本機械輸出組合 [2004-c], 安井前掲論文。
(119) Garrison [2007], Paulson [2008]。
(120) Glaser [2008]。

第9章 メガFTA政策の始動

(1) Obama [2013]。
(2) Baldwin [2012-b]。同様の提起として，Brown and Stern [2011]。
(3) Estevadeordal, Suominen and Martincus [2012]。同様に，WTOに対してFTA相互のリンケージを構築してFTAルールの収斂を目指す役割を提起した議論として，松下 [2015]。
(4) Bhagwati [2008], Bhagwati, Krishna and Panagariya [2015]。
(5) Baldwin [2007]。
(6) Ravenhill [2010]。
(7) Baldwin and Kawai [2013], Kawai and Wignaraja [2013]。
(8) Lim, Elms and Low [2012]。
(9) Ikenbery [2011]。
(10) Baracuhy [2015], Jonquières [2011], Tellis [2015]。
(11) Hamanaka [2014]。

(12)　Baldwin and Nakatomi ［2015］.
(13)　Schott, Cimino-Isaacs and Jung ［2016］.
(14)　"U.S. Delays TPP Talks To Allow Obama Cabinet Members To Take Office", *Inside U.S. Trade,* February 27, 2009.
(15)　Obama ［2009］, USTR ［2009］.
(16)　Kirk ［2009］.
(17)　Marantis ［2010］.
(18)　U.S. Business Coalition for TPP ［2010］.
(19)　AFL-CIO ［2010］.
(20)　Schott, Kotschwar, and Muir ［2013］, ソリース ［2013］。
(21)　"Enhancing Trade and Investment, Supporting Jobs, Economic Growth and Development: Outlines of the Trans-Pacific Partnership Agreement", November 12, 2011; "Trans-Pacific Partnership (TPP) Trade Ministers' Report to Leaders", November 12, 2011.
(22)　TPP については日本の研究者に限っても膨大な先行研究が存在する。以下の叙述は，主にそれらの研究に基づくものである。石川・馬田・木村・渡邊編［2013］，中川 ［2011-a～e］，中川 ［2012-a～h］，中川 ［2014-a～f］, Fergusson, Cooper, Jurenas and Williams ［2013］, 外務省「環太平洋パートナーシップ（TPP）協定交渉」〈http://www.mofa.go.jp/mofaj/gaiko/tpp/index.html〉
(23)　(1)物品市場アクセス, (2)原産地規制, (3)貿易円滑化, (4)衛生植物検疫, (5)貿易の技術的障害, (6)貿易救済, (7)政府調達, (8)知的財産, (9)競争政策, ⑽越境サービス貿易, ⑾商用関係者の移動（一時的入国）, ⑿金融サービス, ⒀電気通信サービス, ⒁電子商取引, ⒂投資, ⒃環境, ⒄労働, ⒅制度的事項, ⒆紛争解決, ⒇協力, (21)分野横断的事項, の21分野。
(24)　菅原 ［2013］。
(25)　USTR ［2007］.
(26)　Sheargold and Mitchell ［2016］.
(27)　ソリース ［2013］, Lewis ［2011］, Capling and Ravenhill ［2012］.
(28)　石川 ［2015］。
(29)　阿部 ［2015］。
(30)　Cooper and Manyin ［2012］, Mulgan ［2013］.
(31)　Summary of the Trans-Pacific Partnership Agreement, October 5, 2015.
(32)　Joint Declaration of the Macroeconomic Policy Authorities of Trans-Pacific Partnership Countries, November 5, 2015.

(33) U.S. Department of Treasury [2015].
(34) 中川 [2015]。
(35) 川瀬 [2015]。
(36) Freund, Moran and Oliver [2016].
(37) Joint Statement by the Business Roundtable and the TransAtlantic Business Dialogue, "Forging a Transatlantic Partnership for the 21st Century", February 2012; A Report from the Transatlantic Task Force on Trade and Investment, "A New Era for Transatlantic Trade Leadership", February 2012.
(38) High-Level Working Group on Jobs and Growth. 以下，HLWG と略記。
(39) "Final Report: High – level Official Working Group on Jobs and Growth", February 11, 2013.
(40) Obama [2013].
(41) Letter to Congress Announcing Intent to Enter Negotiations on the Transatlantic Trade and Investment Partnership, March 20, 2013.
(42) Akhtar and Jones [2014]，Vastine, Jensen and Lee-Makiyama [2015]。
(43) Evenett and Stern [2013]，近藤 [2015]。2016年5月2日，フランスのオランド（François Hollande）大統領は現在のTTIPは支持できないとし，農業や文化といった原則では譲歩できないと述べている。
(44) Schott, Kotschwar and Muir [2013].
(45) Ye [2015]，西村 [2015]，藤木 [2016-a]。
(46) Chang [2015]，Williams, Dolven, Fergusson, Manyin, Martin and Morrison [2016]，Green and Goodman [2016].
(47) Mirski [2015]，Tellis [2015].
(48) Connelly [2015]，Levi [2015]，Lester [2015]，Miller [2015].
(49) Kundnani [2016]。

第10章　貿易自由化合意の再構築に向けて

(1) "2008 Republican Party Platform", September 1, 2008; "2008 Democratic Party Platform: Renewing America's Promise", August 25, 2008.
(2) Trade and Globalization Assistance Act of 2007 (H.R. 3920)。以下，TGAAA と略記する。Hornbeck [2013].
(3) Trade Reform, Accountability, Development and Employment Act of 2009 (TRADE Act of 2009)。以下，H.R. 2013と略記。同法案の内容については，Cooper [2011]。

(4)　Destler [2011].
(5)　Faux [2007].
(6)　国家輸出戦略については，西川 [2010]，高木 [2012]。
(7)　USTR [2010]，U.S. Senate, Finance Committee [2010].
(8)　Ikenson [2015]，西川 [2013]。
(9)　Cooper, Manyin, Jurenas and Platzer [2011].
(10)　ただし，当初の TGAAA レベルの拡大措置は2011年2月までに限定された。Hornbeck [2013].
(11)　USTR [2011].
(12)　1 "Officials Say Korea FTA Vote Will Come First; Kirk Sets July 1 As Target", *Inside U.S. Trade,* January 13, 2011.
(13)　U.S. House, Subcommittee on Trade of the House Committee on Ways and Means [2011-a] U.S. House, Subcommittee on Trade of the House Committee on Ways and Means [2011-b] U.S. House, Subcommittee on Trade of the House Committee on Ways and Means [2011-c] U.S. Senate, Finance Committee [2011-a] U.S. Senate, Finance Committee [2011-b].
(14)　"After Mock Markups, Still No Deal To Achieve Final FTA, TAA Votes", *Inside U.S. Trade,* July 8, 2011.
(15)　"Senate Republican Letter Supporting TAA Changes Dynamic In The Senate", *Inside U.S. Trade,* July 29, 2011.
(16)　Hornbeck [2013].
(17)　"House, Senate Set To Hold Votes On FTAs On Oct. 12 Before Lee Visit", *Inside U.S. Trade,* October 6, 2011.
(18)　"Administration Holding Off On TPA Renewal Until TPP Advances", *Inside U.S. Trade,* January 18, 2013.
(19)　"Budget Proposal Folds TAA Into Larger Program, Consolidates Trade Agencies", *Inside U.S. Trade,* April 12, 2013.
(20)　"Obama Asks For Fast-Track Authority, Froman Defers To Congress On Bill", *Inside U.S. Trade,* August 2, 2013.
(21)　"Baucus Calls For Introduction Of TPA Bill By June, Renewal Of TAA This Year", *Inside U.S. Trade,* April 26, 2013.
(22)　"Levin Pushes For Currency Discussion In TPP, EU FTA, TPA Deliberations", *Inside U.S. Trade,* March 21, 2013.
(23)　"Hatch Resists Tying Worker Assistance To TPA Bill; Labor Unions Hit Back",

Inside U.S. Trade, August 2, 2013.
(24) "Baucus Says Fast-Track Deal With Camp Close; Introduction This Year", *Inside U.S. Trade*, November 15, 2013.
(25) "151 House Dems Demand Congress Determine If FTAs Meet TPA Objectives", *Inside U.S. Trade*, November 15, 2013.
(26) Keck [2013].
(27) "Expanded TAA Program Expires; Levin Calls For 'Immediate Renewal'", *Inside U.S. Trade*, January 3, 2014.
(28) 現地化障壁とは,外国政府が米国企業に対して現地市場にアクセスする条件として,施設や知的所有権などの資産の現地化を廃止することを求める目標である。安井 [2014]。
(29) U.S. Senate, Finance Committee [2014].
(30) "Reid Expresses Opposition To Quick Consideration Of Fast-Track Bill", *Daily News*, January 29, 2014.
(31) Kennedy [2015].
(32) Obama [2015-a].
(33) Obama, Barack [2015-b].
(34) Hatch [2015].
(35) "Ryan Says TPA Will Not Include TAA, Other Trade Bills; Hints At Move In Tandem", *Inside U.S. Trade*, February 6, 2015.
(36) "House, Senate Dems Introduce Companion Bills To Expand TAA Benefits", *Inside U.S. Trade*, February 27, 2015.
(37) "TPA Bill Includes Additional Tool For Stripping 'Fast Track;' Staff Text Access", *Inside U.S. Trade*, April 17, 2015.
(38) "Wyden: TPA, TAA To Move Together; Preference, Enforcement Bills Also In Mix", *Inside U.S. Trade*, April 17, 2015.
(39) "Finance Approves Amended Fast-Track Bill, TAA And Two More Trade Bills", *Inside U.S. Trade*, April 24, 2015.
(40) "Ryan Rules Against Levin Fast-Track Bill; Ways & Means Approves TPA", *Inside U.S. Trade*, April 24, 2015.
(41) Barfield [2015].
(42) Solis [2015].
(43) "Hatch, Wyden Float Currency Amendment As Alternative To Portman Text", *Inside U.S. Trade*, May 22, 2015.

(44) "Senate Approves TPA-TAA Bill With Two Changes, After Two-Week Fight Fizzles", *Inside U.S. Trade*, May 29, 2015.
(45) "House Starts Trade Votes With Preferences Bill, Rule For TPA-TAA, Customs", *Inside U.S. Trade*, June 12, 2015.
(46) "Seeking To 'Free Hostage,' Obama Says He Won't Hold Up TPA Over TAA", *Inside U.S. Trade*, June 19, 2015.
(47) "Congress Approves TAA-Preferences Bill, With Backing Of House Dems", *Inside U.S. Trade*, June 26, 2015.
(48) U.S. House, Committee on Ways and Means [2015-a].
(49) U.S. House, Committee on Ways and Means [2016-b].
(50) U.S. House, Committee on Ways and Means [2016-a]. ベネット・ハッチ・カーパー修正条項とは，2016年2月24日に成立した2015年貿易円滑化・貿易実行法（Trade Facilitation and Trade Enforcement Act of 2015）に盛り込まれた規定で，ハッチ財政委員長，ベネット（Michael Bennet）およびカーパー（Tom Carper）民主党上院議員が共同提案した。同修正条項によれば，重大な対米貿易黒字と実質的な経常黒字，長期的かつ一方的な為替介入を行った主要貿易相手国に対し，財務省はマクロ経済および為替政策に対する高度な分析を行い，また，高度な分析の対象国との二国間交渉を開始するとされた。この修正条項は，これまでの1988年包括通商法に基づく為替操作国指定に比べ，政権の監視や関与を厳格化したものだと評価されている。同修正条項とその背景については，滝井［2016-a］および Nelson［2015］。
(51) U.S. House, Committee on Ways and Means [2016-c].
(52) Cimino-Isaacs [2016]. 討論会で発言したチャーノヴィッツ（Steve Charnovitz）も，TPP の労働章は第2世代の規定だと評価している。
(53) アメリカ国民の間には経済グローバル化に対する広範な支持があるにもかかわらず，公正貿易論者は自由化反対勢力を巧みに結集することで，政治家に対する過大な影響力を行使しているという指摘がある。Levy [2016]．
(54) Levy [2015].
(55) Trump [2016].
(56) Clinton [2016].
(57) 滝井 [2016-b]。
(58) Obama [2016].

終章　アメリカの通商覇権のゆくえ
（1）　Noland, Hufbauer, Robinson and Moran［2016］．
（2）　Freedman and Mandelbaum［2011］．
（3）　立石は，労働問題や環境問題など，これまでは国内調整問題として取り扱われてきた論点の利害調整の場が失われ，その結果，新たな利害調整の場が通商政策に求められるようになった結果，貿易自由化に向けた取り組みが停滞するようになったと指摘している。立石［2006］。
（4）　Watson［2013］．
（5）　藤木［2017］。
（6）　大矢根・大西編［2016］によれば，近年，貿易自由化をめぐる政策対立は経済的利害だけではなく，経済社会や社会保障制度のあり方，安全保障や外交路線をめぐる理念的な対立をも含むようになった。
（7）　Solis［2011］．
（8）　Kupchan and Trubowitz［2007］および Beinart［2008］では，外交・安全保障政策においても第2次大戦後の超党派の合意が解体し，単独での軍事的アプローチを選好する共和党と多国間での外交アプローチを選好する民主党とに分裂し，アメリカの対外的関与を弱体化させていると述べている。
（9）　大矢根［2009］。
（10）　Noland, Hufbauer, Robinson and Moran［2016］．
（11）　Merry［2016］．
（12）　Smeltz, Daalder and Kafura［2014］．

参考文献

Adams, Timothy D. [2005-a] "Remarks of Under Secretary of the Treasury Timothy D. Adams before the U.S.-China Business Council", September 15.

Adams, Timothy D. [2005-b] "The US View on IMF Reform", Speech presented at the Conference on IMF Reform, September 23.

Adams, Timothy D. [2006] "Working with the IMF to Strengthen Exchange Rate Surveillance", American Enterprise Institute, February 2.

Ahn, Dukgeun [2010] "Is the Chinese Exchange-Rate Regime 'WTO-Legal'?", Evenett ed. [2010].

Akhtar, Shayerah Ilias and Vivian C. Jones [2014] "Transatlantic Trade and Investment Partnership (TTIP) Negotiations", *CRS Report for Congress*, February 4.

The American Federation of Labor & Congress of Industrial Organizations (AFL-CIO) [2010] "Testimony Regarding the Proposed United States- Trans-Pacific Partnership Trade Agreement", January 25.

Arnold, Bruce [2003] "The Pros and Cons of Pursuing Free-Trade Agreements", *Economic and Budget Issue Brief*, Congressional Budget Office.

Antholis, William and Strobe Talbott [2007] "Tackling Trade and Climate Change: Leadership on the Home Front of Foreign Policy", Michael E. O'Hanlon ed., *Opportunity 08: Independent Ideas for America's Next President*, The Brookings Institution.

Audley, John J. [2001] "A Greener Fast Track: Putting Environmental Protection on the Trade Agenda", *Working Paper*, No.22, Carnegie Endowment for International Peace.

Baldwin, Richard [2006] "Multilateralising Regionalism: Spaghetti Bowls as Building Blocs on the Path to Global Free Trade", *The World Economy*, 29: 11.

Baldwin, Richard [2007] "Managing the Noodle Bowl: The Fragility of East Asian Regionalism", *Working Paper Series on Regional Economic Integration* 7, Asian Development Bank.

Baldwin, Richard [2008] "Big-Think Regionalism: A Critical Survey", *NBER Working Paper*, 14056.

Baldwin, Richard [2011] "21st Century Regionalism: Filling the Gap between 21st Century Trade and 20th Century Trade Rules", *CEPT Policy Insight,* 56, Center for Economic Policy Research.

Baldwin, Richard [2012-a] "Global Supply Chains: Why They Emerged, Why They Matter, and Where They Are Going", *The Fung Global Institute Working Paper,* FGI-2012-1.

Baldwin, Richard [2012-b] "WTO 2.0: Global Governance of Supply-Chain Trade", *CEPT Policy Insight,* 64, Center for Economic Policy Research.

Baldwin, Richard [2014-a] "The Systemic Impact", Global Agenda Council on Trade & Foreign Direct Investment [2014].

Baldwin, Richard [2014-b] "Multilateralising 21st Century Regionalism", OECD Conference Center.

Baldwin, Richard, Simon Evenett and Patrick Low [2008] "Beyond Tariffs: Multilateralizing Non-Tariff RTA Commitments", Baldwin and Low [2008].

Baldwin, Richard and Masahiro Kawai [2013] "Multilateralizing Asian Regionalism", *ADBI Working Paper,* 431.

Baldwin, Richard, Masahiro Kawai and Ganeshan Wignaraja eds. [2013] *The Future of the World Trading System: Asian Perspectives.*

Baldwin, Richard and Patrick Low [2008] *Multilateralizing Regionalism,* Cambridge University Press.

Richard Baldwin and Michitaka Nakatomi [2015] "A World without the WTO: What's at Stake?", *CEPR Policy Insight,* 84.

Baldwin, Robert E. and Christopher S. Magee [2000] *Congressional Trade Votes: From NAFTA Approval to Fast-Track Defeat,* Institute for International Economics.

Baracuhy, Braz [2015] "The Evolving Geo-economics of World Trade", Baru and Dogra eds. [2015].

Barfield, Claude [2006] "U.S. Trade Policy: The Emergence of Regional and Bilateral Alternatives to Multilateralism", American Enterprise Institute.

Barfield, Claude [2008] "The Fast-Track Trade War", *American.Com: A Magazine of Ideas,* May 7.

Barfield, Claude [2015] "TPA/TPP: Round 1", *AEIdeas,* May 13.

Barshefsky, Ambassador Charlene [2000] "Bridges to Peace: The U.S.- Jordan Free Trade Agreement and American Trade Policy in the Middle East", Jordanian-American Business Association, Amman, Jordan, July 31.

参考文献

Baru, Sanjaya [2015] "Power Shifts and New Blocs in Global Trade", Baru and Dogra eds. [2015].
Baru, Sanjaya and Suvi Dogra eds. [2015] *Power Shifts and New Blocs in the Global Trading System,* The International Institute for Strategic Studies.
Baucus, Max [2002] "The Trade Act of 2002", Institute for International Economics, Washington DC, February 26.
Baucus, Max [2004] "Looking forward on Trade: The Agenda for 2005", July 13.
Baucus, Max [2006] "A Defining Moment for U.S.-China Trade Policy", April 10.
Beinart, Peter [2008] "When Politics No Long Stops at the Water's Edge: Partisan Polarization and Foreign Policy" Pietro S. Nivola and David W. Brady eds., *Red and Blue Nation? : Consequences and Correction of America's Polarized Politics,* The Brookings Institution.
Berger, Samuel R. [1997] "Building a New Consensus on China", June 6.
Berger, Samuel R. [2000] "Remarks by Samuel R. Berger, Assistant to the President for National Security Affairs on China", February 2 〈http://www.state.gov/www/regions/eap/000202_berger_china.html〉(2009年11月27日閲覧)
Bergsten, C. Fred [1996] "Competitive Liberalization and Global Free Trade: A Vision for the Early 21st Century", *Working Paper* 96:15, Institute for International Economics.
Bergsten, C. Fred [1998] "American Trade Leadership and the Global Economic System", Bruce ed. [1998].
Bergsten, C. Fred [2002] "A Renaissance for U.S. Trade Policy?", *Foreign Affairs,* 81: 6.
Bergsten, C. Fred [2008] "World Trade at Risk", *Policy Brief,* PB08-5, Peter G. Peterson Institute for International Economics.
Bergsten, C. Fred [2009] "The Dollar and the Deficits: How Washington Can Prevent the Next Crisis", *Foreign Affairs,* 88:6.
Bernstein, Richard and Ross Munro [1997] *The Coming Conflict with China,* Alfred A. Knopf.（＝小野善邦訳『やがて中国との闘いがはじまる』草思社，1997年）
Bhagwati, Jagdish [2002] *Free Trade Today,* Princeton University Press.（＝北村行伸・妹尾美起訳『自由貿易への道』ダイヤモンド社，2004年）
Bhagwati, Jagdish [2008] *Termites in the Trading System: How Preferential Agreements Undermine Free Trade,* Oxford University Press.
Bhagwati, Jagdish, Pravin Krishna and Arvind Panagariya [2015] "Where Is the

World Trade System Heading?" Baru and Dogra eds. [2015].

Bhala, Raj [2000] "Enter the Dragon: An Essay on China's WTO Accession Saga", *American University International Law Review*, 15 : 6.

Bhala, Raj [2008] "Virtues, The Chinese Yuan and the American Trade Empire", *Hong Kong Law Journal*, 38:1, 2008.

Blyth, Mark M. [2002] *Great Transformations: Economic Ideas and Institutional Change in the Twentieth Century*, Cambridge University Press.

Bolle, Mary Jane [2001-a] "NAFTA Labor Side Agreement: Lessons for the Worker Rights and Fast-Track Debate", *CRS Report for Congress*, 97-861 E, Updated October 9.

Bolle, Mary Jane [2001-b] "Trade Promotion Authority (Fast-Track): Labor Issues (Including H.R. 3005 and H.R.3019)", *CRS Report for Congress*, RL31178.

Boll, Mary Jane [2006] "Middle East Free Trade Area: Progress Report", *CRS Report for Congress*, RL32638.

Boll, Mary Jane [2007] "Trade Promotion Authority Renewal: Core Labor Standards Issues: A Brief Overview", *CRS Report for Congress*, RS22608.

Bollyky, Thomas J. [2012] "Regulatory Coherence in the TPP Talks", Lim, Elms and Low eds. [2012].

Business Roundtable [2001] "The Case for U.S. Trade Leadership: The United States Is Falling Behind".

Brainard, Lael [2007] "Tracking Trade Votes", The Brookings Institution.

Brainard, Lael [2008] "Candidate Issue Index: Trade", The Brookings Institution.

Brainard, Lael and Hal Shapiro [2001] "Fast Track Trade Promotion Authority", *Brookings Policy Brief*, No.91, The Brookings Institution.

Britton, Erik and Vanessa Rossi [2006] "The Prospects for US-China Services Trade and Investment", The China Business Forum.

Brown, Andrew G. and Robert M. Stern [2011] "Free Trade Agreements and Governance of the Global Trading System", *IPC Working Paper Series*, 113, International Policy Center, University of Michigan, 2011.

Bush, George W. [2005] "Remarks from The Rose Garden", White House, Washington, DC, May 12.

Bush, George W. [2007] "President Bush Delivers State of the Economy Report", January 31.

Capling, Ann and John Ravenhill [2012] "The TPP: Multilateralizing Regionalism or the Securitization of Trade Policy?", Lim, C.L., Deborah K. Elms and Patrick Low eds. [2012].

CBO (Congressional Budget Office) [2002] "H.R. 3009: Trade Act of 2002".

Chang, Gordon G. [2015] "TPP vs. RCEP: America and China Battle for Control of Pacific Trade", *The National Interest*, October 6.

Charnovitz, Steve [1998] "Labor and Environmental Issues", Jeffrey Schott ed. *Restarting Fast-Track*, Institute for International Economics.

Christopher, Warren [1996] "American Interests and the U.S.-China Relationship", May 17.

Cimino-Isaacs Cathleen [2016] "Labor Standards in the TPP", Peterson Institute for International Economics ed. [2016-b].

Clinton, Bill [1994] "State of the Union Address", January 25.

Clinton, Bill [1997] "State of Union Address", February 4.

Clinton, Bill [1998] "Address before a Joint Session of the Congress on the State of the Union", January 27.

Clinton, Bill [1999] "Remarks by the President in Foreign Policy Speech", April 7. 〈http://edition.cnn.com/ALLPOLITICS/stories/1999/04/07/clinton.china/transcript.html〉(2009年11月27日閲覧)

Clinton, Bill [2000] "Remarks by the President on Administration Efforts to Grant China Permanent Trade Relations Status", January 10. 〈http://www.state.gov/www/regions/eap/000110_clinton_china.html〉(2009年11月27日閲覧)

Clinton, Hillary [2016] "Commentary: If elected president, I'll level the playing field on global trade, Clinton says", *Portland Press Herald*, February 23.

Cohen, Stephan D. [1994] *The Making of United States International Economic Policy: Principles, Problems and Proposals for Reform*, Praeger Publishers (＝山崎好裕・古城佳子・五味俊樹・明田ゆかり・納屋政嗣訳『アメリカの国際経済政策——その決定過程の実態』三嶺書房，1995年)

Connelly, Aaron L [2015] "America's Grand Strategy to Contain China: The Trans-Pacific Partnership?", *The National Interest*, October 12.

Condo, Arturo, Forrest Colburn and Luis Rivera [2005] "The United States Central America Free Trade Agreement (CAFTA): Negotiations and Expected Outcomes", Latin American Center for Competitiveness and Sustainable Development, March 10.

Cooper, Richard N. [1972] "Trade Policy Is Foreign Policy", *Foreign Policy*, 9.

Cooper, Richard N. [1987] "Trade Policy as Foreign Policy", Robert M. Stern ed., *U.S. Trade Policies in a Changing World Economy*, The MIT Press.

Cooper, William H. [2011] "The Future of U.S. Trade Policy: An Analysis of Issues and Options for the 112th Congress", *CRS Report for Congress*, R41145.

Cooper, William H. and Mark E. Manyin [2012] "Japan's Possible Entry into the Trans-Pacific Partnership and Its Implications", *CRS Report for Congress*, R42676, August 24.

Cooper, William H., Mark E. Manyin, Remy Jurenas and Michaela D. Platzer [2011] "The U.S.-South Korea Free Trade Agreement (KORUS FTA): Provisions and Implications", *CRS Report for Congress*.

Copeland, Dale C. [1996] "Economic Interdependence and War: A Theory of Trade Expectations," *International Security*, 20:4.

Council of Economic Advisers [2003] *Economic Report of the President*.

Council on Foreign Relations [2008] "The Candidates on Trade", February 19.

Cutter, W. Bowman, Joan Spero, Laura D'Andrea Tyson [2000] "New World, New Deal: A Democratic Approach to Globalization", *Foreign Affairs*, March/April.

Democratic Party [2008] "2008 Democratic Party Platform: Renewing America's Promise", August 25.

Destler, I.M. [1994] "A Government Divided: The Security Complex and the Economic Complex", David A. Deese ed., *The New Politics of American Foreign Policy*, St. Martin's Press.

Destler, I.M. [1997] *Renewing Fast-Track Legislation*, Institute for International Economics.

Destler, I.M. [1998] "Foreign Economic Policy Making under Bill Clinton", James M. Scott ed., *Making U.S. Foreign Policy in the Post-Cold War World*, Duke University Press.

Destler, I.M. [2001] "Congress and Foreign Policy at Century's End: Requiem on Cooperation?", Lawrence C. Dodd and Bruce I. Oppenheimer ed., *Congress Reconsidered*, 7th edition, CQ Press.

Destler, I.M. [2002] "The Politics and Economics of Fast-Track", Address to the Friends of the Global Interdependence Center, University of Pennsylvania, Philadelphia, October 11, 2002. 〈http://www.puaf.umd.edu/faculty/papers/destler/new.htm〉（2004年10月20日閲覧）

Destler, I.M. [2005] *American Trade Politics*, Institute for International Economics.

Destler, I.M. [2007] "American Trade Politics in 2007: Building Bipartisan Compromise", *Policy Brief* 07-5, Peterson Institute for International Economics.
Destler, I.M. [2011] "'First, Do No Harm': Foreign Economic Policy Making under Barack Obama", Steven W. Hook and James M. Scott eds., *U.S. Foreign Policy Today: American Renewal?*, Congressional Quarterly Press.
Destler, I.M. and Peter J. Balint [1999] *The New Politics of American Trade: Trade, Labor, and the Environment*, Institute for International Economics.
Devereaux, Charan [2002] "Fast Track Derailed: The 1997 Attempt to Renew Fast Track Legislation", *Kennedy School of Government Case Program*, NR15-02-1660.0.
Devereaux, Charan, Robert Z. Lawrence and Michael D. Watkins [2006] "The 1999 US-China Bilateral Agreement and the Battle for PNTR", Devereaux, Lawrence and Watkins, *Case Studies in US Trade Negotiation: Vol.1: Making the Rules*, Institute for International Economics.
Dorgan, Byron and Sherrod Brown [2006] "How Free Trade Hurts", *The Washington Post*, December 23.
Drezner, Daniel W. [2006] *U.S. Trade Strategy: Free Versus Fair*, Council on Foreign Relations.
Drezner, Daniel W. [2009] "Bad Debts: Assessing China's Financial Influence in Great Power Politics", *International Security*, 34:2.
Dumbaugh, Kerry [1998] "China's Most-Favored-Nation (MFN) Status: Congressional Consideration, 1989-1998", *CRS Report for Congress*, 98-603 F.
Dumbaugh, Kerry [2001] "Voting on NTR for China Again in 2001, and Past Congressional Decisions", *CRS Report for Congress*, RS20691.
Dupont, Cedric [2013] "ASEAN+, RCEP and TPP: A Clash of Integration Concepts", Baldwin, Kawai and Wignaraja [2013].
Economic Policy Institute, Institute for Policy Studies, International Labor Rights Fund, Public Citizen's Global Trade Watch, Sierra Club, U.S. Business and Industrial Council Educational Foundation [1997] *The Failed Experiment: NAFTA at Three Years*.
Elliott, Kimberly Ann [2000] "(Mis)Managing Diversity: Worker Rights and US Trade Policy", *International Negotiation*, No.5.
Elliott, Kimberly Ann [2001] "Fin(d)ing Our Way on Trade and Labor Standards?", *Policy Brief* 01-5, Institute for International Economics.

Elliott, Kimberly Ann [2002] "Dealing with Labor and Environment Issues", *Policy Brief*, 01-8, Institute for International Economics.

Estevadeordal, Antoni, Dani Rodrik, Alan M. Taylor, and Andrés Velasco eds. [2004] *Integrating the Americas: FTAA and Beyond*, Harvard University Press.

Estevadeordal, Antoni, Kati Suominen and Christian Volpe Martincus [2012] "Regional Trade Agreements: Development Challenges and Policy Options", Paper Prepared for the ICTSD-IDB E-15 Expert's Dialogue on RTAs.

Evenett, Simon J. and Michael Meier [2006] "The U.S. Congressional Elections in 2006: What Implications for U.S. Trade Policy?", Swiss Institute for International Economics and Applied Economic Research.

Evenett, Simon J. and Michael Meier [2007] "An Interim Assessment of the U.S. Trade Policy of 'Competitive Liberalization'", *University of St. Gallen Economics Discussion Paper*, No. 2007-18.

Evenett, Simon J. ed. [2010] *The US-Sino Currency Dispute: New Insights from Economics, Politics and Law*, A VoxEU. org Publications.

Simon J Evenett and Robert M. Stern [2013] "The Transatlantic Trade Talks and Economic Policy Research: Time to Re-Tool", *Vox*, 21 March.

Faux, Jeff [1997] "Fast Track and the Global Economy", *Issue Brief*, 123, Economic Policy Institute.

Faux, Jeff [1998] "Fast Track's Problem ―― Not the Marketing, the Product", Stokes ed. [1998].

Faux, Jeff [2001] "Fast Track Will Not Help Economic Recovery, National Unity", *Viewpoints*, Economic Policy Institute.

Faux, Jeff [2007] "Globalization That Works for Working Americans", *EPI Briefing Paper* #179, Economic Policy Institute.

Fawcett, Louise and Andrew Hurrell ed. [1995] *Regionalism in World Politics: Regional Organization and International Order*, Oxford University Press. (＝菅英輝・栗栖薫子訳『地域主義と国際秩序』九州大学出版会，1999年)

Feinberg, Richard E. [1997] *Summitry in the Americas: A Progress Report*, Institute for International Economics, 1997.

Feinberg, Richard E. [2003] "The Political Economy of United States' Free Trade Agreements", *The World Economy*, 26-7.

Ferguson, Niall [2008] *The Ascent of Money: A Financial History of the World*, Allen Lane. (＝仙名紀訳『マネーの進化史』早川書房，2009年)

参考文献

Fergusson, Ian F., William H. Cooper, Remy Jurenas and Brock R. Williams [2013] "The Trans-Pacific Partnership Negotiations and Issues for Congress", *CRS Report for Congress*, R42694, June 17.

Fewsmith, Joseph [1999] "China and the WTO: The Politics Behind the Agreement", *NBR Analysis*, 10:5, The National Bureau of Asian Research.

Freedman, Thomas L. and Michael Mandelbaum [2011] *That Used to Be Us*. (=伏見威蕃訳『かつての超大国アメリカ』日本経済新聞社, 2012年)

Freund, Caroline, Tyler Moran and Sarah Oliver [2016] "Tariff Liberalization", Peterson Institute for International Economics ed. [2016-a].

Froman, Michael [2014] "The Strategic Logic of Trade", Council on Foreign Relations, June 16.

GAO (General Accounting Office) [1995] "U.S.-China Trade: Implementation of Agreements on Market Access and Intellectual Property", GAO/GGD-95-61.

GAO [2004] "Intensifying Free Trade Negotiating Agenda Calls for Better Allocation of Staff and Resources", GAO-04-233.

GAO (Government Accountability Office) [2005-a] "Free Trade Area of the Americas: Missed Deadline Prompts Efforts to Restart Stalled Hemispheric Trade Negotiations", GAO-05-166, April 18.

GAO [2005-b] "Treasury Assessments Have Not Found Currency Manipulation, but Concerns about Exchange Rates Continue", GAO-05-351, April 19.

GAO [2007-a] "U.S. Trade Preference Programs: An Overview of Use by Beneficiaries and U.S. Administrative Reviews", GAO-07-1209.

GAO [2007-b] "An Analysis of Free Trade Agreements and Congressional and Private Sector Consultations under Trade Promotion Authority", GAO-08-59.

Garrison, Jean A. [2005] *Making China Policy: From Nixon to G.W. Bush*, Rienner.

Garrison, Jean A. [2007] "Managing the U.S.-China Foreign Economic Dialogue: Building Greater Cooperation and New Habits of Consultation", *Asia Policy* 4, The National Bureau of Asian Research.

Geithner, Timothy F. et al. [2001] "Building Support for More Open Trade: Recommendations", Council on Foreign Relations.

Gereffi, Gary and Olga Memedovic [2003] "The Global Apparel Value Chain: What Prospects for Upgrading by Developing Countries", *Sectoral Studies Series*, United Nations Industrial Development Organization.

Gereffi, Gary and Joonkoo Lee [2012] "Why the World Suddenly Cares about Global

Supply Chains", *Journal of Supply Chain Management*, 48：3.

Gilpin, Robert [1981] *War and Change in World Politics*, Cambridge University Press.

Gilpin, Robert [1987] *The Political Economy of International Relations*,Princeton University Press.（＝大蔵省世界システム研究会訳『世界システムの政治経済学』東洋経済新報社，1990年）

Glaser, Bonnie S. [2003] "U.S.-China Relations: The Best since 1972 or the Best Ever?", *Comparative Connections*, 5：3, Center for Strategic & International Studies.

Glaser, Bonnie S. [2004] "U.S.-China Relations: Wen Jiabao's Visit Caps an Outstanding Year", *Comparative Connections*, 5：4, Center for Strategic & International Studies.

Glaser, Bonnie [2005] "U.S.-China Relations: Katrina Wreaks Diplomatic Havoc, Too", *Comparative Connections*, 7：3, Center for Strategic & International Studies.

Glaser, Bonnie S. [2006-a] "U.S.-China Relations: Discord on the Eve of the Bush-Hu Summit", *Comparative Connections*, 8：1, Center for Strategic & International Studies, 2006.

Glaser, Bonnie S. [2006-b] "U.S.-China Relations: Promoting Cooperation, Managing Friction", *Comparative Connections*, 8：3, Center for Strategic & International Studies.

Glaser, Bonnie S. [2007-a] "U.S.-China Relations: Old and New Challenges: ASAT Test, Taiwan, and Trade", *Comparative Connections*, 9：1, Center for Strategic & International Studies, 2007.

Glaser, Bonnie [2007-b] "U.S.-China Relations: Two Bilateral Dialogue Mechanisms Manage Friction", *Comparative Connections*, 9：2, Center for Strategic & International Studies.

Glaser, Bonnie [2008] "U.S.-China Relations: Chock-full of Dialogue: SED, Human Rights, and Security", *Comparative Connections*, 10：2, Center for Strategic & International Studies.

Glaser, Bonnie [2009] "U.S.-China Relations: Ties Solid for Transition, but Challenges Lurk", *Comparative Connections*, 10：4, Center for Strategic & International Studies.

Global Agenda Council on Trade & Foreign Direct Investment [2014] *Mega-regional Trade Agreements: Game-Changers or Costly Distratctions for the World Trading System?*, World Economic Forum.

Goldstein, Judith [1993] *Ideas, Interests, and American Trade Policy*, Cornell University Press.

Goldstein, Judith and Robert O. Keohane [1993] "Ideas and Foreign Policy: An Analytical Framework", Judith Goldstein and Robert O. Keohane eds., *Idea and Foreign Policy: Briefs, Institutions, and Political Change*, Cornell University Press.

Goldstein, Judith and Joanne Gowa [2002] "US National Power and the Post-War Trading Regime", *World Trade Review*, 1:2.

Goldstein, Morris [2006] "The IMF as Global Umpire for Exchange Rate Policies", Michael Mussa ed., *C. Fred Bergsten and the World Economy*, Peterson Institute for International Economics.

Goldstein, Morris and Nicholas R. Lardy [2008] "China's Exchange Rate Policy: An Overview of Some Key Issues", Goldstein and Lardy eds. [2008].

Goldstein, Morris and Nicholas R. Lardy eds. [2008] *Debating China's Exchange Rate Policy*, The Peterson Institute for International Economics.

Graffenreid Kenneth de ed. [1999] The Unanimous and Bipartisan Report of the House Select Committee on U.S. National Security and Military Commercial Concerns with the People's Republic of China.

Gresser, Edward [2001] "Fast-Track and Trade Policy in 2001: A New Look at an Old Debate", *Policy Report*, Progressive Policy Institute.

Gresser, Edward [2002] "Dark Victory: TPA Passage, CBI Retreat, and the Next Steps", *Backgrounder*, Progressive Policy Institute.

Green, Michael J. and Matthew P. Goodman [2016] "After TPP: the Geopolitics of Asia and the Pacific", *The Washington Quarterly*, 38:4.

Griswold, Daniel [1997] "The Fast Track to Freer Trade", *Cato Institute Briefing Papers*, 33.

Griswold, Daniel [2001] "Trade, Labor, and the Environment: How Blue and Green Sanctions Threaten Higher Standards", *Trade Policy Analysis*, 15, CATO Institute.

Groombridge, Mark A. and Claude E. Barfield [1999] *Tiger by the Tail: China and the World Trade Organization*, The AEI Press.

Hall, Peter [1993] "Policy Paradigm, Social Learning, and the State: The Case of Economic Policymaking in Britain", *Comparative Politics*, 25:3.

Halper, Stefan [2010] *The Beijing Consensus: How China's Authoritarian Model Will Dominate the Twenty-First Century*, Basic Books. (=園田茂人・加茂具樹訳『北京コンセンサス――中国流が世界を動かす?』岩波書店, 2011年)

Hamanaka, Shintaro [2014] "Trans-Pacific Partnership versus Comprehensive Economic Partnership: Control of Membership and Agenda Setting", *ADB Working*

Paper Series on Regional Economic Integration, 146.

Hassett, Kevin A. and James K. Glassman [2002] "Understanding the Role of the United States in the Global Economy", U.S. Foreign Policy Agenda, 8:1, U.S. Department of State.

Hatch, Orrin [2015] "Trade in 2015", January 30.

Henning, C. Randall [2007] "Congress, Treasury and the Accountability of Exchange Rate Policy: How the 1988 Trade Act Should Be Reformed", Working Paper, 07-8, Peterson Institute for International Economics.

Higgott, Richard [2003] "American Unilateralism, Foreign Economic Policy and the 'Securitisation' of Globalisation", CSGR Working Paper No. 124/03, University of Warwick.

Hirschman, Albert O. [1980] National Power and the Structure of Foreign Trade, University of California Press. (＝飯田敬輔訳『国力と外国貿易の構造』勁草書房, 2011年)

Horn, Henrik, Petros C. Mavroidis and Andre Sapir, "Beyond the WTO?: An Anatomy of EU and US Preferential Trade Agreements", Bruegel Bluprint Series, 7.

Hornbeck, J.F. [2006] "The Dominican Republic-Central America-United States Free Trade Agreement (DR-CAFTA)", CRS Report for Congress, RL31870.

Hornbeck, J.F. [2007] "A Free Trade Area of the Americas: Major Policy Issues and Status of Negotiations", CRS Report for Congress, RS20864.

Hornbeck, J.F. [2013] "Trade Adjustment Assistance (TAA) and Its Role in U.S. Trade Policy", CRS Report for Congress, R41922.

Hornbeck, J.F. and William H. Cooper [2007] "Trade Promotion Authority: Issues, Options, and Prospects for Renewal", CRS Report for Congress, RL33743, July 2.

Hufbauer, Gary Clyde, Yee Wong and Ketki Sheth [2006] "US-China Trade Disputes: Rising Tide, Rising Stakes", Policy Analysis, 78, The Peterson Institute for International Economics.

Hufbauer, Gary Clyde and Claire Brunel [2007] "The US Congress and Chinese Yuan", The Peterson Institute for International Economics, October 19.

Hughes, Kent [2003] "American Trade Politics: From the Omnibus Act of 1988 to the Trade Act of 2002", Woodrow Wilson International Center for Scholars.

Ikenberry, G. John [2006] Liberal Order and Imperial Ambition: Essays on American Power and International Order, Polity. (＝細谷雄一監訳『リベラルな秩序か帝国か――アメリカと世界政治の行方』勁草書房, 2012年)

Ikenberry, G. John [2011-a] *Liberal Leviathan: The Origins, Crisis, and Transformation of the American World Order*, Princeton University Press.

Ikenberry, G. John [2011-b] "The Future of the Liberal World Order: Internationalism after America", *Foreign Affairs*, May/June.

Ikenberry, G. John, David Lake and Michael Mastanduno [1988] "Introduction: Approaches to Explaining American Foreign Economic Policy", G. John Ikenberry, David Lake and Michael Mastanduno, *The State and American Foreign Economic Policy*, Cornell University Press.

Ikenson, Daniel J. [2015] "Does President Obama Support His Own Trade Agenda?", *Forbes.Com*, January 13.

Jacques, Martin [2009] *When China Rules the World: The End of the Western World and Birth of a New Global Order*, Penguin Press.（=松下幸子訳『中国が世界をリードするとき――西洋世界の終焉と新たなグローバル秩序の始まり』NTT 出版, 2014年）

Jaramillo, C. Felipe and Daniel Lederman eds., [2005] "DR-CAFTA: Challenges and Opportunities for Central America", Central America Department and Office of the Chief Economist Latin America and Caribbean Region, 2005.

Jonquières, Guy de [2011] "The Multilateralism Conundrum: International Economic Relations in the Post-Hegemonic Era", European Centre for International Political Economy.

Kan, Shirley A. [2001] "China: Possible Missile Technology Transfers from U.S. Satellite Export Policy", *CRS Report for Congress*, 98-485 F.

Kawai, Masahiro and Ganeshan Wignaraja [2013] "Patterns of Free Trade Areas in Asia", *Policy Studies* 65, East-West Center.

Keck, Zachary [2013] "Congress May Have Just Killed the Trans-Pacific Partnership", *The Diplomat*, November 18.

Kennedy, Mark R [2015] "The Rocky Road to Passing Trade Promotion Authority", *Foreign Policy*, May 8.

Keohane, Robert O. [1984] *After Hegemony: Cooperation and Discord in the World Political Economy*, Princeton Univ Press.（=石黒馨・小林誠訳『覇権後の国際政治経済学』晃洋書房, 1998年）

Kerremans, Bart [1999] "The US Debate on Trade Negotiating Authority between 1994 and 1999", *Journal of World Trade*, 33:5.

Kerremans, Bart [2003] "Coping with a Nettlesome Dilemma: The Long Road to the

US Trade Act of 2002", *Journal of World Investment*, 4:3.

Khalilzad, Zalmay [1999] "Congage China", *RAND Issue Paper*, RAND Cooperation.

Kirk, Ron [2009] Address of USTR Ron Kirk to the APEC CEO Summit in Singapore, November 14.

Kletzer, Lori G. and Robert E. Litan [2001] "A Prescription to Relieve Worker Anxiety", *Policy Brief*, 01-2, Institute for International Economics.

Kornberg, Judith F. [1996] "Comprehensive Engagement: New Frameworks for Sino-American Relations", *The Journal of East Asian Affairs*, 10:1.

Kundnani, Hans [2016] "TTIP Must Die So the West Can Live", *Foreign Policy*, May 13.

Kupchan, Charles A. and Peter L. Trubowitz [2007] "Dead Center: The Demise of Liberal Internationalism in the United States", *International Security*, 32:2.

Lake, Anthony [1993] "From Containment to Enlargement", Address at the School of Advanced International Studies, September 21.

Lampton, David M. [1994] "America's China Policy in the Age of the Finance Minister: Clinton Ends Linkage", *The China Quarterly*, 139.

Langton, Danielle [2007] "U.S. Trade and Investment Relationship with Sub-Saharan Africa: The African Growth and Opportunity Act and Beyond", *CRS Report for Congress*, RL31772.

Layne, Christopher [2012] "This Time It's Real: The End of Unipolarity and the Pax Americana", *International Studies Quarterly*, 56.

Lester, Simon [2015] "Chinese Free Trade Is No Threat to American Free Trade", *Free Trade Bulletin*, 60, CATO Institute.

Levi, Michael [2015] "China will react with displeasure if America tries to weaponise trade", *Financial Times*, April 13.

Levy, Philip I. [2010] "US Policy Approaches to Chinese Currency", Evenett ed. [2010].

Levy, Philip I. [2015] "Is It Already Too Late for Obama to Push the TPP Through Congress?", *Foreign Policy*, November 20.

Levy, Philip I. [2016] "The TPP Train Could Still Get Derailed", *Foreign Policy*, January 6.

Lewis, Meredith Kolsky [2011] "The Trans-Pacific Partnership: New Paradigm or Wolf in Sheep's Clothing?", *Boston College International and Comparative Law Review*, 34:1.

Lieberthal, Kenneth [1995] "A New China Strategy", *Foreign Affairs*, 74 : 6.
Lim, C.L., Deborah K. Elms and Patrick Low [2012] "Conclusions", Lim, Elms and Low eds. [2012].
Lim, C.L., Deborah K. Elms and Patrick Low eds. [2012] *The Trans-Pacific Partnership Agreement: A Quest for a Twenty-First Century Trade Agreement*, Cambridge University Press.
Lindsey, Brink [1998] "A New Track for U.S. Trade Policy", *Cato Institute Trade Policy Analysis Papers*, 4.
Lindsey, Brink [1999] "Fast-Track Impasse", *Reason*, February.
Lindsey, Brink and Dan Ikenson [2002] "Risky Amendments Threaten Fast Track", *The Washington Times*, May 10.
Litan, Robert [1998] "Reducing Anxiety about Trade Agreements", Schott ed. [1998].
Lord, Winston [1995] "U.S. Policy Toward East Asia and the Pacific", Statement before the Subcommittee on Asia and Pacific Affairs of the House International Relations Committee, February 9.
Mansfield, Edward D. and Eric Reinhardt [2003] "Multilateral Determinants of Regionalism: The Effects of Preferential Trading Arrangements", *International Organization*, 57.
Marantis, Demetrios [2010] "U.S. Trade Priorities in the Asia-Pacific: TPP and Beyond", Center for Strategic and International Studies, January 28.
Mastanduno, Michael [2003] "Incomplete Hegemony and Security Order in the Asia-Pacific", Muthiah Alagappa ed., *Asian Security Order: Instrumental and Normative Features*, Stanford University Press.
Mastanduno, Michael [2009] "System Maker and Privilege Taker: U.S. Power and the International Political Economy", *World Politics*, 61:1.
Mastanduno, Michael [2014] "Order and Change in World Politics: The Financial Crisis and the Breakdown of the US-China Grand Bargain,", John Ikenberry ed., *Power, Order and Change in World Politics*, Cambridge University Press.
Mastanduno, Michael [2015] "Still the Liberal Leader?: Domestic Legacies, International Realities and the Role of the United States in the World Economy", G. John Ikenberry, Wang Jisi and Zhu Feng eds., *America, China and the Struggle for World Order: Ideas, Traditions, Historical Legacies and Global Visions*, Palgrave Macmillan.
Mattoo, Aaditya and Arvind Subramanian [2008] "Currency Undervaluation and Sov-

ereign Wealth Funds: A New Role for the World Trade Organization", *Working Paper*, 08-2, Peterson Institute for International Economics.

Mayer, Frederick [1998] *Interpreting NAFTA: The Science and Art of Political Analysis*, Columbia University Press.

Meléndez, Ricardo [2014] "Discriminatory and Multilateralizing Potential of TPP and TTIP", Global Agenda Council on Trade & Foreign Direct Investment [2014].

Merry, Robert W. [2016] "Trump vs. Hillary Is Nationalism vs. Globalism, 2016", *The National Interest*, May 4.

Miller, Leland R. [2015] "U.S. Economic Policy toward China", The John Hay Initiative, Choosing to Lead: American Foreign Policy for a Disordered World.

Mirski, Sean [2015] "The Trans-Pacific Partnership: China, America and the Balance of Power", *The National Interest*, July 6.

Morrison, Wayne M. [1995] "The China-U.S. Trade Agreement on Intellectual Property Rights", *CRS Report for Congress*, 95-463 E.

Morrison, Wayne M. [2001] "China-U.S. Trade Issues", *CRS Issue Brief for Congress*, IB91121.

Morrison, Wayne M. [2009] "China-U.S. Trade Issues", *CRS Report for Congress*, RL33536.

Morrison, Wayne M. and Marc Labonte [2008] "China's Currency: Economic Issues and Options for U.S. Trade Policy", *CRS Report for Congress*, RL32165.

Mulgan, Aurelia George [2013] "Japan's Entry into the Trans-Pacific Partnership: Domestic Priorities and Regional Dynamics", *NBR Commentary*, The National Bureau of Asian Research, July 12.

Myers, Ramon H., Michel C. Oksenberg, and David Shambaugh [2001] *Making China Policy: Lessons from the Bush and Clinton Administrations*, Rowman & Littlefield Publishers, Inc.

Nanto, Dick K. [2010] "Globalized Supply Chains and U.S. Policy", *CRS Report for Congress*, R40167.

Naughton, Barry [1998] "The United States and China: Management of Economic Conflict", Robert Ross ed., *After the Cold War: Domestic Factors and U.S.-China Relations*, M.E. Sharpe.

Nelson, Rebecca M. [2015] "Current Debates over Exchage Rates: Overview and Issues for Congress", *CRS Report*, R43242.

Noland, Marcus, Gary Clyde Hufbauer, Sherman Robinson and Tyler Moran [2016]

参考文献

"Assessing Trade Agendas in the US Presidential Campaign", *PIIE Briefing*, 16-6, Peterson Institute for International Economics.

Nordås, Hildegunn Kyvik [2004] "The Global Textile and Clothing Industry post the Agreement on Textiles and Clothing", *Discussion Paper*, No.5, World Trade Organization.

Nye, Joseph S. Jr. [2010] "American and Chinese Power after the Financial Crisis", *The Washington Quarterly*, 33:4.

Obama, Barack [2009] Remarks by President Barack Obama at Suntory Hall, November 14.

Obama, Barack [2013] Remarks by the President in the State of the Union Address, February 12.

Obama, Barack [2015-a] Remarks by the President in State of the Union Address, January 20.

Obama, Barack [2015-b] Remarks by the President on Trade, May 8.

Obama, Barack [2016] Remarks of President Obama to the People of Laos, September 06.

Paulson, Henry M. Jr. [2006-a] Remarks by Treasury Secretary Henry M. Paulson On the International Economy, September 13.

Paulson, Henry M. Jr. [2006-b] Introductory Remarks by Secretary Henry M. Paulson at the U.S.-China Strategic Economic Dialogue, December 13.

Paulson, Henry M. Jr. [2007] "Managing Complexity and Establishing New Habits of Cooperation in U.S.-China Economic Relations", October 23.

Paulson, Henry M. Jr. [2008] "A Strategic Economic Engagement: Strengthening U.S.-Chinese Ties", *Foreign Affairs*, September/October.

Peterson Institute for International Economics ed. [2016-a] *Assessing the Trans-Pacific Partnership Volume 1: Market Access and Sectoral Issues*.

Peterson Institute for International Economics ed. [2016-b] *Assessing the Trans-Pacific Partnership Volume 2: Innovations in Trading Rules*.

Portman, Rob [2005] "Why Fear CAFTA?", *Wall Street Journal*, May 10.

Putnum, Robert [1988] "Diplomacy and Domestic Politics: The Logic of Two-Level Games", *International Organization*, 48.

Rachman, Gideon [1995] "Containing China", *The Washington Quarterly*, 19:1.

Ravenhill, John [2010] "The 'New East Asian Regionalism': A Political Domino Effect", *Review of International Political Economy*, 17:2.

Republican Party [2008] "2008 Republican Party Platform", September 1.
Rivoli, Pietra [2005] *The Travels of a T-Shirt in the Global Economy: An Economist Examines the Markets, Power, and Politics of World Trade*, Wiley, 2005.（＝雨宮寛・今井章子訳『あなたのTシャツはどこから来たのか？』東洋経済新報社，2007年）
Ross, Robert [1997] "Beijing as a Conservative Power", *Foreign Affairs*, 76:2.
Roth, Stanley O. [1999] "Assessing the Zhu Rongji Visit", Testimony before the Subcommittees on Asia and the Pacific and International Economic Policy and Trade of the House International Relations Committee, April 21.
Ruebner, Joshua [2001] "U.S.- Jordan Free Trade Agreement", *CRS Report for Congress*, RL30652.
Ruggie, John Gerard [1982] "International Regimes, Transactions, and Change: Embedded Liberalism in the Postwar Economic Order", *International Organization*, 36:2.
Ruggie, John Gerard [1992] "Multilaterarism: The Anatomy of an Institution", *International Organization*, 46:3.
Ruggie, John Gerard [1996] *Winning the Peace: America and World Order in the New Era*, Twentieth Century Fund Book.（＝小野塚佳光・前田幸男訳『平和を勝ち取る――アメリカはどのように戦後秩序を築いたか』岩波書店，2009年）
Salazar-Xirinachs, José M. and Jaime Granados [2004] "The US-Central America Free Trade Agreement: Opportunities and Challenges", Schott ed. [2004].
Sanford, Jonathan E. [2006] "China, the United States and the IMF: Negotiating Exchange Rate Adjustment", *CRS Report for Congress*.
Sanford, Jonathan E. [2011] "Currency Manipulation: The IMF and WTO", *CRS Report for Congress*.
Scheve, Keneth F. and Matthew J. Slaughter [2007] "A New Deal for Globalization", *Foreign Affairs*, July/ August, Council on Foreign Relations.
Schott, Jeffrey [1998] "Whither Fast Track?", Schott ed. [1998].
Schott, Jeffrey J. [2002] "US Trade Policy: Method to the Madness?", Institute for International Economics.
Schott, Jeffrey J. [2004] "Assessing US FTA Policy", Schott ed. [2004].
Schott, Jeffrey J. [2006] "Free Trade Agreements and US Trade Policy: A Comparative Analysis of US Initiatives in Latin America, the Asia-Pacific Region, and the Middle East and North Africa", *The International Trade Journal*, 20:2.
Schott, Jeffrey J. ed. [1998] *Restarting Fast-Track*, Institute for International Econom-

ics.

Schott, Jeffrey J. ed. [2004] *Free Trade Agreements: US Strategies and Priorities*, Institute for International Economics.

Schott, Jeffrey J., Barbara Kotschwar, and Julia Muir [2013] "Understanding the Trans-Pacific Partnership", *Policy Analyses in International Economics*, 99, Peterson Institute for International Economics.

Schott, Jeffrey J., Cathleen Cimino-Isaacs and Euijin Jung [2016] "Implications of the Trans-Pacific Partnership for the World Trading System", *Policy Brief*, 16-8, Peterson Institute for International Economics.

Scissors, Derek [2015] "Grading the Trans-Pacific Partnership on Trade", American Enterprise Institute.

Shoch, James [2000] "Contesting Globalization: Organized Labor, NAFTA, and the 1997 and 1998 Fast-Track Fights", *Politics & Society*, 28:1.

Segal, Gerald [1996] "East Asia and the 'Constrainment' of China", *International Security*, 20:4.

Sek, Lenore [2003] "Trade Promotion Authority (Fast-Track Authority for Trade Agreements): Background and Developments in the 107th Congress", *Issue Brief for Congress*, IB10084.

Shambaugh, David [1996] "Containment or Engagement of China?: Calculating Beijing's Responses", *International Security*, 21:2.

Shapiro, Hal and Lael Brainard [2003] "Trade Promotion Authority Formerly Known As Fast Track: Building Common Ground on Trade Demands More Than a Name Change", *The George Washington International Law Review*, 35:1, 2003.

Sheargold, Elizabeth and Andrew D. Mitchell [2016] "The TPP and Good Regulatory Practices: An Opportunity for Regulatory Coherence to Promote Regulatory Autonomy", *World Trade Review*, 2016.

Shinn, James ed. [1996] *Weaving the Net: Conditional Engagement with China*, Council on Foreign Relations.

Shoch, James [2000] "Contesting Globalization: Organized Labor, NAFTA, and the 1997 and 1998 Fast-Track Fights", *Politics & Society*, 28:1.

Sierra Club and National Wildlife Federation [1999] "White Paper on Environmentally Responsible Trade Negotiating Authority".

Slevin, Chris and Todd Tucker [2007] "The Fair Trade Sweep", *The Democratic Strategist*, Public Citizen, January.

Smeltz, Dina, Ivo Daalder and Craig Kafura [2014] "Foreign Policy in the Age of Retrenchment", The Chicago Council on Global Affairs.

Smith, James A. [1991] *The Idea Brokers*, The Free Press. (＝長谷川文雄, 石田肇, ボストン・フューチャー・グループ訳『アメリカのシンクタンク――大統領と政策エリートの世界』ダイヤモンド社, 1994年)

Snow, John William [2003] "Press Roundtable Transcript with Treasury Secretary Snow in Beijing", China, September 3.

Sobel, Mark [2008] Remarks by Treasury Deputy Assistant Secretary Mark Sobel at the Symposium of the Bretton Woods Committee on China, March 14.

Solis, Mireya [2011] "Last Train for Asia-Pacific Integration?: U.S. Objectives in the TPP Negotiations", *Working Paper* No. 201102, Waseda University Organization for Japan-US Studies.

Solis, Mireya [2015] "Undoing American leadership: The killer currency amendment to the trade bill", May 26.

Solis, Mireya, Barbara Stallings and Saori Katada eds. [2009] *Competitive Regionalism: FTA Diffusion in the Pacific Rim*, Palgrave MacMillan. (＝浦田秀次郎監訳, 岡本次郎訳『アジア太平洋のFTA競争』勁草書房, 2010年)

Staiger, Robert W. and Alan O. Sykes [2008] "Currency Manipulation and World Trade", *NBER Working Paper*, 14600.

Stein, Arthur A. [1984] "The Hegemon's Dilemma: Great Britain, the United States, and the International Economic Order", *International Organization*, 38.

Stokes, Bruce ed. [1998] *Future Visions for U.S. Trade Policy*, Council on Foreign Relations.

Suettinger, Robert L. [2003] *Beyond Tiananmen: The Politics of U.S.-China Relations 1989-2000*, Brookings Institution Press.

Sutter, Robert G. [1998] *U.S. Policy toward China: An Introduction to the Role of Interest Groups*, Rowman & Littlefield Publishers.

Sutter, Robert G. [2001] Sutter, "The U.S. Congress: Personal, Partisan, Political", Myers, Oksenberg and Shambaugh [2001].

Taylor, John B. [2004] "New Directions for U.S. Economic Policy towards Japan and China", October 21.

Tellis, Ashley J. [2015] "The Geopolitics of the TTIP and the TPP", Baru, Sanjaya and Suvi Dogra eds. [2015].

Trump, Donald [2016] "Declaring America's Economic Independence", June 28.

Tucker, Nancy Bernkopf [2001] "The Clinton Years: The Problem of Coherence", Myers, Oksenberg, and Shambaugh [2001].

U.S. Business Coalition for TPP [2010] "Trans-Pacific Partnership (TPP) Agreement Principles", September 30.

U.S.-China Economic and Security Review Commission [2004] "2004 Report to Congress of the U.S. - China Economic and Security Review Commission", June 10.

U.S.-China Economic and Security Review Commission [2005-a] "The China Currency Exchange Rate Problem: Facts and Policy Options", May 9.

U.S.-China Economic and Security Review Commission [2005-b] "2005 Report to Congress of the U.S. - China Economic and Security Review Commission", November 9.

U.S.-China Economic and Security Review Commission [2007] "2007 Report to Congress of the U.S. - China Economic and Security Review Commission, October 29.

U.S.-China Economic and Security Review Commission [2010] "2010 Report to Congress of the U.S.-China Economic and Security Review Commission".

U.S.-China Economic and Security Review Commission [2012] "The Evolving U.S.-China Trade and Investment Relationship", June 14.

U.S. Department of Treasury [2003-a] "Report to Congress on International Economic and Exchange Rate Policies: For the period July 1, 2002, through December 31, 2002" May.

U.S. Department of Treasury [2003-b] "Report to Congress on International Economic and Exchange Rate Policies", October 30.

U.S. Department of Treasury [2004-a] "Report to Congress on International Economic and Exchange Rate Policies", April 15.

U.S. Department of Treasury [2004-b] "Report to Congress on International Economic and Exchange Rate Policies", December 3.

U.S. Department of Treasury [2005-a] "Report to Congress on International Economic and Exchange Rate Policies", May 17.

U.S. Department of Treasury [2005-b] "Report to Congress on International Economic and Exchange Rate Policies", November.

U.S. Department of Treasury [2006-a] "Report to Congress on International Economic and Exchange Rate Policies", May.

U.S. Department of Treasury [2006-b] "Report to Congress on International Economic and Exchange Rate Policies," December.

U.S. Department of Treasury [2007-a] "Report to Congress on International Economic and Exchange Rate Policies", June.

U.S. Department of Treasury [2007-b] "Report to Congress on International Economic and Exchange Rate Policies", December.

U.S. Department of Treasury [2008-a] "Report to Congress on International Economic and Exchange Rate Policies", May.

U.S. Department of Treasury [2008-b] "Report to Congress on International Economic and Exchange Rate Policies", December 10.

U.S. Department of Treasury [2015] "FACT SHEET: Joint Declaration of the Macroeconomic Policy Authorities of TPP Countries", November 5.

U.S. House, Committee on International Relations [2000] "Granting Permanent Normal Trade Relations (PNTR) Status to China: Is It In the U.S. National Interest?", May 10.

U.S. House, Committee on Ways and Means [2000] "Accession of China to the WTO", May 3.

U.S. House Committee on Ways and Means [2003] "United States-China Economic Relations and China's Role in the Global Economy", October 30 and 31.

U.S. House, Committee on Ways and Means [2004] *Green Book*.

U.S. House, Subcommittee on Domestic and International Monetary Policy, Trade and Technology of the Committee on Financial Services [2003] "China's Exchange Rate Regime and Its Effects on the U.S. Economy", October 1.

U.S. House, Committee on Ways and Means [2005] "United States-China Economic Relations and China's Role in the World Economy", April 14.

U.S. House, Committee on Ways and Means [2007] "Rangel and Levin Unveil New Trade Policy for America" March 27.

U.S. House, Committee on Ways and Means [2015-a] "Minority Staff Report: TPP Issue Analysis: Environment Chapter", November 17.

U.S. House, Committee on Ways and Means [2015-b] "Minority Staff Report: TPP Issue Analysis: Investment Chapter", November 30.

U.S. House, Committee on Ways and Means [2015-c] "Minority Staff Report: TPP Issue Analysis: Access to Medicines", December 6.

U.S. House, Committee on Ways and Means [2016-a] "Minority Staff Report: TPP Issue Analysis: Currency Manipulation", January 1.

U.S. House, Committee on Ways and Means [2016-b] "Minority Staff Report: TPP Issue Analysis: Trade in the Automotive Manufacturing Supply Chain", January 8.

U.S. House, Committee on Ways and Means [2016-c] "Minority Staff Report: TPP Issue Analysis: Worker Rights", February 1, 2016.

Brock R. Williams, Ben Dolven, Ian F. Fergusson, Mark E. Manyin, Michael F. Martin and Wayne M. Morrison, "The Trans-Pacific Partnership: Strategic Implications", *CRS Report,* R44361, Congressional Research Service.

U.S. House, Subcommittee on Trade of the Committee on Ways and Means [1995] "U.S.-China Trade Relations and Renewal of China's Most-Favored-Nation Status", May 23.

U.S. House, Subcommittee on Trade of the Committee on Ways and Means [1996-a] "U.S.-China Trade Relations and Renewal of China's Most-Favored-Nation Status", June 11.

U.S. House, Subcommittee on Trade of the Committee on Ways and Means [1996-b] "Accession of China and Taiwan to the World Trade Organization", September 19.

U.S. House, Subcommittee on Trade of the Committee on Ways and Means [1997-a] "U.S.-China Trade Relations and Renewal of China's Most-Favored-Nation Status", June 17.

U.S. House, Subcommittee on Trade of the Committee on Ways and Means [1997-b] "The Future of United States-China Trade Relations and the Possible Accession of China to the World Trade Organization", November 4.

U.S. House, Subcommittee on Trade of the Committee on Ways and Means [1998] "U.S.-China Trade Relations and Renewal of China's Most-Favored-Nation Status", June 17.

U.S. House, Subcommittee on Trade of the Committee on Ways and Means [1999] "United States-China Trade Relations and the Possible Accession of China to the World Trade Organization", June 8.

U.S. House, Subcommittee on Trade of the Committee on Ways and Means [2000] "U.S.-China Bilateral Trade Agreement and the Accession of China to the WTO", February 16.

U.S. House, Subcommittee on Trade of the Committee on Ways and Means [2011-a] "First in a Series of Three Hearings on the Pending, Job-Creating Trade Agreements: Free Trade Agreement with Columbia", March 17.

U.S. House, Subcommittee on Trade of the Committee on Ways and Means [2011-b] "Second in a Series of Three Hearings on the Pending, Job-Creating Trade Agree-

ments: Panama Trade Promotion Agreement", March 30.
U.S. House, Subcommittee on Trade of the Committee on Ways and Means [2011-c] "Third in a Series of Three Hearings on the Pending, Job-Creating Trade Agreements: South Korea Trade Agreement", April 7.
U.S. House, Subcommittee on Trade of the Committee on Ways and Means Joint with the Subcommittee on Commerce, Trade, and Consumer Protection of the Committee on Energy and Commerce and the Subcommittee on Domestic and International Monetary Policy, Trade, and Technology of the Committee on Financial Services [2007] "Hearing on Currency Manipulation and Its Effect on U.S. Businesses and Workers", May 9.
U.S. Senate, Asia and Pacific Subcommittee of the Foreign Relations Committee [1995] "Intellectual Property Rights Agreement with China", March 8.
U.S. Senate, Committee on Banking, Housing, and Urban Affairs [2003] "The Treasury Department's Report to Congress on International Economic and Exchange Rate Policy", October 30.
U.S. Senate, Committee on Banking, Housing and Urban Affairs [2005] "Report to Congress on International Economic and Exchange Rate Policies", May 26.
U.S. Senate, Committee on Banking, Housing and Urban Affairs [2006] "International Economic and Exchange Rate Policies", May 18.
U.S. Senate, Committee on Banking, Housing, and Urban Affairs [2007] "The Treasury Department's Report to Congress on International Economic and Exchange Rate Policy and the U.S.-China Strategic Economic Dialogue", January 31.
U.S. Senate, Finance Committee [2005] "U.S.-China Economic Relations", June 23.
U.S. Senate, Finance Committee [2006] "U.S.-China Economic Relations Revisited", March 29.
U.S. Senate Finance Committee [2007] "Risks and Reform: The Role of Currency in the U.S.-China Relationship", March 28.
U.S. Senate, Finance Committee [2010] "The President's Trade Agenda", March 3.
U.S. Senate, Finance Committee [2011-a] "The U.S.-Colombia Trade Promotion Agreement", May 11.
U.S. Senate, Finance Committee [2011-b] "The U.S.-Panama Trade Promotion Agreement", May 25.
U.S. Senate, Finance Committee [2014] "Advancing Congress's Trade Agenda, The Role of Trade Negotiating Authority", January 16.

U.S. Senate, Subcommittee on East Asian and Pacific Affairs of the Committee on Foreign Relations [2004] "U.S.-China Relations: Status of Reforms in China", April 22.

USTR (United States Trade Representatives) [2001-a] "2001 International Trade Legislative Agenda".

USTR [2001-b] "Labor and Environment 'Toolbox'".

USTR [2002] *2002 Trade Policy Agenda and 2001 Annual Report of the President of the United States on the Trade Agreements Program.*

USTR [2003] "U.S. Advances Bold Proposals in FTAA Negotiations", February 11.

USTR [2005-a] *2005 Trade Policy Agenda and 2004 Annual Report.*

USTR [2005-b] *Sixth Report to Congress on the Operation of the Caribbean Basin Economic Recovery Act,* December 31.

USTR [2006-a] "U.S.-China Trade Relations: Entering a New Phase of Greater Accountability and Enforcement (Top-to-Bottom Review)", February.

USTR [2006-b] *2006 Trade Policy Agenda and 2005 Annual Report.*

USTR [2007] "Bipartisan Trade Deal", *Trade Facts,* May 10.

USTR [2009] Text of USTR Letters to Congressional leaders, 14 December.

USTR [2010] *2010 Trade Policy Agenda and 2009 Annual Report.*

USTR [2011] *2011 Trade Policy Agenda and 2010 Annual Report.*

Van Grasstek, Craig [1997] "Is the Fast Track Really Necessary?", *Journal of World Trade,* 31:2.

Van Grassteck, Craig [1998] "The Fast Track: A Long and Winding Road", *Capitulos,* 53.

Vastine, J. Robert, J. Bradford Jensen and Hosuk Lee-Makiyama [2015] "The Transatlantic Trade and Investment Partnership: An Accident Report", *Economic Policy Vignette,* 2015-1-29, Georgetown University.

Villarreal, M. Angeles [2006] "Andean-U.S. Free-Trade Agreement Negotiations", *CRS Report for Congress,* RL32770.

Villarreal, M. Angles [2012] "The U.S.-Colombia Free Trade Agreement: Background and Issues", *CRS Report for Congress,* RL34470.

Waldron, Arthur [1995] "Deterring China", *Commentary,* 100:4.

Waldron, Arthur [1997] "How Not to Deal with China", *Commentary,* 103:3.

Watson, K. William [2013] "Stay Off the Fast Track: Why Trade Promotion Authority Is Wrong for the Trans-Pacific Partnership", *Free Trade Bulletin,* 56, Cato Institute, December 19.

Wells, Gary J. [2001] "Trade Agreements: A Pro/ Con Analysis of Including Core Labor Standards", *CRS Report for Congress*, RS20909.
Williams, Brock R. and J. Michael Donnelly [2012] "U.S. International Trade: Trends and Forecasts", *CRS Report for Congress*, October 19.
Williams, Brock R., Ben Dolven, Ian F. Fergusson, Mark E. Manyin, Michael F. Martin and Wayne M. Morrison [2016] "The Trans-Pacific Partnership: Strategic Implications", *CRS Report*, R44361.
The White House [2000] "Text of a Letter from the President to the Speaker of the House of Representatives and the President of the Senate", January 24.
The White House [2001] "The President's 2001 International Trade Agenda", May 10.
The White House [2002] *The National Security Strategy of the United States*, September.
The White House [2015] *National Security Strategy 2015*.
WTO [2007] "Six Decades of Multilateral Trade Cooperation: What Have We Learnt?", *World Trade Report*.
WTO [2011] "The WTO and Preferential Trade Agreements: From Co-Existence to Coherence", *World Trade Report*.
Yamada, Atsushi [2002] "Between Regionalism and Multilateralism : New Dilemmas in U.S. Trade Policy", *Working Paper Series* 01/02- No.5, IDE APEC Study Center.
Yamada, Atsushi [2003] "The United States' Free Trade Agreements: From NAFTA to the FTAA", Jiro Okamoto ed., *Whither Free Trade Agreements?: Proliferation, Evaluation and Multilateralization*, Institute of Developing Economics.
Min Ye[2015]"China Liked TPP ? Until U.S. Officials Opened Their Mouths", Foreign Policy, May 15.
Zoellick, Robert B. [1996] "China: What Engagement Should Mean", *The National Interest*, Winter.
Zoellick, Robert B. [2001] "Countering Terror with Trade", *Washington Post*, September 20.
Zoellick, Robert B. [2002] "Globalization, Trade, and Economic Security", October 1.
Zoellick, Robert B. [2003] "Competitive Liberalization", Remarks at Ex-Im Bank Annual Conference, April 22.
Zoellick, Robert [2005] "From Crisis to Commonwealth: CAFTA and Democracy in Our Neighborhood", *Heritage Lectures*, No.884, The Heritage , May 16.

参考文献

秋吉貴雄［2007］『公共政策の変容と政策科学——日米航空産業における2つの規制改革』有斐閣。
阿部一知［2015］「日中韓FTAの意義——再検討」石川・馬田・国際貿易投資研究会編［2015］。
飯田敬輔［2013］『経済覇権のゆくえ』中公新書。
石川幸一［2011］「新たな協定となるTPP」『国際貿易と投資』84。
石川幸一［2015］「RCEPの意義と課題」石川・馬田・国際貿易投資研究会編［2015］。
石川幸一・馬田啓一・木村福成・渡邊頼純編［2013］『TPPと日本の決断——「決められない政治」からの脱却』文眞堂。
石川幸一・馬田啓一・国際貿易投資研究会編［2015］『FTA戦略の潮流——課題と展望』文眞堂。
伊藤隆敏［2006］「人民元改革の分析」『RIETI Discussion Paper Series』06-J-028。
岩城成幸［2005］「人民元の『切り上げ』——事前予測，現状，今後の見通し」『調査と情報』492。
内田政義［2005］「エジプトと米国のFTAおよびQIZ」山田俊一編『開発戦略と地域経済統合——エジプトを中心に』アジア経済研究所。
尾池厚之・馬場誠治［2007］「韓米FTA合意と日本及び東アジア経済統合への影響」『貿易と関税』7月号。
OECD［2000］「国際貿易と中核的労働基準」『OECD政策フォーカス』23。
大西靖［2005］『中国における経済政策決定メカニズム——景気過熱，金融改革，人民元はどうなっているのか』金融財政事情研究会。
大橋英夫［1999］「朱鎔基訪米と米中経済関係」『日中経協ジャーナル』6月号。
大橋英夫［2003］『経済の国際化（シリーズ現代中国経済5）』名古屋大学出版会。
大橋英夫［2007］「米中経済関係の基本構造」高木誠一郎編『米中関係——冷戦後の構造と展開』日本国際問題研究所。
大森琢磨［2014］『米中経済と世界変動』岩波書店。
大矢根聡［2009］「レジーム・コンプレックスと政策拡散の政治過程——政策アイディアのパワー」日本国際政治学会編『日本の国際政治学第2巻 国境なき国際政治』有斐閣。
大矢根聡［2011］「アジア太平洋におけるFTAの動態——パターンと要因，展望」日本国際問題研究所編『アジア太平洋地域における各種統合の長期的な展望と日本の外交』。
大矢根聡［2012］『国際レジームと日米の外交構想——WTO・APEC・FTAの転換局面』有斐閣。

大矢根聡編［2014］『TPP 交渉とアジア太平洋秩序のゆくえ』アジア太平洋研究所。
大矢根聡・大西裕編［2016］『FTA・TPP の政治学――貿易自由化と安全保障・社会保障』有斐閣。
荻田竜史［2004］「『超大国』米国と『遅れて来た国』日本の FTA 戦略」渡辺利夫編『東アジア市場統合への道』勁草書房。
奥田聡［2007］『韓米 FTA ――韓国対外経済政策の新たな展開』アジア経済研究所。
金子譲・吉崎知典・佐藤丙午・岡垣知子［2004］「国際政治構造と同盟の変容――脅威の時代からリスクの時代へ」『防衛研究所紀要』7：1。
鹿野忠生［2004］『アメリカによる現代世界経済秩序の形成』南窓社。
軽部恵子［1999］「クリントン政権の対中政策に関する事例研究――大統領の対議会関係を中心に①」『桃山学院大学社会学論集』32：2。
軽部恵子［2000-a］「クリントン政権の対中政策に関する事例研究――大統領の対議会関係を中心に②」『桃山学院大学社会学論集』33：2。
軽部恵子［2000-b］「クリントン政権の対中政策に関する事例研究――大統領の対議会関係を中心に③」『桃山学院大学経済経営論集』41：3。
軽部恵子［2000-c］「クリントン政権の対中政策に関する事例研究――大統領の対議会関係を中心に④」『桃山学院大学経済経営論集』41：4。
川瀬剛志［2015］「国際経済ルールとしての TPP」経済産業研究所。
河音琢郎［2008］「現代アメリカ経済政策を分析する視角」河音・藤木編［2008］。
河音琢郎・藤木剛康編著［2008］『G.W. ブッシュ政権の経済政策――アメリカ保守主義の理念と現実』ミネルヴァ書房。
河音琢郎・藤木剛康編著［2016］『オバマ政権の経済政策――リベラリズムとアメリカ再生のゆくえ』ミネルヴァ書房。
関志雄・中国社会科学院世界経済政治研究所編［2004］『人民元切り上げ論争――中・日・米の利害と主張』東洋経済新報社。
木内恵［2001］「通商交渉とファストトラック権限」『ITI 季報』45。
木内恵［2002］「米国の貿易促進権限法案表決結果の歴史的分析」『ITI 季報』47。
菊池努［1998］「地域主義外交の新たな展開と日本の経済外交」今井隆吉・細谷龍平編『新しい世界像――グローバリゼーションへの理論的アプローチ』世界平和研究所。
菊池努［2004］「『競争国家』の論理と経済地域主義」藤原帰一・李鐘元・古城佳子・石田惇編『国際政治講座3 経済のグローバル化と国際政治』東京大学出版会。
木村福成［2012］「21世紀型地域主義の萌芽」『神戸大学 国民経済雑誌』205：1。
草野厚［1991］『アメリカ議会と日米関係』中央公論社。
久保文明［1996］「共和党多数派議会の動向――その変化と衝撃」『国際問題』431号。

久保文明［2002］「米国民主党の変容——『ニュー・デモクラット・ネットワークを中心に」」『選挙研究』No.17。

久保文明編［2010］『アメリカ政治を支えるもの——政治的インフラストラクチャーの研究』日本国際問題研究所。

黒田東彦［2004］『元切り上げ』日経BP社。

経済産業省［2002］『通商白書2002』。

小池拓自・田中芽採兒［2016］「TPPの概要と論点 総論——環太平洋パートナーシップ協定署名を受けて」『調査と情報』901。

国立国会図書館調査及び立法調査局［2016-a］「TPPの概要と論点 各論——環太平洋パートナーシップ協定署名を受けて（上）」『調査と情報』902。

国立国会図書館調査及び立法調査局［2016-b］「TPPの概要と論点 各論——環太平洋パートナーシップ協定署名を受けて（下）」『調査と情報』903。

近藤嘉智［2015］「米国と欧州連合（EU）の貿易政策立案過程及び政策目的に関する比較分析⑧」『貿易と関税』7月号。

斉藤啓［2005］「FTAによる金融サービスと資本の自由化」『開発金融研究所報』25号。

坂井昭夫［1998］『国際政治経済学とは何か』青木書店。

櫻井雅夫［2003］「アメリカ＝ヨルダン自由貿易地域協定」『獨協法学』61号。

佐々木隆雄［1997］『アメリカの通商政策』岩波新書。

佐々木高成［2007］「米国労働組合等の通商政策批判と影響」『国際貿易と投資』Autumn, 国際貿易投資研究所。

佐野淳也［2011］「米中間の『戦略的』経済対話の意義」『環太平洋ビジネス情報RIM』11：40。

柴明夫［2002］「2002年米国農業法の概要とその影響」丸紅経済研究所。

朱建栄［1999］「米中関係の現状と今後の展開」『日中経協ジャーナル』6月号。

白井早由里［2004］『人民元と中国経済』日本経済新聞社。

シーライト，エイミー［2002］「国際機関」スティーヴン・ヴォーゲル編著『対立か協調か——新しい日米パートナーシップを求めて』中央公論新社。

菅原歩［2008］「対外金融政策——資本流入の持続可能性」河音・藤木編［2008］。

菅原淳一［2013］「難航するTPP交渉」『みずほインサイト』9月3日。

砂田一郎［2000-a］「クリントン大統領7年間の統治——分析と評価」『海外事情』48：3。

砂田一郎［2000-b］「クリントン大統領論」『世界』11月号。

スワン，アラン・A［2001］「国際貿易における『公正』と『相互主義』——301条と法の支配」中川淳司，トマス・J・ショーエンバウム編著『摩擦から協調へ——ウル

グアイラウンド後の日米関係』東信堂。
ソリース，ミレヤ［2013］「エンドゲーム——TPP交渉参加に向けた米国の課題」『国際問題』622。
高木綾［2012］「米国における国家輸出構想（NEI）——輸出による経済再生戦略」国立国会図書館編『技術と文化による日本の再生——インフラ，コンテンツ等の海外展開』2012年。
高木誠一郎［2001］「米中関係の基本構造」岡部達味編『中国をめぐる国際環境』岩波書店。
滝井光夫［2008］「ファスト・トラック審議を歪めた下院決議とその含意」『国際貿易と投資』73。
滝井光夫［2016-a］「為替操作国に是正・対抗措置——ベネット・ハッチ・カーパー修正条項の制定」『フラッシュ』269，国際貿易投資研究所。
滝井光夫［2016-b］「米政府，TPP批准手続きを開始」『フラッシュ』287，国際貿易投資研究所。
竹田いさみ［2003］「多国間主義の検証」『国際政治』133。
竹中正治［2006］「成果の見られないBush政権の中国人民元問題への取組み」『BTMUワシントン情報』78。
立石剛［2004］「貿易・投資システムの再編と『新しい』国際分業構造」立石・星野郁・津守貴之編『現代世界経済システム——グローバル市場主義とアメリカ・ヨーロッパ・アジアの対応』八千代出版。
立石剛［2006］「アメリカ通商政策と貿易自由化——貿易自由化をめぐる労使間妥協枠組の弱体化」『西南学院大學経済學論集』41：3
陳友駿［2011］『米中経済摩擦』晃洋書房。
通商摩擦問題研究会編［1989］『米国の88年包括通商・競争力法——その内容と日本企業への影響』日本貿易振興会。
土屋一樹［2006］「貿易協定と産業発展——ヨルダンのQIZ協定」『現代の中東』41。
中国WTO加盟に関する日本交渉チーム［2002］『中国のWTO加盟——交渉経緯と加盟文書の解説』蒼蒼社。
寺田貴［2013］『東アジアとアジア太平洋——競合する地域統合』東京大学出版会。
中川淳司［2011-a］「TPPで日本はどう変わるか？①」『貿易と関税』2011年7月。
中川淳司［2011-b］「TPPで日本はどう変わるか？②」『貿易と関税』2011年8月。
中川淳司［2011-c］「TPPで日本はどう変わるか？③」『貿易と関税』2011年9月。
中川淳司［2011-d］「TPPで日本はどう変わるか？④」『貿易と関税』2011年11月。
中川淳司［2011-e］「TPPで日本はどう変わるか？⑤」『貿易と関税』2011年12月。

中川淳司［2012-a］「TPP で日本はどう変わるか？⑥」『貿易と関税』2012年1月。
中川淳司［2012-b］「TPP で日本はどう変わるか？⑦」『貿易と関税』2012年3月。
中川淳司［2012-c］「TPP で日本はどう変わるか？⑧」『貿易と関税』2012年4月。
中川淳司［2012-d］「TPP で日本はどう変わるか？⑨」『貿易と関税』2012年5月。
中川淳司［2012-e］「TPP で日本はどう変わるか？⑩」『貿易と関税』2012年6月。
中川淳司［2012-f］「TPP で日本はどう変わるか？⑪」『貿易と関税』2012年7月。
中川淳司［2012-g］「TPP で日本はどう変わるか？⑫」『貿易と関税』2012年8月。
中川淳司［2012-h］「TPP で日本はどう変わるか？⑬」『貿易と関税』2012年10月。
中川淳司［2014-a］「TPP 交渉の行方と課題①──TPP の背景と意義」『貿易と関税』1月号。
中川淳司［2014-b］「TPP 交渉の行方と課題②──TPP 交渉の経緯と今後の見通し」『貿易と関税』2月号。
中川淳司［2014-c］「TPP 交渉の行方と課題③──TPP で何が決まるか（市場アクセス）」『貿易と関税』3月号。
中川淳司［2014-d］「TPP 交渉の行方と課題④──TPP で何が決まるか（サプライチェーンのグローバル化を支えるルール）」『貿易と関税』4月号。
中川淳司［2014-e］「TPP 交渉の行方と課題⑤──TPP で何が決まるか（深い統合と締約国の正当な規制権限との調整）」『貿易と関税』6月号。
中川淳司［2014-f］「TPP 交渉の行方と課題⑥──TPP と日本の通商政策」『貿易と関税』7月号。
中川淳司［2015］「TPP 大筋合意の内容──条文構成と合意の概要」『貿易と関税』11月号。
長尾雄一郎・吉崎知典・佐藤丙午・岡垣知子［1998］「冷戦後の国際社会と米中関係」『防衛研究所紀要』1：1。
中逵啓示［2011］『中国 WTO 加盟の政治経済学──米中時代の幕開け』早稲田大学出版部。
中富道隆［2013］「メガ FTA の時代のグローバルバリューチェーンへの包括的対応──通商戦略の観点から」『RIETI Policy Discussion Paper』13-P-016。
中林美恵子［2001］「政策形成と委員会システム──米立法府における委員会・政党・スタッフの関係」*Policy Analysis Review* No.2, Pran-J。
中本悟［1999］『現代アメリカの通商政策』有斐閣。
中本悟［2005］「米国経常収支と米国産業の構造変化の関係に関する予備調査」国際金融情報センター。
中本悟・平野健・藤井資久・萩野和之［2006］「米国経常収支と米国産業の構造変化の

関係に関する調査」国際金融情報センター。

西川賢［2013］「保護貿易・自由貿易をめぐる近年の二大政党のイシュー・ポジションについて——オバマ政権，ティーパーティ運動，2012年大統領選挙」日本国際問題研究所編『米国内政と外交における新展開』2013年．

西川珠子［2010］「米国の国家輸出戦略——「5年で輸出倍増」計画の概要と実現可能性」『みずほ米州インサイト』．

西村豪太［2015］『米中経済戦争 AIIB 対 TPP ——日本に残された大逆転のチャンス』東洋経済新報社．

日本ILO協会［1999］『講座ILO』1999年．

日本機械輸出組合［2004-a］『アジアにおける FTA の胎動，中国経過的レビュー』．

日本機械輸出組合［2004-b］『東アジア自由貿易地域の在り方——東アジア自由ビジネス圏の確立に向けて』．

日本機械輸出組合［2004-c］「米中貿易摩擦の展望と日本企業の対応」．

日本機械輸出組合［2006］『米国の FTA と途上国支援——労働・環境保護と貿易の両立をいかに図るか』．

日本貿易振興会［2001］「アメリカ・ヨルダン自由貿易協定」『世界の主要な自由貿易協定の概要整理調査報告書』．

日本貿易振興機構［2003］『米国の通商交渉におけるセンシティブ案件とその背景』．

日本貿易振興機構［2004］『米国の通商交渉における"痛み"の克服』．

日本貿易振興機構［2006］「米国の FTA と途上国支援——労働・環境保護と貿易の両立をいかに図るか」．

日本貿易振興機構［2007］「米国・中米間自由貿易協定（DR-CAFTA）が日・米・中米間貿易に及ぼす影響」2007年．

農林水産省［2003］「米国の農業政策について」．

野寺康幸・鈴木俊男・伊藤祐禎 他［1998］「第86回 ILO 総会を振り返って」『世界の労働』48: 8．

萩原伸次郎［2003］『通商産業政策』日本経済評論社．

花見忠編［1997］『貿易と国際労働基準——国際労働フォーラム報告』日本労働研究機構．

ハモンズ，D・ホリー［1993］「国際経済における戦略的成功を求めて」ウィル・マーシャル，マーティン・シュラム編，筑紫哲也監修『変革への提言』同文書院．

久富英司［1997］「米中通商問題と両国の貿易・投資関係」藤本昭編『中国 21世紀への軟着陸』日本貿易振興会．

菱田雅晴［1995-a］「中国と GATT/WTO ——マラソン交渉の背後にあるもの」『国際

問題』418号.

菱田雅晴［1995-b］「ガット加盟の政治経済学——中国にとっての『外圧』」毛里和子編『現代中国論3 市場経済化のなかの中国』日本国際問題研究所.

福島栄一編［1995］『NAFTAと日本企業への影響』日本貿易振興会.

藤木剛康［2003］「重層的な通商政策と日米関係——ポスト冷戦期における日米通商政策の検討」和歌山大学経済学部『研究年報』7.

藤木剛康［2008］「G.W.ブッシュ政権の経済政策と新政策への展望」河音・藤木編［2008］.

藤木剛康［2016］「アメリカと中国の地域秩序構想——東アジア地域主義の台頭と変貌」『経済理論』384号.

藤木剛康［2017］「決められない政治——政策形成プロセスの変容と経済政策」アメリカ経済史学会編『現代アメリカ経済史』有斐閣（刊行予定）.

藤木剛康編著［2012］『アメリカ政治経済論』ミネルヴァ書房.

藤木剛康・河崎信樹［2006］「東アジア共同体構想と小泉外交——東アジアにおける米中グレートゲームの狭間で」和歌山大学経済学部『研究年報』10.

藤木剛康・河音琢郎［2012］「政治システム」藤木編［2012］.

藤原帰一［2011］「中国の台頭をどのように受け入れるか——相互依存・権力移行・紛争管理」日本国際問題研究所〈http://www2.jiia.or.jp/report/kouenkai/2011/110623j-forum.html〉

松下満雄「メガFTA時代におけるWTOの役割——WTOによるFTAネットワーク構築のすすめ」『国際貿易と投資』100.

松原克美［1998］『対立の構図——クリントン大統領と議会』東洋出版.

松本俊太［2009］「アメリカ連邦議会における二大政党の分極化と大統領の立法活動①」『名城法学』58: 4.

松本俊太［2010］「アメリカ連邦議会における二大政党の分極化と大統領の立法活動②」『名城法学』60: 1-2.

宮里政玄［1989］『米国通商代表部（USTR）——米通商政策の決定と代表部の役割』ジャパンタイムズ.

椋寛［2006］「地域貿易協定と多角的貿易自由化の補完可能性——経済学的考察と今後の課題」『RIETI Discussion Paper Series』06-J-006.

室屋有宏［2005］「米タイ交渉にみる米国のFTA戦略とその特質——日タイFTA交渉との比較を視野に入れて」『農林金融』7月.

安井明彦［2005］「米国議会は中国に何を求めているのか——制裁法案と『人民元後』の米中摩擦」『みずほ米州インサイト』.

安井明彦［2006］「『進化』する米国の対中経済政策——制裁法案採択延期と『利害共有者』論」『みずほ米州インサイト』。
安井明彦［2007］「対中法案にみる米中摩擦の長い影——次世代の通商政策に引き継がれる『遺産』」『みずほ米州インサイト』。
安井明彦［2014］「TPAが問うオバマの「本気度」」『みずほインサイト』1月15日。
矢吹晋［2012］『チャイメリカ——米中結託と日本の進路』花伝社。
山田敦［2003］「アメリカ——勢いを増す経済超大国のFTA戦略」『アジ研ワールド・トレンド』89。
山根裕子［2007］「途上国と米国FTAの知財条項——特許保護期間の延長制度と販売承認データ保護規定など」『貿易と関税』3月号。
山縣宏之［2016］「産業構造と産業政策——グローバル化・産業構造高度化に対するリベラルの挑戦」河音・藤木編［2016］。
山本和人［1999］『戦後世界貿易秩序の形成——英米の協調と角逐』ミネルヴァ書房。
山本和人［2012］『多国間通商協定GATTの誕生プロセス』ミネルヴァ書房。
山本吉宣［2008］『国際レジームとガバナンス』有斐閣。
湯浅成大［2004］「冷戦終結後の米中関係」久保文明・赤木完爾編『現代東アジアと日本6 アメリカと東アジア』慶應義塾大学出版会。
湯浅成大［2005］「米中関係の変容と台湾問題の新展開——ニクソン以後の30年」五十嵐武士編『太平洋世界の国際関係』彩流社。
吉原欽一編［2000］『現代アメリカの政治権力構造——岐路に立つ共和党とアメリカ政治のダイナミズム』日本評論社。
鷲尾友春［2006］「何故，争点管理が効かなかったのか——第2期ブッシュ政権下の対中摩擦」『東亜』463。

［付記］ Inside U.S. Trade や CQ Almanac などの新聞や雑誌については，外部執筆者の論説以外は引用箇所に出典を明記し本リストには含めていない。

あとがき

　本書はある意味，2001年9月11日に発生したアメリカ同時多発テロ事件の産物である。当時，まだ駆け出しの研究者だった私は，冷戦期の米欧同盟の歴史的展開に関心を持ち，国際的な視角からフランスの原子力政策を研究していた。その日はパリ郊外にあるフランス原子力庁の文書館で資料請求のための書類を作成していたのだが，突然，「もう今日は帰ってくれ」と言われ，いつものアーキビストではなく，自動小銃を肩にかけた筋骨隆々の警備員に付き添われて外に出た。ものものしい雰囲気を不審に思いつつ宿に戻ると，食堂のテレビでは世界貿易センターが崩壊していくシーンが繰り返し放映されていた。慌てて入手した『インターナショナル・ヘラルド・トリビューン』や『ルモンド』を貪るように読み，何かとんでもないことが起こり，世界が恐ろしい速さで変化していくのを実感した。同世代の研究者仲間とも連絡を取り，彼らが立ち上げたアメリカ政治経済研究会に参加させてもらい，まさに一から最新の国際情勢を勉強し直した。本来の研究テーマだったフランス原子力政策史については，文書館からの資料の閲覧許可がなかなか下りず，何度連絡しても色よい返事をもらえなかった。その一方で，刻々と変化していくアメリカの対外政策とその下での国際情勢の分析には抗しがたい魅力があった。そもそも経済学部に入学したのも，1980年代から90年代にかけての日米貿易摩擦に触発されてのことだった。研究会で勉強していくうちに，冷戦期の日米関係とポスト冷戦期の日米関係は相当に変化しているのではないかとの問題意識を持ち，2003年に通商政策に関する最初の論文（「重層的な通商政策と日米関係――ポスト冷戦期における日米通商政策の検討」『和歌山大学経済学部研究年報』7号）を発表した。

　本書は，それ以来公表してきた論文をもとに執筆した。各章のベースとなった初出は以下の通りである。なお，本書をまとめるにあたりいずれも大幅な加

筆・修正を施した。

序　章　「アメリカの通商政策と自由貿易体制の将来——覇権安定論の妥当性」『経済理論』（和歌山大学）376号，2014年6月。
　　　　「ポスト冷戦期アメリカの通商政策——自由化合意の弱体化と通商政策の進化」『経済理論』（和歌山大学）379号，2015年3月。

第1章　「一括交渉権限の政治経済学——自由化合意はいかにして成立したか（1）」『経済理論』（和歌山大学）324号，2005年3月。

第2章　「一括交渉権限の政治経済学——自由化合意はいかにして成立したか（2）」『経済理論』（和歌山大学）326号，2005年7月。

第3章　「アメリカの通商政策と中国のWTO加盟——対中関与政策とは何か」『歴史と経済』53巻2号，2011年1月。

第4章　「一括交渉権限の政治経済学——自由化合意はいかにして成立したか（3）」『経済理論』（和歌山大学）326号，2005年7月。

第5章　「通商政策——貿易促進権限と自由貿易協定」河音琢郎・藤木剛康編著『G・W・ブッシュ政権の経済政策——アメリカ保守主義の理念と現実』ミネルヴァ書房，2008年。

第6章　「ブッシュ政権の通商戦略と中米自由貿易協定」『アメリカ経済史研究』7号，2008年11月。

第7章　「通商政策——貿易促進権限と自由貿易協定」河音琢郎・藤木剛康編著『G・W・ブッシュ政権の経済政策——アメリカ保守主義の理念と現実』ミネルヴァ書房，2008年。

第8章　「人民元問題の政治経済学——経済的相互依存はどのように管理されたのか（1）」『経済理論』（和歌山大学）372号，2013年6月。
　　　　「人民元問題の政治経済学——経済的相互依存はどのように管理されたのか（2）」『経済理論』（和歌山大学）373号，2013年9月。

第9章　「アメリカの通商政策と自由貿易体制の将来——覇権安定論の妥当性」『経済理論』（和歌山大学）376号，2014年6月。

　　　　　「ポスト冷戦期アメリカの通商政策——自由化合意の弱体化と通商政策の進化」『経済理論』（和歌山大学）379号，2015年3月。
　　　　　「通商政策——メガFTA政策への転換と貿易自由化合意の解体」河音琢郎・藤木剛康編『オバマ政権の経済政策——リベラリズムとアメリカ再生のゆくえ』ミネルヴァ書房，2016年。
　第10章　「アメリカの通商政策と自由貿易体制の将来——覇権安定論の妥当性」『経済理論』（和歌山大学）376号，2014年6月。
　　　　　「ポスト冷戦期アメリカの通商政策——自由化合意の弱体化と通商政策の進化」『経済理論』（和歌山大学）379号，2015年3月。
　　　　　「通商政策——メガFTA政策への転換と貿易自由化合意の解体」河音琢郎・藤木剛康編『オバマ政権の経済政策——リベラリズムとアメリカ再生のゆくえ』ミネルヴァ書房，2016年。
　終　章　書き下ろし

　一見，無手勝流の産物のように見える本書ではあるが，節目節目で様々な先生方にお世話になり，また，同年代の研究者仲間から多大な刺激を受ける中でなんとかまとめることができた。
　京都大学経済学部では，西牟田祐二先生のゼミを選択して多国籍企業論を学んだ。先生のご専門はナチス期のドイツ自動車産業であるが，その時期にちょうど，新資料の発掘を通じてナチス・ドイツ期の米独関係像を一変させてしまうような論文をまとめておられた。先生からは，一次資料にもとづき，先行研究をひっくり返すような「面白いテーマ」に取り組むべきだという持論を何度か伺った。歴史家である先生が渉猟する資料の水準には及びもつかないが，客観的な資料に基づき自らの議論を組み立てる姿勢を学ばせていただいたつもりでいる。
　また，西牟田先生のゼミの1学年上には坂出健氏がいた。学部ゼミ以来の自由闊達な議論，大学院進学や就職に際しての親身なアドバイス，坂出氏が京都大学に赴任してからはお互いのゼミの研究交流会を毎年開催するなど，貴重な機会をいただき続けている。

大学院に進学してからは，尾崎芳治先生の経済史研究会にも参加させていただいた。尾崎先生は京都大学の自由な学風を身にまとったかのような雰囲気をお持ちで，周りの学生や院生に対しては「面白おかしく自学自習」をモットーに接しておられた。先生からは，目の前の興味深いテーマを追求していくうちに大きなテーマにたどり着き，それをまとめるのが理想だという話を伺った。本書が先生の言われた「大きなテーマ」に値するものなのかどうか，はなはだ心許ないが，興味の湧くテーマをひたすら追い続けて本書をまとめられたことは，研究者として幸せなことであったと思う。

　また，大学院では当時，経済研究所に所属されていた坂井昭夫先生のゼミにも参加させていただいた。坂井先生は，国際経済論や軍事経済論，日米経済摩擦や国際政治経済学など，時宜に適ったテーマの研究を次々にまとめておられた。先生の研究室には面白そうなテーマの新しい本がいつも何冊か置かれており，ゼミの後，それらを見つけては，コーヒーをいただきつつ，先生が取り組んでおられる新しい研究テーマの話を伺うのを楽しみにしていた。先生からは，研究者としての専門知識を習得するのはもちろんだが，それ以上に，現代社会を見る鋭くしなやかな感性こそが大切であるという話を聞かせていただいた。おかげで，論文の構想や執筆に行き詰まると，自分自身の感性に立ち返り自問自答を繰り返すことで，何度も行き詰まりを突破することができた。最近では，行き詰まりこそが自分の認識を飛躍させるチャンスであり，むしろ楽しんで対処すべきものだと考えられるようになった。

　幸いにして，1996年からは和歌山大学経済学部に奉職させていただくことになった。和歌山大学経済学部では，大泉英次先生，山田良治先生をはじめとする同僚の先生方に大変お世話になっている。近年，地方国立大学を取り巻く状況は大変に厳しいが，そのような中にあっても研究・教育環境を大切にする居心地の良い学風が守られている。これまでの研究生活の多くをこのような職場で進められたことに感謝したい。

　河音琢郎，河﨑信樹，菅原歩，山縣宏之，吉田健三の諸氏とは，同時多発テロ事件以来，アメリカ政治経済研究会を通じて切磋琢磨を続けてきた。私にと

あとがき

っては研究を続ける原動力の一つともなっている場であり，本書をまとめるに際しても，何度も有益なコメントをいただいた。

　所属する国際経済学会では，中本悟先生にお世話になってきた。先生には，アメリカの通商政策に関する最初の学会報告の際に貴重なコメントを頂戴し，その後も何度か研究報告の場を設けていただき，そのたびに親身なコメントを頂戴している。また，アメリカ経済史学会では，須藤功先生や谷口明丈先生をはじめとする先生方のお世話になった。両先生からは，アメリカ現代経済史の出版プロジェクトに声をかけていただき，本書のモチーフの一つである政策決定プロセスの歴史的変化について集中的に研究する機会を得た。他のメンバーのような経済史研究者ではない問題の多い執筆者であったことと思うが，私の原稿を何度も真摯に検討していただいた。政治経済学・経済史学会では，学会報告，さらには学会誌で成果を発表する機会をいただき，その際に貴重なコメントを頂戴した。

　また，本書の出版に際しては，ミネルヴァ書房編集部の田引勝二氏にお世話になった。内容や形式，そして作業のスケジュールに至るまで，常に的確な指示をいただいた。

　本書にまとめた研究を進める過程では，科学研究費補助金若手研究（B）「現代アメリカの通商政策の特質とその展開過程に関する研究」（研究課題番号19730123，2007〜2009年度）の支援を受けた。さらに，出版に際しては和歌山大学経済学部の出版助成を受けた。記して謝意を表したい。

　最後に，大学の同僚でもある妻の正子と娘の優には，居間やテーブルの上にまで資料や文献を散乱させ，家庭生活と研究時間との区別を忘れがちな私の生活スタイルを大目に見てもらっている。また，父の康夫と母の悦子は，これまでの私の人生を温かく見守るだけではなく，最初の成果である修士論文と本書をはじめ，帰省中に原稿を執筆した際には，快適な執筆スペースと三度三度の食事を提供してくれた。深く感謝するとともに，本書を家族に捧げたい。

2017年1月

藤　木　剛　康

人名索引

あ行

アーチャー，ビル（Archer, Bill）　54
アイケンベリー，ジョン（Ikenberry, G. John）　17-21, 193
アダムス，ティモシー（Adams, D. Timothy）　168, 175, 176
アブドッラー 2 世（Abdullah II bin Al Hussein）　68
飯田敬輔　14
イングリッシュ，フィル（English, Phil）　142, 170
ウィーデマン，ケント（Wiedemann, Kent）　79
ウェルズ，ゲイリー（Wells, Gary J.）　67
エステバデオルダル，アントニ（Estevadeordal, Antoni）　191
エリオット，キンバリー・アン（Elliott, Kimberly Ann）　67
王岐山（Wang Qishan）　183
オバマ，バラク（Obama, Barack）　39, 157, 189, 193-195, 201-207, 209, 210, 213-216, 219
温家宝（Wen Jiabao）　172

か行

カーク，ロン（Kirk, Ron）　194
木村福成　8
キャンプ，デイブ（Camp, Dave）　208, 209
ギルピン，ロバート（Gilpin, Robert）　13, 22
ギルマン，ベンジャミン（Gilman, Benjamin）　88
ギングリッチ，ニュート（Gingrich, Newt）　51, 55, 80, 83-85

クーパー，リチャード（Cooper, Richard N.）　13
グラスリー，チャック（Grassley, Chuck）　174, 176, 178-180
グラム，リンゼイ（Graham, Lindsey）　173, 176, 178, 180
グリーン，マーク（Green, Mark）　170
グリーンスパン，アラン（Greenspan, Alan）　174, 175
グリズウォルド，ダニエル（Griswold, Daniel）　65, 67
クリストファー，ウォーレン（Christopher, Warren）　81
クリントン，ヒラリー（Clinton, Hillary Rodham）　215, 216
クリントン，ビル（Clinton, Bill）　27, 35-37, 43-46, 49, 50, 54-57, 61, 68, 70, 72-75, 79, 80, 82, 83, 85-87, 89, 92, 97, 106, 108, 111, 112, 115, 124, 127, 221
クレイグ，ラリー（Craig, Larry）　105
クレイン，フィリップ（Crane, Philip M.）　100
クレッツァー，ロリ（Kletzer, Lori G.）　68
ゲッパート，リチャード（Gephardt, Richard A.）　54, 86
ケリー，ジョン（Kerry, John Forbes）　140
江沢民（Jiang Zemin）　82, 88, 92
ゴールドスタイン，ジュディス（Goldstein, Judith）　18, 31, 71
呉儀（Wu Yi）　178-180, 182
コックス，クリストファー（Cox, Christpher）　84, 85, 90
コヘイン，ロバート（Keohane, Robert O.）　31
コリンズ，スーザン（Collins, Susan Margaret）

ゴワ，ジョアン（Gowa, Joanne）　18

さ　行

サンダース，バーニー（Sanders, Bernie）
　216
シェルビー，リチャード（Shelby, Richard）
　181
シャイナー，ジョセット・シーラン（Shiner,
　Josette Sheeran）　171
シャピロ，ハル（Shapiro, Hal）　61, 62
習近平（Xi Jinping）　203
シューマー，チャールズ（Schumer, Charles
　E.）　171, 173, 174, 176, 178-180, 212
朱鎔基（Zhu Rongji）　86, 87, 92
シュワブ，スーザン（Schwab, Susan C.）
　152, 153
スタイン，アーサー（Stein, Arthur A.）
　22
スノウ，ジョン（Snow, John William）
　159, 170, 171, 174, 175, 177, 178, 185
スパーリング，ジーン（Sperling, Gene）
　87, 88
ゼーリック，ロバート（Zoellick, Robert B.）
　98, 101-103, 111, 116, 126, 128, 129, 132, 141,
　151, 176, 185
ソーベル，マーク（Sobel, Mark）　180,
　183
ソロモン，ジェラルド（Solomon, Gerald B.）
　79-81, 85, 86

た・な　行

ダシェル，トーマス（Dasch l e, Thomas）
　103, 104
ダマート，リチャード（D'Amato, Richard）
　172
チャーノヴィッツ，スティーブ（Charnovitz,
　Steve）　67
デイトン，マーク（Dayton, Mark）　105
テイラー，ジョン（Taylor, John Brian）

171, 173
デイリー，ウィリアム（Daley, William M.）
　89
デスラー，I.M.（Destler, I.M.）　61, 66, 98,
　102
デブロー，シャラン（Devereaux, Charan）
　75
ドーガン，バイロン（Dorgan, Byron）　152
トーマス，ビル（Thomas, Bill）　97, 99-102,
　105, 109, 142
ドール，ロバート（Dole, Robert）　51, 80
ドッド，クリストファー（Dodd, Christopher
　J.）　181
トランプ，ドナルド（Trump, Donald）
　39, 215, 216, 221, 222
トリチェリ，ロバート（Torricelli, Robert）
　91
トンプソン，フレッド（Thompson, Fred）
　91
中本悟　4

は　行

バーガー，サミュエル（Berger, Samuel R.）
　83, 86, 89
バーグステン，フレッド（Bergsten, C. Fred）
　63, 155, 214
ハーシュマン，アルバート（Hirschman,
　Albert O.）　12
バーフィールド，クロード（Barfield,
　Claude）　155
バグワティ，ジャディシュ（Bhagwati,
　Jagdish）　191
バシェフスキー，シャーリーン（Barshefsky,
　Charlene）　52, 53, 69, 78, 83, 87, 88
ハッチ，オリン（Hatch, Orrin）　208, 209,
　211, 213
バラ，ラジ（Bhala, Raj）　164
バリント，ピーター（Balint, Peter J.）　66
ハンター，ダンカン（Hunter, Duncan）
　181

人名索引

ビライター, ダグラス (Bereuter, Douglas) 80, 90
ビンガマン, ジェフ (Bingaman, Jeff) 143, 144
フォウ, ジェフ (Faux, Jeff) 206
フォーブス, クリスティン (Forbes, Kristin) 174
ブッシュ, ジョージ・H.W. (Bush, George H. W.) 46
ブッシュ, ジョージ・W. (Bush, George W.) 12, 25, 36-38, 43, 45, 57, 97, 98, 100, 102, 104, 106-109, 111, 112, 116, 117, 120, 124, 127-129, 131, 132, 141-143, 149, 150, 154, 155, 158, 159, 161, 172, 173, 178, 181, 184, 185, 189, 193, 219
ブライス, マーク (Blyth, Mark M.) 31
ブラウン, シェロッド (Brown, Sherrod) 152
ブレイナー, ラエル (Brainard, Lael) 61, 62
フロマン, マイケル (Froman, Michael) 202
ベイナー, ジョン (Boehner, John Andrew) 207, 208
ヘニング, ランダール (Henning, C. Randall) 163, 164
ヘルムズ, ジェシ (Helms, Jesse) 86, 88
ペロシ, ナンシー (Pelosi, Nancy) 79-81, 84, 88, 90, 152-154, 213
ボーカス, マックス (Baucus, Max) 97, 103, 126, 140, 151, 154, 174, 176-178, 180, 208, 209
ポートマン, ロブ (Portman, Rob) 141, 143, 144, 207, 212, 213
ホール, ピーター (Hall, Peter) 30
ポールソン, ヘンリー (Paulson, Henry Merritt) 159, 178-180, 182, 183, 185
ボールドウィン, リチャード (Baldwin, Richard) 8, 10, 12, 190
ポデスタ, ジョン (Podesta, John) 87

ホリングス, アーネスト (Hollings, Ernest F.) 86
ホルツイーキン, ダグラス (Holtz-Eaken, Douglas) 171

ま 行

マスタンデュノ, マイケル (Mastanduno, Michael) 22, 23, 25
マツイ, ロバート (Matsui, Robert T.) 84, 101
マランティス, ディメトリオ (Marantis, Demetrios) 194
マンズーロ, ドナルド (Manzullo, Donald A.) 171
マンスフィールド, エドワード (Mansfield, Edward D.) 11
モイニハン, ダニエル (Moynihan, Daniel Patrick) 50

ら・わ 行

ライアン, ティム (Ryan, Tim) 181
ライアン, ポール (Ryan Jr., Paul Davis) 211, 212
ライタン, ロバート (Litan, Robert E.) 68
ラインハート, エリック (Reinhardt, Eric) 11
ラギー, ジョン (Ruggie, John Gerard) 17-19
ランゲル, チャールズ (Rangel, Charles B.) 101, 151, 153, 183
リー, テア (Lee, Thea M.) 172
リード, ハリー (Reid, Harry) 209
リンゼイ, ブリンク (Lindsey, Brink) 63, 66
ルーズベルト, フランクリン (Roosevelt, Franklin D.) 19
ルービン, ロバート (Rubin, Robert) 87
レーガン, ロナルド (Reagan, Ronald) 26, 27

311

レビン，サンダー（Levin, Sander） 84,
 89, 90, 101, 152, 153, 183, 208, 209, 212
ロード，ウィンストン（Lord, Winston）
 79
ローラバッカー，ダナ（Rohtabacher, Dana）
 88

ロット，トレント（Lott, Trent） 91
ロビンソン，ロジャー（Robinson, Roger W.）
 172
ワイデン，ロン（Wyden, Ron） 209, 211-
 213

事項索引

あ 行

アジア基軸戦略　203
アジア太平洋自由貿易地域（Free Trade Area of the Asia-Pacific：FTAAP）　125, 197, 203
アフリカ成長機会法（African Growth and Opportunity Act：AGOA）　125
新たな貿易ルール　191-194, 220
アンデス特恵貿易法（Andean Trade Preference Act）　104, 106, 122
生きている協定　196, 199
一括交渉権限（Trade Promotion Authority：TPA）　27, 30, 36-39, 43, 58-60, 97-99, 101, 103-109, 127, 152, 153, 155, 200, 208-213, 218, 219
一帯一路構想　203
一般特恵関税法（Generalized System of Preferences）　104, 106

か 行

会計検査院（Government Accountability Office：GAO）　117
カリブ海地域開発計画（計画）（Caribbean Basin Initiative：CBI）　122, 133
カリブ海地域貿易パートナーシップ法（Caribbean Basin Trade Partnership Act：CBTPA）　135, 136, 144, 147
為替操作国　162-165, 172, 180, 181, 183, 214
関係を通じた支配（rule through relationships）　18, 37, 127, 193, 220
関税と貿易に関する一般協定（General Agreement on Tariffs and Trade：GATT）　1, 3, 13, 15, 17, 18, 21, 24, 111, 116

環大西洋貿易投資パートナーシップ（Transatlantic Trade Investment Patnership：TTIP）　2, 10, 22, 34, 201, 202, 204
環太平洋パートナーシップ協定（Trans-Pacific Patnership：TPP）　2, 10, 12, 22, 34, 39, 194-200, 202-204, 210, 213-216, 218, 221
──参加国のマクロ経済政策当局間の共同宣言　200, 214
管理フロート制　175
管理変動相場制　161
規制の整合性（regulatory coherence）　198, 200
基礎的不均衡（fundamental misalignment）　177, 180
競争的自由化（戦略）（competitive liberalization）　12, 37, 111, 115-117, 122, 126, 127, 132, 140, 147, 148, 151, 193
現実主義　11, 20
恒久最恵国待遇（Permanent Normal Trade Relations：PNTR）　29, 36, 74, 77, 88-90, 93
攻撃的な一方主義　21
構成主義　11
公正貿易（論）　2, 29, 32, 33, 38, 39, 151, 155-157, 195, 199, 205, 206, 215, 217, 218
国際通貨基金（International Monetary Fund：IMF）　165, 168, 169
国際的に認知された労働基準（internationally recognized labor standards）　50
国際的に認知された労働者の権利（internationally recognized worker rights）　65, 69
国有企業　197
国家輸出イニシアティブ（National Export Initiative：NEI）　206, 207

さ行

サービス貿易に関する一般協定（General Agreement on Trade in Services：GATS）　114
最恵国（Most Favored Nation：MFN）　73, 74, 79-86, 88, 89, 92
錯綜する地域主義　148
サプライチェーン貿易　8, 9, 24, 34, 39, 190-192, 194, 198, 200, 204, 214, 218, 220
ジャクソン・バニク修正条項（Jackson-Vanik amendment）　74
自由貿易論（主義）　2, 71, 156, 195, 205, 217, 218
自由貿易協定（Free Trade Agreement：FTA）　2, 8-12, 16, 24, 27, 30, 32, 36-39, 112-114, 116, 117, 120, 122-130, 132, 149, 150, 152-155, 192, 193, 196, 208, 210
人民元切り上げ問題　38, 158, 159, 162, 164, 170
スパゲティボウル論　191, 192
政策アイディア　2, 30-32, 34, 36, 58, 70, 71, 219, 220
政策形成プロセス　6, 25, 27, 29, 36, 38, 73, 76, 98, 109, 127, 162, 205, 218
政策決定過程　6
政策パラダイム　30-34, 71, 218, 219
政策プロセス　34, 35
生産のフラグメンテーション　8
政府監査院（Government Accountability Office：GAO）　163
世界貿易機関（World Trade Organization：WTO）　2, 9, 10, 15, 18, 21, 24, 29, 35-38, 169
責任ある利害関係者（responsible stakeholder）　176, 178, 185
繊維および繊維製品に関する協定（Agreement on Textiles and Clothing：ATC）　113
1988年包括通商・競争力法（Omnibus Trade and Competitiveness Act of 1988：OTCA 1988）　27, 58, 60, 62, 65, 106
戦略的経済対話（U.S.-China Strategic Economic Dialogue：SED）　38, 159, 178
相殺関税（countervailing duty：CVD）　164, 165
創出的パワー　32

た行

太平洋4カ国（P4）　125, 194
多角主義　1, 14, 20-22, 39, 116, 197, 198, 204
多角（主義）的自由化　10, 11, 15, 16, 21, 24, 37, 111, 115, 193, 194, 201
多角的自由化交渉　16, 17, 21
多元主義（論）　25, 27, 30, 32-34, 219
多国間主義　3, 18, 19, 33, 39, 216, 221, 223
多国間繊維取極（Multi Fiber Arrangement：MFA）　113, 135
多国間秩序（論）　17, 20-22, 24, 25, 34, 220, 222
地域主義　12, 14, 16, 19, 21, 22, 37, 39, 111, 116, 148, 149
知的所有権の貿易関連の側面に関する協定（Agreement on Trade-Related Intellectual Property Rights：TRIPS）　114, 115
中核的労働基準　65, 70, 101, 102, 115, 122, 139, 143, 146, 147, 152, 197, 198, 215
中東自由貿易地域（Middle East Free Trade Area：MEFTA）　123
中米自由貿易協定（The United States-Central America-Dominican Republic Free Trade Agreement：CAFTA-DR）　37, 38, 122, 126, 127, 129, 131-133, 137, 138, 140-149, 152, 155
賃金保険（earnings insurance）　68, 103, 108
通貨バスケット制　159
通商政策の戦略的休止　156
通商覇権　3, 33-35, 37, 128, 217, 220, 221, 223
統合ブロック形成論　191
特恵貿易協定　117, 122, 130, 133, 146
特恵関税制度（Generalized System of Preferences：GSP）　123, 130

事項索引

ドミノ理論　10
トライアンギュレーション（triangulation）　45, 56
ドルペッグ制　171, 175, 176

な行

二国間主義　1, 14, 16, 19, 21, 116, 216, 222
二国間投資条約（Bilateral Investment Treaty：BIT）　8, 9, 123
2002年通商法　37, 106, 107, 110
日中韓FTA　199
ノン・マークアップ（nonmarkups）　59, 60, 62

は行

覇権　23, 24
覇権安定論　12-14, 16, 17, 20, 21, 33, 34
覇権国　3, 13, 16, 21-24, 111
反ダンピング（antidumping：AD）法　164, 176, 180
東アジアFTA（East Asia FTA）　199
東アジア地域包括的経済連携（Regional Comprehensive Economic Partnership：RCEP）　12, 199, 203
東アジア包括的経済連携（Comprehensive Economic Partnership in East Asia：CEPEA）　199
非市場経済国　74
非対称な合意（論）　22, 23, 25, 34, 220
非貿易的関心事項　29, 43, 45
ファスト・トラック（権限）　18, 35, 36, 49-55, 57, 58, 60-62, 64, 65, 69, 70
ファブリック・フォワード（fabric forward）　138
深い統合　115
フロート制　172, 174
分割政府（divided government）　45
分野横断的事項　198
米韓FTA　207
米国通商代表部（USTR）　59

米州自由貿易地域（Free Trade Area of the Americas：FTAA）　37, 38, 111, 120, 122, 126-129, 137, 140, 148, 149
米中経済・安全保障調査委員会（U.S.-China Economic and Security Review Commission）　160, 172, 175, 182
貿易調整支援（Trade Adjustment Assistance：TAA）　27, 46-48, 67, 99, 103, 105-109, 141, 153-156, 207-209, 211-213, 219
貿易・投資枠組み協定（Trade and Investment Framework Agreement：TIFA）　115, 123-125, 130
貿易の戦略的論理　202, 203
貿易ブロック　194
包括的関与政策　36, 72, 73, 79, 92, 93
北米自由貿易協定（North American Free Trade Agreement：NAFTA）　12, 14, 18, 21, 28, 29, 35, 45-47, 56, 70, 115, 116, 120, 128, 135, 198, 210
保護貿易主義　45
補助金および相殺措置に関する協定（Agreement on Subsidies and Countervailing Measures：ASCM）　169

ま行

マルクス経済学　3, 4, 33
メガFTA　2, 9, 16, 22, 24, 25, 34, 35, 39, 189-194, 204, 220, 222

や行

ヤーン・フォワード（yarn forward）　113, 114, 138, 144
輸出資格認定工業地域（Qualified Industrial Zone：QIZ）　123
ヨルダン基準（Jordan Standard）　70, 103
ヨルダンとのFTA（U.S.-Jordan Free Trade Agreement：UJFTA）　57, 58, 68-70, 98-100, 102, 103, 107, 109

315

ら 行

リベラリズム　20
ルールに基づく経済秩序　204
ルールを通じた支配（rule through rules）
　　18, 21, 193
冷戦コンセンサス　112, 116
労働・環境問題　35-37, 47, 56, 64-67, 97-100,
　　102, 103, 106, 108, 109, 139, 146, 197, 205
労働における基本的原則および権利に関する
　　ILO宣言（Declaration on Fundamental
　　Principles and Rights at Work）　65

欧 文

AD　→反ダンピング法
ASEAN行動計画（Enterprise for ASEAN
　　Initiative：EAI）　124
ATPA　→アンデス特恵貿易法
BIT　→二国間投資条約
CAFTA　→中米自由貿易協定
CAFTA-DR　→中米自由貿易協定
CBI　134, 135, 144, 146, 147
CBTPA　→カリブ海地域貿易パートナーシ
　　ップ法
CVD　→相殺関税
FTA　→自由貿易協定
FTAA　→米州自由貿易地域
FTAAP　→アジア太平洋自由貿易地域
GAO（Government Accountability Office）
　　77, 126
GATT　→関税と貿易に関する一般協定
GSP　→特恵関税制度
IMF　→国際通貨基金
MFA　→多国間繊維取極
MFN　→最恵国
NAFTA　→北米自由貿易協定
──移行調整支援（NAFTA Transitional
　　Adjustment Assistance：NAFTA-TAA）
　　48, 104
NAFTA補完協定　46
NEI　→国家輸出イニシアティブ
OTCA 1988　→1988年包括通商・競争力法
P4　→太平洋4カ国
PNTR　→恒久最恵国待遇
RCEP　→東アジア地域包括的経済連携
SED　179, 180, 182-185
TAA　→貿易調整支援
TIFA　→貿易・投資枠組み協定
TPA　→一括交渉権限
TPP　→環太平洋パートナーシップ協定
TRIPS　→知的所有権の貿易関連の側面に関
　　する協定
TTIP　→環大西洋貿易投資パートナーシッ
　　プ
UJFTA　→ヨルダンとのFTA
USTR　→米国通商代表部
WTO　→世界貿易機関
WTO2.0　9, 190, 192, 193, 200, 204

《著者紹介》

藤木剛康（ふじき・たけやす）
　1969年　兵庫県生まれ。
　1996年　京都大学大学院経済学研究科博士後期課程中退。
　現　在　和歌山大学経済学部准教授。
　著　作　『G・W・ブッシュ政権の経済政策』共編著，ミネルヴァ書房，2008年。
　　　　　『アメリカ政治経済論』編著，ミネルヴァ書房，2012年。
　　　　　『オバマ政権の経済政策』共編著，ミネルヴァ書房，2016年。

MINERVA 現代経済学叢書⑲
ポスト冷戦期アメリカの通商政策
──自由貿易論と公正貿易論をめぐる対立──

2017年3月30日　初版第1刷発行　　　〈検印省略〉

定価はカバーに
表示しています

著　者	藤　木　剛　康
発行者	杉　田　啓　三
編著者	中　村　勝　弘

発行所　株式会社　ミネルヴァ書房
607-8494　京都市山科区日ノ岡堤谷町1
電話代表　(075)581-5191
振替口座　01020-0-8076

© 藤木剛康, 2017　　　　中村印刷・新生製本

ISBN978-4-623-08006-9
Printed in Japan

オバマ政権の経済政策	河音琢郎編	本体A5判3328円
G・W・ブッシュ政権の経済政策	河音琢郎編	本体A5判3000円
アメリカ政治経済論	河音琢郎・藤木剛康編	本体A5判3214円
アメリカの外交政策	藤木剛康編著	本体A5判2680円
現代アメリカの外交	信田智人編著	本体A5判3338円
ハンドブックアメリカ外交史	松田武編著	本体A5判3500円
欧米政治外交史	佐々木卓也編著	本体A5判3000円
アメリカ大統領は分極化した議会で何ができるか	小川宏之・益田実編著	本体A5判3332円
大統領任命の政治学	松本俊太著	本体A5判3500円
冷戦史を問いなおす	D・ルイス著 稲継裕昭監訳	本体A5判6000円
覇権以後の世界秩序	浅尾久美子訳	本体A5判3600円
「無極化」時代の日米同盟	青野・齋藤編著 益田・池田編著	本体A5判4300円
アメリカの世界戦略と国際秩序	木村雅昭・中谷真憲編著	本体四六判7000円
サブプライム危機	川上高司著	本体A5判3322円
	梅本哲也著	本体四六判2800円
	滝川好夫著	本体A5判6800円 本体四六判3004円

ミネルヴァ書房

http://www.minervashobo.co.jp/